中公新書 1931

高橋正男著

物語 イスラエルの歴史

アブラハムから中東戦争まで

中央公論新社刊

物語　イスラエルの歴史　目次

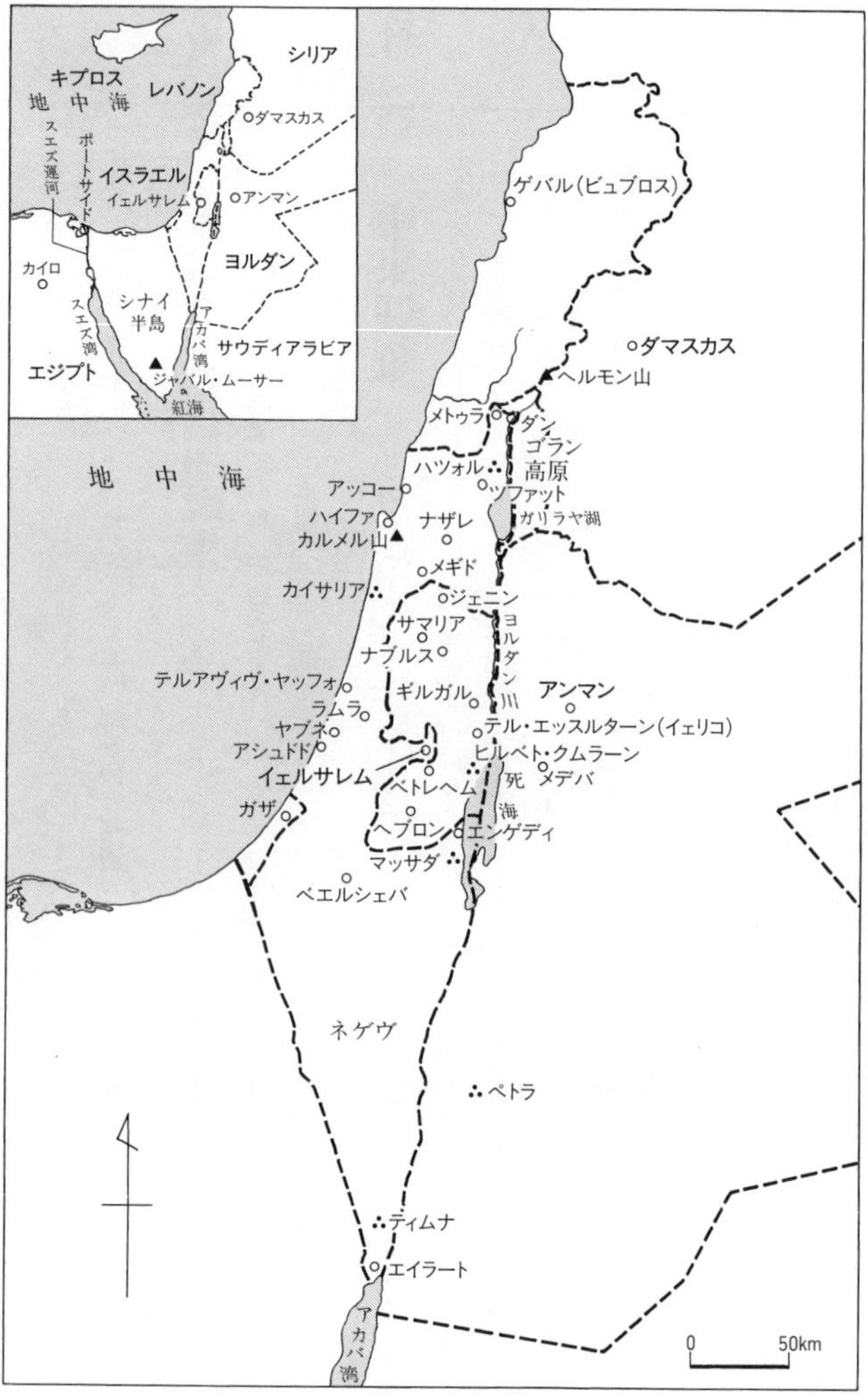
キプロス
地中海
レバノン
シリア
ダマスカス
スエズ運河
ポートサイド
イスラエル
イェルサレム
アンマン
ヨルダン
カイロ
シナイ半島
スエズ湾
アカバ湾
サウディアラビア
エジプト
ジャバル・ムーサー
紅海
ゲバル（ビュブロス）
ダマスカス
ヘルモン山
メトゥラ
ダン
ゴラン高原
地中海
ハツォル
アッコー
ツファット
ハイファ
ナザレ
ガリラヤ湖
カルメル山
メギド
カイサリア
ジェニン
サマリア
ヨルダン川
ナブルス
テルアヴィヴ・ヤッフォ
ギルガル
アンマン
ラムラ
ヤブネ
テル・エッスルターン（イェリコ）
アシュドド
ヒルベト・クムラーン
イェルサレム
メデバ
死海
ベトレヘム
ガザ
ヘブロン
エンゲディ
マッサダ
ベエルシェバ
ネゲヴ
ペトラ
ティムナ
エイラート
アカバ湾
0
50km

イスラエル要図

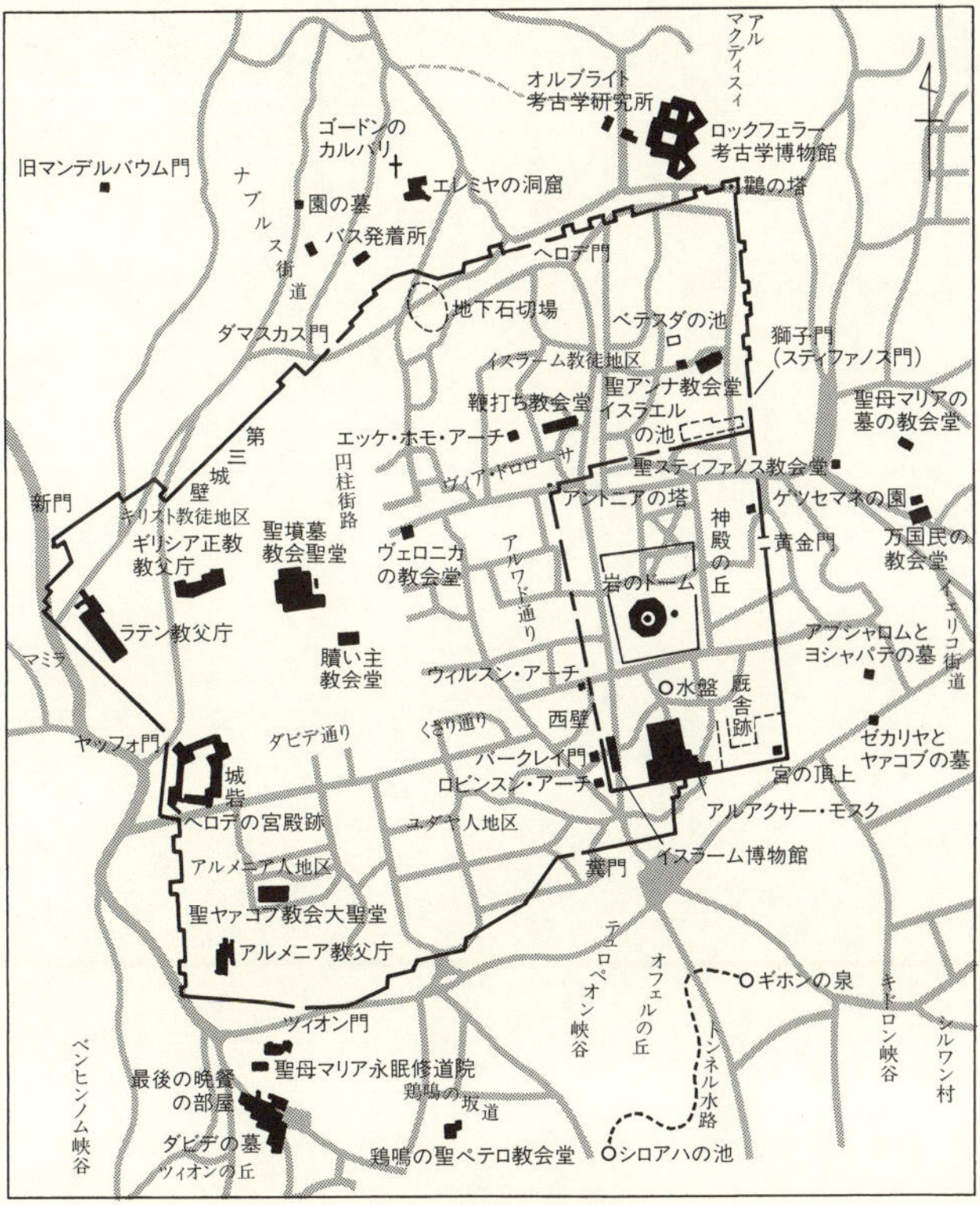
アル
マクディスィ
オルブライト
考古学研究所
ロックフェラー
考古学博物館
ゴードンの
カルバリ
旧マンデルバウム門
エレミヤの洞窟
鸛の塔
園の墓
ナブルス街道
バス発着所
ヘロデ門
地下石切場
ダマスカス門
ベテスダの池
獅子門
（スティファノス門）
イスラーム教徒地区
聖アンナ教会堂
鞭打ち教会堂
イスラエル
の池
聖母マリアの
墓の教会堂
エッケ・ホモ・アーチ
第三城壁
円柱街路
ヴィア・ドロローサ
聖スティファノス教会堂
アントニアの塔
神殿の丘
ゲツセマネの園
新門
キリスト教徒地区
ギリシア正教
教父庁
聖墳墓
教会聖堂
ヴェロニカ
の教会堂
アルワド通り
黄金門
岩のドーム
万国民の
教会堂
ラテン教父庁
イェリコ街道
アブシャロムと
ヨシャパテの墓
マミラ
贖い主
教会堂
ウィルスン・アーチ
水盤
厩舎跡
西壁
ヤッフォ門
ダビデ通り
くさり通り
ゼカリヤと
ヤァコブの墓
城砦
バークレイ門
ロビンスン・アーチ
宮の頂上
ヘロデの宮殿跡
ユダヤ人地区
アルアクサー・モスク
イスラーム博物館
アルメニア人地区
糞門
聖ヤァコブ教会大聖堂
テュロペオン峡谷
アルメニア教父庁
オフェルの丘
ギホンの泉
キドロン峡谷
ツィオン門
シルワン村
ベンヒンノム峡谷
聖母マリア永眠修道院
最後の晩餐
の部屋
鶏鳴の坂道
トンネル水路
ダビデの墓
ツィオンの丘
鶏鳴の聖ペテロ教会堂
シロアハの池

イェルサレム旧市街

序章　イェルサレム

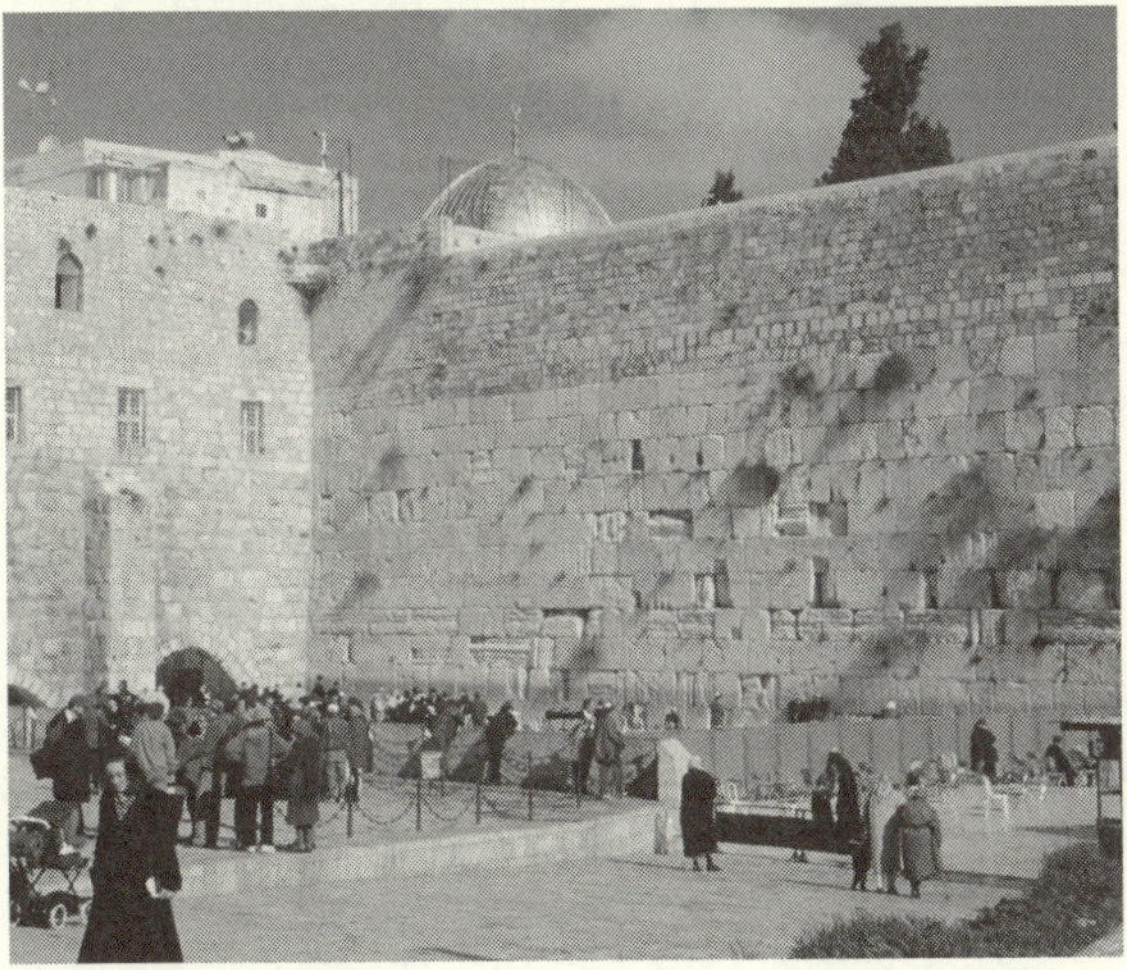

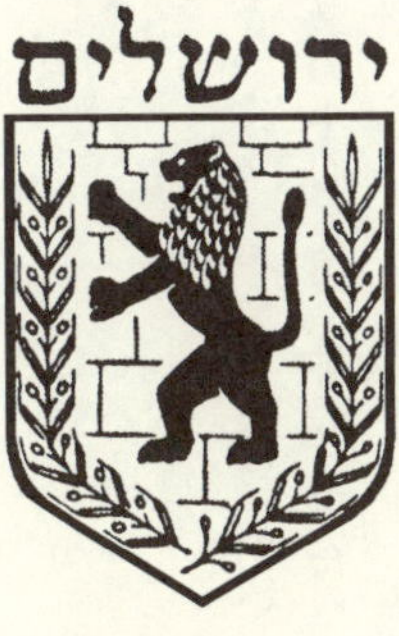

上・イェルサレムの西壁（撮影・石黒健治）
左・イェルサレム市の紋章

三大啓示宗教の拠点

イェルサレムは古くは「ダビデの町」と呼ばれた。ユダヤ人にとってイェルサレムは、旧《ふる》い都だったというだけでなく、古代のヤハウェ宗教、のちのユダヤ教の中心、第一神殿（現在の神殿の丘にソロモンが建立した神殿。前十世紀～前六世紀）・第二神殿（バビロニア捕囚《ほしゆう》後、前六世紀に再建～後七〇年。後七〇年にローマ軍に破壊されて以来いまだ再建されていない）建立の地だったという事実がかれらユダヤ人の共通の記憶のなかに脈々と生き続けている。

ユダヤ教を母体とするキリスト教徒にとっては、晩年のイエス（前四ころ～後三〇ころ）とも関係が深く、多くの聖蹟をもつ聖なる都である。

次いでユダヤ教、キリスト教と同根の神アッラーを拝するイスラーム教徒にとっては、預言者ムハンマド（五七〇ころ～六三二）がここから天界へ飛翔《ひしよう》、旅立ったという伝えから、イェルサレムはマッカ（メッカ）、アルマディーナ（メディナ）に次ぐ第三の聖地であり、最初は礼拝の際に向かう方角（キブラ）でもあった。これら同根の三大啓示宗教（セム的唯一神教とも）にとって共通の聖域として古来親しまれてきたイェルサレムは、イスラエル人、パレスティナ人それぞれの拠点でもある。

イェルサレムの語義

イェルサレムへ上るには二つのメインルートがある。ひとつは西方のテルアヴィヴ・ヤッフォからイェルサレムに至る街道のルート、もうひとつは東方のヨルダン渓谷から上るルート。イェルサレムは標高およそ八百メートルの高地にあるため、それぞれの道のりはかなり険しい。同地は起伏に富んだ天然の要害で、北側を除く東、南、西の三面はそれぞれ深い峡谷に囲まれ、これらの丘陵を景観とする美しい町である。加えて、イスラエルの南北を結ぶ中間に位置し、東はヨルダンに国境を接し、首都アンマンを経てシリアのダマスカスに通じ、西は地中海沿岸の肥《ひ》沃《よく》な平原に面し、近代都市テルアヴィヴ・ヤッフォとは鉄道（一八九二年に開通）、道路で結ばれている。テルアヴィヴはヘブライ語で「春の丘」の意である。

イェルサレムの全域は約百二十六平方キロ（行政上は東、西という概念はない）。現在の人口は約七十二万（イスラエルの総人口約七百十五万）、うちユダヤ人約六六％、イスラーム教徒、キリスト教徒、ドゥルーズ派他約三四％、小さな町である。

イェルサレムは、ヘブライ語（ヒブル語、ヘブル語とも）でイェルシャライム、アラビア語では七～九世紀ころにはイーリヤーウ（ローマ植民都市「アエリア・カピトリーナ」の訛《なまり》）、次いでアルバイトルマクディス（「聖なる家」「聖域」の意）、現代ではアルクドゥス（アルコッズとも。「聖なるもの」「イェルサレム」の意）と呼ばれる。

「イェルサレム」の名は、民間語源伝承によると、長い間、ヘブライ語の「イール・シャローム」、「平和（平安）の町（都）」（日本流にいえば「平安京」か）とか「平和の礎《いしずえ》」という意味をもつと考えられてきた。「基礎」「礎」を意味する「イェルゥ」と、「平和」を意味する「シャローム」に繋《つな》がる「シャライム」あるいは「シャレーム」（ヘブライ語と同系のアラム語）という二つの語から構成されているように解されていたからである。しかし、西方セム語の語彙《ごい》イエルゥとシャレームとの複合語とされるイェルシャライム（またはイェルシャレーム）をシャロームと結びつけるのは無理があり、近年では、「イェルサレム」を指す語は、シャレームという名の神の玉座、すなわちシャレーム神殿の所在地から由来すると解されている。とすれば、イェルサレムはシャレーム神礼拝の中心地、「シャレーム神によって礎石が据えられた場所」であったということになる。「（神）シャレーム」は、古代セム人にとって、曙《あけぼの》の神シャハルと並んで、黄昏《たそがれ》の神シャレーム、「美しくしかも優雅な神」と形容された神だった。旧約聖書創世記その他に言及されている縮小名「サレム」も古い呼称である。その昔、山岳地イェルサレムに移り住んだ人びとは毎夕黄昏の光景を眺め見ては「神サレム」の臨在《りんざい》と加護とを身近に感じとって日々暮らしていたことであろう。

イェルサレムはイスラエル国の基本法上の首都であるが、国際社会はこの措置を認めていない。それぞれ大使館をテルアヴィヴ・ヤッフォに残している。

古都の起源

古都イェルサレムの曙期は太古の霧に包まれている。過去百五十年余の国内外の調査隊による考古学の踏査・発掘調査によって明らかにされた成果によれば、イェルサレムに最初の聚《しゅう》落《らく》が建てられたのは紀元前第三千年紀（前三〇〇〇～前二〇〇一年）の初頭、オフェルの丘の東斜面の上だった。キドロン峡谷のギホンの泉に近かったからである。

イェルサレムの名が旧約聖書以前の記録にはじめて見えるのは、それより一千年後の紀元前十九世紀前後に土器片や土偶《どぐう》に書き誌《しる》された、エジプト中王国第十二王朝末期もしくは第十三王朝に属する呪詛《じゅそ》文書《もんじょ》（サッカラ他出土）で、そのなかに「カナァン人の町」として言及されている。時代が下って、紀元前十四世紀のエジプト新王国第十八王朝時代の外交文書アルアマルナ書簡（テル・アルアマルナ出土）のなかにも言及されている。これまでの考古学・文献学の成果から、イェルサレムが、紀元前十九世紀から同十四世紀にかけて、ユダ丘陵地帯のもっとも重要な戦略上、政治上の中心だったことが明らかにされている。イェルサレムは都邑《とゆう》としてもすでに四千年の歴史を有することになる。現存世界最古の都市のひとつである。

イェルサレムがカナァン（シリア・パレスティナの古名）においてもっとも重要な町となったのは紀元前十世紀にさかのぼる。その経緯については第3章を参照されたい。

旧市街

筆者がイェルサレム・ヘブライ大学で勉強していた一九六四〜六五年当時のイェルサレムは、国連休戦監視機構を間に挟んで城壁に囲まれた旧市街（東イェルサレムの中心部・ヨルダン側）と城外の新市街（西イェルサレム・イスラエル側）との東西に分断されていた。旧市街を含むヨルダン領へは、城外のイスラエル領からはイスラエル国籍のキリスト教徒と外国人観光客だけがクリスマスと復活節《イースター》の前後数日間、巡礼という名目で出入りが許されたにすぎなかった。その後、第三次中東戦争（六日戦争・一九六七年六月五日〜十日）以来、旧市街と新市街とを隔てていた境界線の鉄条網は取り払われ、旧市街を含む東イェルサレムはイスラエル側の占領管理地区となり、東西を自由に往来できるようになっている。

旧市街は十六世紀前半にオスマン帝国によって再築造された城壁に囲まれている。その内部には各宗教、各教派、各宗派ごとに分かれた居住地区が形成されている。すなわち、神殿の丘（旧市街の南東）、ユダヤ人居住地区（神殿の丘を支えている西壁の西）、キリスト教徒アルメニア人（アルメニア正教）居住地区（旧市街の南西）、キリスト教徒居住地区（西）、イスラーム教徒居住地区（北東）と、帰属宗教コミュニティー別の五つの地区（神殿の丘を別にすれば四地区）に区分されている。最後の三つの居住地区には、一部イスラーム教徒もしくはキリスト教徒が共棲《きょうせい》している。旧市街の四つのコミュニティー別居住地区の名は、イェルサレムに共存する宗教を代表するそれにちなんだものである。現実はこれら三大啓示宗教各派の信徒集団に帰属す

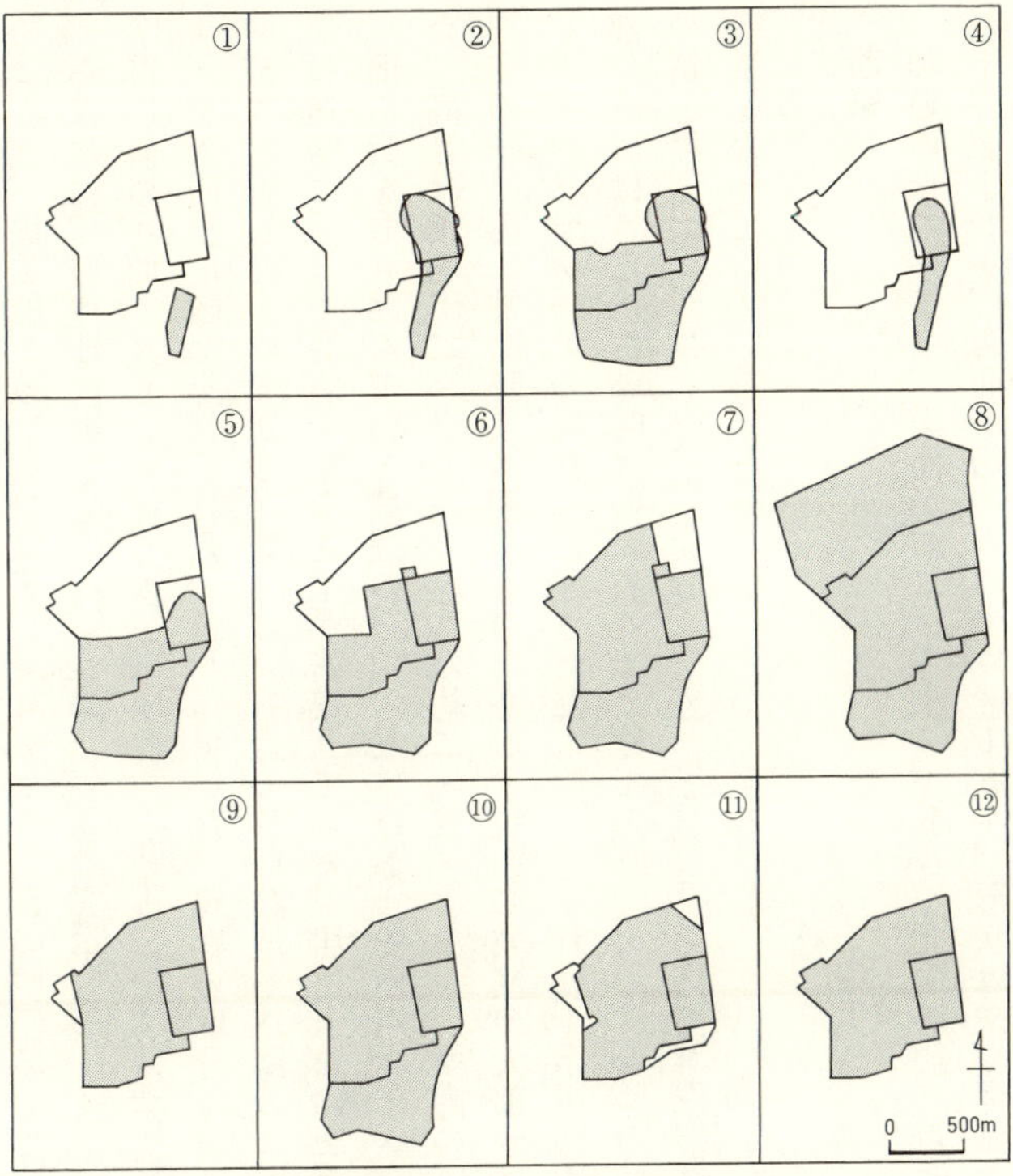

イェルサレム市街地の変遷（前10～後16世紀）
①ダビデ時代（前10世紀前半）、②ソロモン時代（前10世紀）、③ヒゼキヤ時代（前8世紀後半）、④ネヘミヤ時代（前6世紀）、⑤ハスモン朝時代（前2世紀）、⑥共和政ローマ時代（前1世紀）、⑦ヘロデ時代（前1世紀）、⑧帝政ローマ時代（前4～後70）、⑨帝政ローマ時代（3世紀）、⑩後期ビザンツ～初期ムスリム時代（6～8世紀）、⑪アッバース朝時代（10世紀）、⑫オスマン帝国時代（16世紀）

ることと、民族的・政治的アイデンティティー（自己同一性）とは必ずしも同一ではない。

ちなみに、居住地区の基本区分はビザンツ帝国時代（三二六～六三八年）にさかのぼる。十字軍以前の初期ムスリム時代（六三八～一〇九九年）には、現在のイスラーム教徒居住地区とユダヤ人居住地区がそれぞれ入れ替わっていた。現在の区分はオスマン帝国時代の十五～十六世紀に定着したものである。城内は、石畳の狭い路地が迷路のように縦横に曲がりくねって、その迷路に沿って商店や集合住宅が密集している。居住人口は三万とも四万ともいわれる。

旧市街を取り囲んでいる城壁の一辺の長さはおよそ八百～千メートル。城壁の全長は約四キロ、高さは平均十二メートル、厚さは約二・五メートル、城内の広さは一平方キロ弱、その約三分の一は第二神殿時代後期のものである。現在の城壁の大部分は、オスマン朝第十代スルタン・スレイマン一世の時代に再建されたもので、それは十字軍時代の城壁に沿って築造され、部分的にはさらに古い時代の礎石の上に建てられている。八つの城門のうち、現在は東側城壁の黄金門《ゴールデン・ゲート》を除いて七つの城門が開いている。近年は城壁の胸壁が補強され、城壁の上が遊歩道となっていて、遊歩を楽しむことができる。

西壁

神殿の丘の外壁は、南面が約二百八十メートル、北面が約三百七十メートル、東面が約四百七十三メートル、西面が約四百六十六メートル、形状はやや南側が狭い不規則な矩形《くけい》を成し、面積は、旧市街の約六分の一、十四ヘクタール、京都二条城離宮城内よりやや狭い。紀元後一世紀以来、離散ユダヤ人にとってもっとも神聖な場所は、かつて神殿が建っていた「神殿の丘」と、祈禱所《きとうじょ》として崇敬されてきた神殿の丘の西側を支えている石壁の前である。ここは「西壁」もしくは「歎《なげ》きの壁」（後代のヨーロッパ・キリスト教徒の呼称）と呼ばれている。

この巨大な石壁はかつてユダヤ王ヘロデ（在位・前三七〜前四）が神域を二倍に拡張した折に築いた見事なものである。帝政ローマの圧政に苦しめられ離散の民《たみ》となったユダヤ人が、四世紀以後、当局の許可を得て年に一度、神殿破壊記念日（ユダヤ教暦のアヴ月九日／現行太陽暦の七〜八月）にこの石壁の前に来てたたずんでは往時を偲《しの》び、祖国を懐かしんで祖国恢復《かいふく》を祈るようになったことから、とりわけローマ軍に破壊されずに残った神殿の丘の西側のこの石壁が「西壁」と呼ばれ現在に至っている。

ユダヤ人にとって西壁（ヘブライ語でハコテル・ハマラヴィ）は決して歎きの象徴ではない。かれらは絶望のなかから民族の未来を、廃墟《はいきょ》のなかから民族の希望を見出して生き抜いてきた。「民族の将来に対して希望を抱くことこそが、生き残っている者に課せられた義務である」と、かれらユダヤ人は確信をもって言う。

コラム　西壁の石組み

現存の神殿の丘の西側を支えている石組みはローマ、ビザンツ、イスラーム、オスマン帝国時代の遺産である。西壁の下層の巨大な石組みはヘロデ時代のものである。この石組みには幅四〜五メートル、高さ一〜一・二メートルもの巨大な石灰岩の切り石が用いられている。一九六七年六月の第三次中東戦争（六日戦争）までは、西壁の石積みの地上五層（段）までがヘロデ時代のものだったが、第三次中東戦争後さらに二層掘り下げられ、現在では地上七層までがヘロデ時代のものである。地上はヘロデ時代のものを含めて十五層から成っている。それに加えて埋没部分は十九層二十一メートルもあり、現在はその一部分が西壁の南に沿って調査が進められている。西壁の地上の高さは約十八メートル、南北の幅（長さ）は約六十メートルもある。

西壁の壁面にはさまざまな祈願文や祈禱文が書きこまれていて、高いところにはヒソプ（シソ科の多年生植物で至るところの石垣に生育している）が簇生《そうせい》している。ユダヤ人にとって紀元七〇年にローマ軍に破壊されたイェルサレムおよび（第二）神殿の記念碑がこの石壁なのである。筆者がこの西壁を最初に訪ねたのは一九六四年のクリスマスだった。西壁前は現在は広場となっているが、当時は幅数メートルの狭い路地だったことが思い出される。

旧市街を含む東イェルサレムは一九四八年の独立戦争（第一次中東戦争）でトランス・ヨルダン王国（一九四九年六月に国名をヨルダン・ハーシム王国と改名）領となり、以後十九年間、ユダヤ人はここに立ち入ることは一切禁じられていた。しかし、第三次中東戦争の開戦三日目の、一九六七年六月七日、イスラエル軍の手で西壁を含む旧市街が奪還された。

西壁の西側に密集していたアラブ人の民家は戦後まもなく取り壊され、西壁の前は文字通り「ユ

19世紀の西壁

ダヤ人の祈りの広場」となった。広場は、向かって左側が男性の、右側が女性の祈禱所となっていて、朝な夕な万国平和の到来が祈り続けられている。ここは、今日、オープン・シナゴーグとして、信教の自由が保障され、安息日《あんそくび》以外だれもが訪れることができる。

ちなみに、西壁に向かって左側（北側）に、正統派のユダヤ人が祈禱所・学習室として用いている建物・部屋がある。その内部に橋脚の遺構が残っている。一八六四～六六年に、イギリスの工兵隊士官C・ウィルスン（一八三六～一九〇五）が踏査した際に、西壁に北接しているこれを橋脚の一部と断定したところから、かれの名にちなんで「ウィルスン・アーチ」と呼ばれてきた。第三次中東戦争後の調査で、遺構の一部は、ヘロデ時代のものではなく、後代の七～八世紀のイスラーム・ウマイヤ朝時代のものだったことが判明した。次いで一九八七年、イスラエル宗教省の調査により、西壁の北側に接して南北全長約四百八十メートルに及ぶ水路トンネル（造営は前二世紀〜前一世紀のユダヤ・ハスモン家時代にさかのぼり、次いでヘロデ時代に当時のローマの建築技術の粋を集めて完成）の全貌《ぜんぼう》が明らかになり、観光用西壁トンネルとして一部公開されている。

安息日と祭り

イェルサレムの住民は、その宗教によって大きく三つのコミュニティーに大別される。イスラーム教徒には金曜日（集団礼拝日）が、ユダヤ教徒には金曜日の日没から土曜日の日没までが（日没とは三番星の出没するころとも）、キリスト教徒には日曜日がそれぞれ一週間の安息の日に当たる。七日目ごとに休息する習慣は、もともと（旧約）聖書冒頭の教えに由来し、ユダヤ教に始まり、紀元後二世紀ころからローマ世界を経て世界に拡《ひろ》まっていった。

紀元前六世紀のバビロニア捕囚時代、捕囚民は古代イスラエルの宗教的掟《おきて》、律法《トーラー》を収集し、これを基に異郷バビロニアにおいて民族共同体形成の努力を積み重ね、律法を定期的に学習する制度を発達させた。これがシナゴーグ（ギリシア語のシナゴーゲー〔「集会所」の意〕に由来）と呼ばれるユダヤ教団独自の集会所、会堂の始まりである。以来シナゴーグにおいて律法の学習と併せてコミュニティーの勤行《ごんぎょう》が行なわれるようになった。第二神殿時代の制度のなかで後代にもっとも大きな影響を及ぼしたものがシナゴーグだった。シナゴーグ組織の発達に伴って、日常生活の背後にある安息日《シャバット》（本来は「仕事を中断する」という意）は、バビロニア捕囚時代に捕囚民にとって重要な意義をもつようになった。

紀元前十三世紀のエジプト脱出を記念する過越《すぎこし》の祭り（春の収穫を祝う農耕祭とも。現行暦の三～四月）、シナイ山における十誡《じっかい》授与を記念する七週《しちしゅう》の祭り（春の麦の収穫祭。五～六月）、エジプト脱出後四十年間の荒野放浪受難の時代を回想する仮庵《かりいお》の祭り（秋の収穫祭。九～十月）は、ユダヤ教の三大季節祭である。ちなみに、一九九五年九月～九六年九月（ユダヤ教暦〔太陰太陽暦〕五七五六年）、イスラエルはダビデによるイェルサレム建都三千年祭を盛大に祝った。

イェルサレムは、他の町とは異なり、町全体が一斉に休日となる日はない。週ごとにやってくるユダヤ教の安息日の静けさは、たとえれば我が国の正月三箇日のそれにほぼ匹敵する。

クリスマス（「キリスト礼拝」の意）は、それぞれの教会の暦にしたがって、十二月二十五日（西方系教会）、一月七日（東方系教会）、一月十九日（アルメニア正教）と年三度やってくる。教会暦のなかでもっとも古い祝日復活節《イースター》も教派暦によって異なる（イースターは現代ギリシア語では「パスカ」、これは過越の祭りを指すヘブライ語の「ペサッハ」に由来）。

クリスマスを祝う習慣は初代キリスト教会にはなかったが、キリスト教会がこれを十二月二十五日と定めたのは四世紀以降である。なお、キリストがこの日に生まれたという記録はない。一説には、紀元前一世紀から紀元後五世紀までローマ帝国全域にわたって流布した密儀宗教の一派、ペルシア起源のミトラス教の太陽神ミトラスの祝日が転じたものといわれているが、キリストの降誕祭、クリスマスの起源はユダヤ教の祭りのひとつ、太陽暦の十一～十二月に八日間続く「ハヌカーの祭り」(「宮潔《みやきよ》めの祭り」とも)と無関係であろうか(本書一四〇頁以下参照)。

旧市街には、イエスがローマ総督ピラトゥス(在任・後二六〜三六)から死刑の宣告を受け、処刑場まで十字架を背負って歩いた「ヴィア・ドロローサ」(ラテン語で「悲しみの道」の意。「十字架の道行き」とも。全長約五百メートル)が残っている。また、旧市街南東隅に位置するイスラーム教徒がアラビア語で「アルハラム・アッシャリーフ」(「高貴なる聖所《せいじょ》」の意。ユダヤ人の呼称では「神殿の丘」)と呼ぶ区域には、ほぼ中央西寄りにイスラーム(教)最初の記念建造物、黄金に輝くドーム、「岩のドーム」(六九一年ころ完成)が、その南西端には銀のドーム「アルアクサー・モスク」(七〇五〜七〇九年ころ建立)が建っているが、これらについては、第6章で言及する。ここアルハラム・アッシャリーフ神域はイスラームのワクフ省の管理下にある(ワクフはアラビア語で財産の所有権の移動の「停止」の意。ワクフ省は寄進財産の管理担当部署)。

イェルサレム旧市街および城壁は、一九八一年、ヨルダンの申請により、ユネスコの世界遺産に登録され、翌一九八二年には、修復や保全が必要な「危機にさらされる世界遺産リスト」に記載された。

イェルサレムは、古来、たびたび列強の争奪の場となったが、世界の歴史を左右するような政治権力の中心に選ばれたことは一度もなかった。ユダヤ教、キリスト教、イスラーム(教)三つの唯一神啓示宗教にとって共通の聖域はさまざまな党派《セクト》、教派、宗派が共存する宗教都市として歴史上それぞれに重要な役割を果たし続けて現在に至っている。

コラム　日本人巡礼者

日本人として最初に聖地イェルサレムに足を踏み入れたのはキリシタン青年ペトロ岐部《きべ》（一五八七～一六三九）だった。かれは十七世紀江戸幕府のキリシタン禁令（一六一三年）により国外追放を受け、ポルトガル領マカオからゴア、ペルシア湾口、ペルシアを経て、単身シリア沙漠《さばく》を横断・南下、孤独の果てイェルサレムに到着（一六一九年〔元和《げんな》五年〕十二月）。次いでローマへ行って司祭に叙階され、帰国後、穴吊《あなづ》りの拷問に屈せず、棄教しなかったため処刑、殉教の死を遂げた。壮絶な生き方だった。長途の旅についての日誌もメモも何ひとつ遺《のこ》していないのが残念至極である。ペトロ岐部を扱った作品に遠藤周作の『銃と十字架』（中央公論社・一九七七年）がある。

第1章
パレスティナ・イスラエルの国土

死海（撮影・石黒健治）

国土

イスラエルは、歴史的にはパレスティナと呼ばれてきた国土の大部分を占めている。地理的にはユーラシア・アフリカ両大陸を結んでいる同地は、東地中海域（レヴァント）の一隅に位置し、西側を海（古称では大海《たいかい》）、東側を沙漠に挟まれた、我が日本列島のように、南北に長い帯状を成し東西に狭い地帯である。緯度の上から見ると、ほぼ北は九州の大分市付近から南は鹿児島・屋久島と奄美《あまみ》大島との間にある薩南《さつなん》諸島の諏訪之瀬島《すわのせじま》に至る地域に位置している。イェルサレムは北緯三十一度四十六分、東経三十五度十四分に位置し、鹿児島市南方付近に相当する。国境および休戦ライン内にあるイスラエルの全域は、パレスティナ暫定自治政府の管理地域を含め約二万七千八百平方キロ、これは九州（約三万七千二百平方キロ）よりひと回り狭い広さに当たるが、沙漠、平野と山地、湖と泉、休火山、雪山、大地溝などを有し、生態学上すこぶる多様性に富んでいる。

パレスティナ・イスラエルの土地の基本形態は隆起・褶曲《しゅうきょく》・断層運動によって形成され、その後の浸食・堆積《たいせき》作用が加わって現在の地形・地質がつくられた。南北およそ四百七十キロ、東西の一番広いところでも百三十余キロにすぎないイスラエルは、南北に縦走する断層にしたがって四つの縦縞《たてじま》、すなわち四つの細長い地形から成っていて、これに南半分の広大な「乾燥した土地」を意味するネゲヴを加えてつぎの五つに区分される。①東地中海沿岸平原地帯（アッコー平原、シャロン平原、フィリスティア平原、シェフェラー丘陵地帯）、②ヨルダン川西方の山岳地帯（ガリラヤ高原、イズレエル平原、サマリア高原、エフライム山地、ユダ山岳地帯）、③ヨルダン地溝（フーレ湖地域、ガリラヤ盆地、ヨルダン川流域、死海、アラバ低地）、④ヨルダン川東方の山岳地帯（バシャン高原、ギレアド山岳地帯、モアブ・アンモンの高台地、エドムの山地）、⑤ネゲヴ地帯（南部の高原性乾燥地帯）。

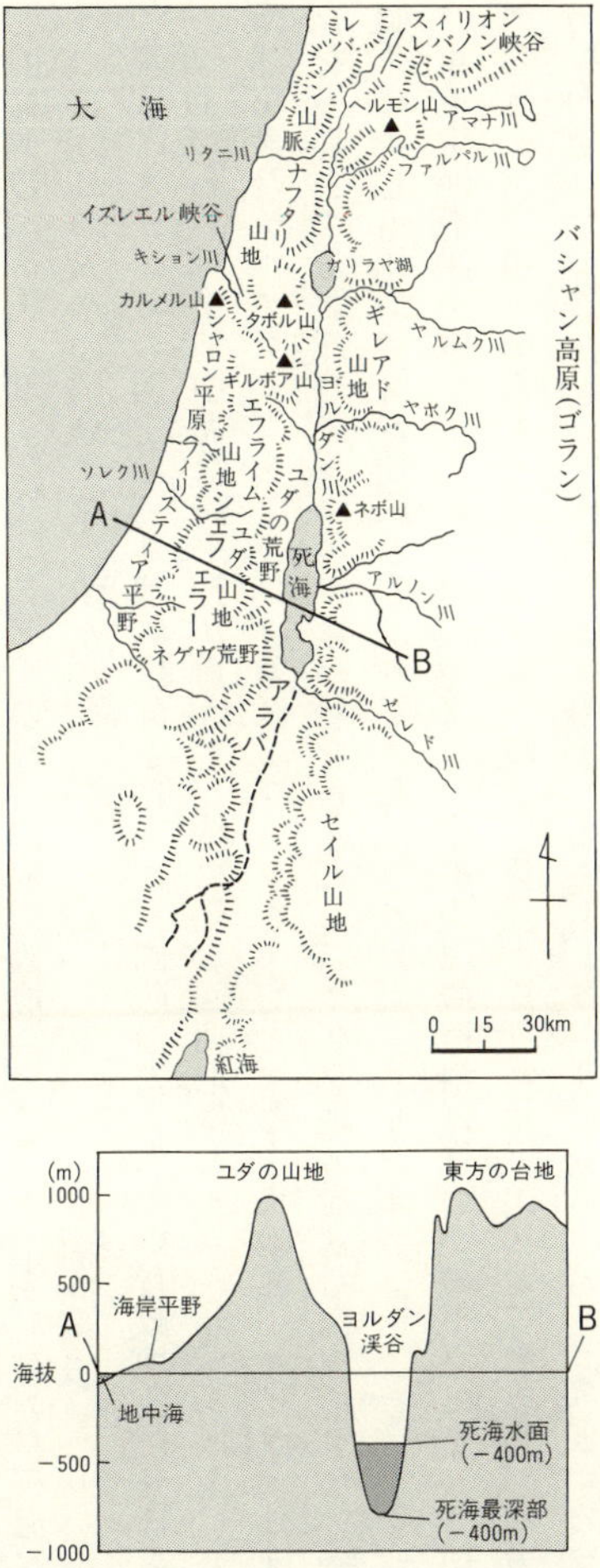

パレスティナ地勢図

旧約聖書申命記《しんめいき》一章7節の「アラバの谷、山地、低地（シェフェラー）、ネゲヴ、海べ」というのは、この五つの区分に相当する。

現代イスラエルの国土は、地理的区分とは別に、国防治安上六つの行政地区に分けられている。すなわち、東地中海沿岸平野からユダ丘陵に至る回廊地帯とイェルサレム地区、沿岸平野南部を含むテルアヴィヴ・ヤッフォ地区、ラムラを中心とする中央地区、ハイファ地区、ナザレを中心とする北部地区、ベエルシェバを首邑《しゅゆう》としてネゲヴ地方を含む南部地区に分け、中東戦争による占領地は管理地区と呼ばれてきた。

東地中海沿岸平原地帯からやや内陸寄りの中央山脈の稜線《りょうせん》は幾つかの平原によって切断され、さらに山脈は再び隆起し、エフライム丘陵（山岳地）、ユダ丘陵（山岳地）を成し、南方のヘブロン付近まで延びている。旧約聖書に登場するシロ、イェルサレム、ベトレヘム、ヘブロンはこの山系に属するユダ山岳地帯に位置している。ヨルダン川西岸地区のエフライムの北の起伏に富んだ山間平野には古都サマリアやシケムなどが発達し、夏の乾燥に耐えるオリーヴ（原産地はアナトリア地中海沿岸）・オレンジなどの硬葉樹、地中に深く根を張る葡萄《ぶどう》・柑橘《かんきつ》類、小麦・大麦などの穀物などが今も産し、盆地と岩山とがモザイク模様を呈している。シロの平原やエフライムの段丘にはオリーヴ、小麦が栽培されている。イェルサレム以南は放牧地帯、以東は丘陵の陰になるため降水量が乏しく荒涼とした荒野を成している。

北にはヘルモン山（標高二千八百十四メートル。ヘルモン山の万年雪がヨルダン川の水源となっている）やレバノン山脈（最高峰クルナ・アッサウダーは三千八十六メートル）が聳《そび》え、西の東地中海沿岸には沃地《よくち》が、中央部には標高およそ八百三十メートルの地点に位置するイェルサレムを中心とした丘陵地帯がある。

イェルサレムは、パレスティナの中央を南北に走っているユダ丘陵地帯に聳える丘の上にあり、最南端の港町エイラートと北方レバノンの国境の町メトゥラのほぼ中間に位置する。

北から南には陥没地溝があり、海面下二百メートル余のキンネレテの海（ガリラヤ湖／ティベリア湖。琵琶《びわ》湖の約四分の一の広さ。最大深度約五十メートル）から流れ出て地中海面よりさらにおよそ四百メートルも下がった世界最低の場所にある塩の海（死海）に注《そそ》ぎこむヨルダン川（海抜五百二十メートルの最北端の水源アイン・アルハスバニから死海に注ぐ河口まで直線距離で約二百二十キロ、全落差は約九百二十メートル）が流れている。ヨルダン川は、死海に流入する河川のなかでもっとも重要な河川で、流域の農作物は、河川と地下水に依存している。

死海はヨルダン地溝に位置し、南北約八十五キロ、東西十五・六キロ、最大深度は四百メートル余、その広さは約九百四十五平方キロ（琵琶湖の一・四倍）。イェルサレムと死海との標高差は千二百メートル余。死海は蒸発量が多いため、その塩分濃度が海洋の約四〜六倍となっている。死海は、古来、「塩の海」「アラバの海」「死の海」などさまざまな名で呼ばれてきた。十一世紀のペルシアの地理学者ナースィル・イ・ホスロー（一〇〇三ころ〜七四ころ）はアブラ（ハ）ムの甥《おい》ロトにちなんで（創世記一三）「ロトの海」と呼んだという。

イスラエル側から海抜マイナス四百メートル余りの死海へ行くには三つのメインルートがある。イェルサレム、テルアヴィヴ・ヤッフォ、南端のエイラートからのルートである。イスラエルの長年の夢のひとつに死海から地中海に運河を掘鑿《くっさく》する構想がある。一九九三年九月のワシントンにおけるイスラエルとパレスティナ解放機構（PLO）との歴史的和解において、附属文書のなかで、将来の開発協力の具体的な項目として、「地中海（ガザ）から死海への運河建設」という文言《もんごん》が明記された。地中海の海水を死海に落とし、落差を利用した水力発電などに利用するという、かつての構想の再浮上である。翌一九九四年十月のイスラエル・ヨルダン両国の和平条約附属文書には、アカバ湾と死海とを結ぶ別ルートの運河建設構想も登場している（平山健太郎）。これらの運河構想が具体化するのはいつのことであろうか。

パレスティナ・イスラエルの地形は起伏の多い山岳地で多様性に富んでいる。東西両側には二本の世界最大の地溝が走っている。東側のシリア・アフリカ地溝の一部をなすヨルダン・アラバ地溝と西側の地中海にかくれた地溝とがそれである。死海に繋がる狭く長いヨルダン地溝は、断層による陥没でできたものと見られてきたが、イェルサレム・ヘブライ大学の調査によって、上下断層のほかに水平移動（左水平ずり移動）、つまり垂直断層（正断層）と水平断層とが重なって生じたヨルダン地溝内の一種の裂け目だったことが判明した。すなわちイランのザーグロス山脈から紅海に至る約一千キロの地形は、地質年代の上からはアフリカ大陸からアラビア半島が断層によって落ち込んで紅海やスエズ湾が生成した新生代第三紀の中葉に、西側のシナイ・プレートが南方向に、東側のアラビア・プレートが北方向に相対的に移動したことによって形成されたものである。

人口

イスラエルの現在の人口は七百十五万人、住民はユダヤ人（七七・二%）・アラブ系他（二二・八%）、宗教別ではユダヤ人（七七%）・イスラーム教徒（一五・五%。大半がスンナ派）・キリスト教徒（二・一%）・ドゥルーズ派その他から成っている（二〇〇七年四月）。

ちなみに、インティファーダ（パレスティナ住民による反イスラエル占領闘争）の舞台となったガザ（アルガッザ）地区とヨルダン川西岸地区の面積は約六千二百四十二平方キロ、我が国の茨城県とほぼ同じ広さで、ここでおよそ三百七十万人が生活している。宗教別には主にイスラーム教徒スンナ派（スンニ派とも。九七%）と少数のキリスト教徒（三%）から成っている。

ユダヤ教の聖書《タナッフ》をみずからの経典《けいてん》の一部としているキリスト教徒とイスラーム教徒にとってもここは、古来、重要な地域である。

気象

国土、人口に次いで気象を一瞥《いちべつ》しておこう。気象は時代によって変動はあるものの、自然環境を無視しては歴史は語れない。

パレスティナ・イスラエルは温帯に属し、気象の特色は、中東の他の地域と同じように、乾燥と降水が少ないこと――雨季になると、時に狭い範囲に、しかも短時間に土砂降りの雨が降る――である。

気候は、夏に亜熱帯高圧帯に入り、高温で乾燥する。冬は偏西風の影響を受けて雨が降る。夏には燦々《さんさん》と照りつける陽光に恵まれ、典型的な地中海性気候帯に属し、地中海沿岸、アメリカのカリフォルニア、チリ中部、オーストラリア南部、南アフリカなどと同様の気候を有している。

季節は、夏（乾季）と冬（雨季）とに分かれ、夏はまったく降雨がなく乾燥して暑く（湿度は東京よりもずっと低い）、冬には降雨があり、山岳地帯ではまれに小雪も降るが概して温暖である。南北地域によって多少の違いはあるが、十一月はじめころから三月末ころまでが雨季で、この時期に湿気を含む西風が吹き、雨を運んでくる。

南部のネゲヴ地方は年間降水量が二百ミリ足らず、平野部の北で約六百ミリ余、南のアシュケロンで四百ミリ余、ベエルシェバ付近で二百五十ミリ余に減少、死海のそれは五十ミリから百ミリ程度である。

なお中東全域に見られる特殊な気象現象として東風カディームとシャブラがある。カディームは主に夏前後の季節の変わり目にやってくるが、冬にも冷たい乾燥した東風の姿をとってやってくる。この東風は沙漠の上空で発生するため乾燥しているが、冬には寒気団を運んでくるので冷たく、夏にはパレスティナ・イスラエルを取り囲む沙漠の上空に熱気団を運んでくるので暑い。シャブラも季節の変わり目に上空で形成される高気圧で、無風でその代わり異常な高温と乾燥を伴う。

ちなみに、パレスティナの最高気温はシャブラが一週間も続いた一九四二年六月二十一日のガリラヤ湖南方のベトシェアン南東のティラツヴィ（海面下二百メートル）で摂氏五十四度、その翌日には死海西岸で摂氏五十一度が記録されている（M・ハルエル、D・ニール）。

五月から六月はじめにかけて、東あるいは南東から砂塵《さじん》を含んだ焼けるような熱風、砂嵐《すなあらし》が、間歇的《かんけつ》に、時には数日間連続して、約五十日の間吹く。これが「スィロッコ風」（アラビア語でハマーシーン〔「砂嵐」「五十日風」の意〕）と呼ばれるものである。旧約聖書はこれを「東風」と呼んでいる（例えば、出《しゅつ》エジプト記《き》一〇13、ヨブ記三八24以下、エレミヤ書一八17）。この嵐は熱風でもあり、時として今なお農作物を枯らし大きな被害を及ぼす。この息苦しい乾いた熱風は西風の再来によって突然止む。

水資源

パレスティナ・イスラエルは地理的にはシリア・アフリカ大地溝帯の辺境に位置しているので、古来、水不足に悩まされてきた。これに対して、雨水を溜《た》めて蓄え、それを給水施設（土管）を利用して他の場所に送水してきた。

現在、イスラエル全土で年間に利用できる水資源は約十七億立方メートル、その七五%が灌《かん》漑《がい》用、残余が都市用水や工業用水となっている。水源はヨルダン川、ガリラヤ湖、その他の河川で、泉や地下水も利用されている。他に、下水の再処理、人工による降雨、散水、脱塩化による土壌改良などが開発されている。なおイスラエル国内の水資源はひとつの国営配水網（一九六四年に完成）に統合され、全土に送水されている（在日イスラエル大使館提供資料による）。

イェルサレムの気候・景観

イェルサレムは山地にあるため他の地域ほど寒暖の差は激しくない。雨季に湿気を含む西風が吹き、雨を運んでくる。雨が降り始めると一面緑となる。ピンクと白のシクラメン、赤、白、紫のアネモネが十二月から三月ころまで咲き乱れ、遅れて青いルピナス、黄色のマリーゴールドが咲く。クロッカスやカイソウなどの土中植物は球根や塊茎《かいけい》に養分を蓄え夏の終わり（十月）に花を咲かせる。また公園や家庭の花壇、ヴェランダなどにはさまざまな草花や花木が一年を通じて百花繚乱《ひゃっかりょうらん》と咲き誇っている。ひときわ美しいのは早春の北のガリラヤ湖周辺である。

イェルサレムの一月の平均気温は摂氏六〜十二度程度、観測史上最低は寒波と雪に襲われた一九〇七年の零下六・七度という記録がある。最高気温は摂氏四十四度。

やがて夏になるとインド季節風モンスーンの影響を受けて北西風が吹く。この風は古くから知られ、ギリシア人は、ギリシア海岸からエーゲ海を通過して東地中海沿岸平野から内陸に吹いてくるこの風を「エテシ風（定季風）」と呼んだ。イェルサレムの八月の平均気温は摂氏十九〜二十九度程度で、それほど高温ではない。最高気温の時間帯が長いとはいえ、湿度が低いので東京よりもずっと過ごしやすい。

イェルサレムで雨が降るのは九〜十月から四〜五月までで、年間平均降水量は約五百ミリ（東京は約千五百ミリ）、年間降水日数は約五十七日（東京は約百五日）と記録されている。気温は標高が上がれば低下するし、南の荒野に下がれば高くなる傾向にある。したがって降雨はパレスティナ全土に一様にもたらされはしない。その文化は、古来、歴史を通じて水の確保に支えられてきた。住民は、生活環境としての天賦の水資源がいかに貴重であるかを噛《か》み締《し》め、それを生活資源として使うだけでなく、眺め親しんでもいたであろう。

降水のなかには雪、霰《あられ》、雹《ひょう》なども含まれるが、イェルサレムの年間降雪日数は二〜三日ほどでその量は僅《わず》かである。十二月と四月に雪が降った例があるが、主な降雪、霙《みぞれ》の月は二月である。一九五〇年二月はじめには七十センチもの異常積雪があった。また、一九九二年一月はじめには異常気象により一メートルもの積雪があり交通機関が止まった。

聖書時代以来、パレスティナは「乳と蜜《みつ》の流れる地」（出エジプト記三17）で「小麦、大麦、葡萄、無花果《いちじく》、柘榴《ざくろ》、オリーヴ、蜜」（申命記八8）の七種《ななくさ》の食物を産する豊かな土地として知られてきた。「蜜」は伝統的には、棗椰子《なつめやし》ではなく、蜂蜜《はちみつ》を指す。七種の表《リスト》から漏れた「土地の名産」にピスタチオやアーモンドの実（創世記四三11）、カナァン・パレスティナの住民が常食にしていたレンズ豆（創世記二五34）などがある。イェルサレムでとくに人目につく樹木はイェルサレム松とオリーヴである。

ここでイェルサレムの景観を一瞥してみよう。

イェルサレムを飾っている城壁や建造物に使われている石材はイェルサレムおよびその近郊から産する石灰岩である。採石当初の灰白色は歳月とともに含有鉄分が酸化し淡黄色に変ずる。イェルサレムでは、東のオリーヴ山から昇る朝日に照らし出され、その衣をまとう城壁や建造物が銅色《あかがねいろ》に映え、中天の陽光を浴びて黄金色《こがね》に輝き、虹《にじ》の輝きのように美しい色彩を見せ、やがて夕陽《ゆうひ》とともに沈んでいく美しい光景を見ることができる。気象状態や時刻によって表情を変えることは言うまでもない。この上ない至福のときである。

イェルサレムの都市政策の一環として注目すべきことのひとつは、イェルサレム産の石灰岩の使用が、イギリス委任統治時代（一九一七～四八年）以来、現在も委任統治時代の法律を継承したイェルサレム市の条例によって義務づけられている点である。この景観もまた貴重な遺産である。

オリエント史の時期区分

人類の歴史が文明と呼ばれる段階に到達して歴史時代が始まった時期は、メソポタミアおよびエジプトにおいてはおおむね紀元前第四千年紀末葉から同第三千年紀初頭にかけてであった。

やや遅れてインダスおよびクレタがこれに加わり、東アジアではさらに遅れて殷《いん》が文明の段階に入ったのは紀元前一五〇〇年ころである。最古の文明社会に共通する点を挙げれば、それはいずれも都市文明であったことである。歴史時代は紀元前三〇〇〇年ころのオリエントにおける都市文明の成立をもって開始された。

ユーラシア、アフリカの二大陸に跨《また》がる地域は、歴史的にも、悠久のいにしえから現代に至るまで、ひとつの完結した独自の歴史的世界を形成してきた。それゆえ、世界史は大づかみに言うと、構成上、東アジア、オリエント、ヨーロッパの三大文明圏から成り立っていたといえる。時期区分は研究者の史観にしたがって決定される。何を基準に時期区分をなすかは研究者に課せられた今後の重い課題である。杉勇説によれば、オリエント史はほぼつぎのように古代、中世、近世以降の三つの時期に大別される。

まず古代は、最古の歴史時代から紀元前三三〇年のペルシア帝国滅亡に至るまでの時代で、世界最古の高度の文明（シュメル文明）が発生してからオリエント的な展開が一段落するまでの、いわばオリエント的な固有の文明の成立・発展の時代を指す。

次いで中世は、アレクサンドロス大王の東征（前三三四〜三三〇年）によってオリエントの統一帝国が滅亡して、幾つもの小国が分立するようになったが、同時にギリシア・ローマと政治的、経済的に密接に結びつき、地中海世界と離れがたい関係になって、西方の影響のもとでの新しいオリエント地方文化が発生したおよそ一千年間を指す。すなわち、この時代のオリエント世界の西半分はギリシア・ローマ的世界であり、その東半分はイラニズム、換言すれば古代の伝統を受け継いだパルティア（中国名「安息」）、サーサーン朝ペルシアなどのオリエンタリズムの伝統的世界で、これは西洋中世におけるローマン的、ゲルマン的世界の成立・発展に類似している。

近世は、七世紀にイスラーム（教）の成立、イスラーム帝国の勃興《ぼっこう》などの劃期《かっき》的な事件が起こり、オリエント世界が新しい意味での固有の文化を形成した時代に始まり、以後、バグダードとカイロが東西に拡《ひろ》がるイスラーム世界の中心となり、イスラーム系の諸王朝が興亡した。

図に引用した学際的学問分野に跨るユダヤ民族史・宗教史の基礎的枠組みとなる時期区分は、政治・社会史を主体とする世界史と交錯した独自の信仰・思想史によって決められている（石田友雄、序章）。図の七つの時代のうち、二〜四の時代は、古代世界を制覇した古代帝国の盛衰によって左右され、五〜七の時代は、国際関係史一般の時期区分にしたがっている。

本書においては、一〜四の時代は、イェルサレム神殿を主題とした時期区分にしたがっている。古代イスラエル統一王国第三代王ソロモン（在位・前九六七ころ〜九二八ころ）が紀元前九六〇年ころ建立して、紀元前五八六年にバビロニア人によって破壊された「第一神殿」と、バビロニア捕囚《ほしゅう》帰還後、帰還民によって紀元前五一五年に再建され、紀元七〇年にローマ軍によって破壊された「第二神殿」がそれである（古代イスラエルの諸王の治世年諸説については、高橋正男著『年表　古代オリエント史』時事通信社・二〇〇〇年〔五刷〕、一四六〜一四七頁を参照され

	時代史	ユダヤ民族・宗教史		キリスト教徒の時代区分
		経典による時代区分	神殿による時代区分	
1	古代イスラエル時代	聖書時代	第一神殿時代	旧約時代
2	バビロニア時代		バビロニア捕囚時代（前586年以降）	
3	ペルシア時代	ラビのユダヤ教時代	第二神殿時代（前539年以降）	中間時代
4	ヘレニズム・ローマ時代		ミシュナ・タルムード時代（後70〜640年）	新約時代 教父時代
5	中　世	中　世		中　世
6	近　世	近　世		近　世
7	現　代	現　代		現　代

ユダヤ教史の時期区分（石田友雄著『ユダヤ教史』1980年、10頁に加筆）

たい）。

第一神殿時代には、第一神殿建立以前の古代イスラエル時代が含まれ、また、バビロニア捕囚時代（前五八六〜五三八年）を含めて第一神殿時代と呼ぶこともある。

オリエント全域はかつて一度もひとつに統一されたことがない。大統一はあっても全統一はなかった。すなわち、古代においてはアッシリア（前七世紀）、アケメネス朝ペルシア（前六世紀〜前四世紀）、次いでアレクサンドロス大王（前四世紀）がその統一を成し遂げたのである。次いで中世においてはオスマン朝（十三〜二十世紀）がその統一者となった。これらの政治的統一は、大領土内における経済的、文化的、民族的諸交流を前提とし、統一はさらにもろもろの交流を促し、その統一が破れた場合でもそれはつぎの再統一・統合の基盤をなした。

ちなみに、アメリカのユダヤ史家アブラハム・レオン・ザハル（一八八九〜一九九三。ブランダイス大学初代学長）はユダヤ人の歴史をつぎの四期に区分している

（A・L・ザハル『ユダヤ人の歴史』第五版〔一九六四年版〕・滝川義人訳・巻末年表）。第一期・族長時代〜王国の成立（前十八世紀ころ〜前十一世紀）、第二期・ダビデ王国の成立〜イェルサレム第二神殿の破壊、マッサダ要塞《ようさい》の陥落、ユダヤ人の離散（前十一世紀〜後七四年）、第三期・流浪《るろう》・離散期（後七四〜一九四八年）、第四期・国家再建期（一九四八年五月十四日〜現在）。

カナァン・パレスティナ

聖書の歴史の主要舞台は、旧約聖書では「カナァンの地」（創世記一三12、申命記三二49）と呼ばれている。旧約聖書では、カナァンの領域は「エジプトの川から大河エウフラテスに至るまで」「エウフラテスから西の海まで」（創世記一五18、申命記一一24）と定義されている。今日のイスラエル／パレスティナを中心とし、レバノン共和国（古代のフェニキア地方）、シリア・アラブ共和国、ヨルダン・ハーシム王国に跨る地域を指す。「陸橋」とも呼ばれる。カナァンはシリア・パレスティナ地方の古称である。

「カナァン」という名称はすでにシリア北西部のテル・マルディフから出土した紀元前第三千年紀後半のエブラ文書《もんじょ》に言及されている。次いでエウフラテス河中流西岸のテル・ハリーリーから出土した紀元前十八世紀のマリ文書にカナァン人がマリ王国を荒らす掠奪者《りやくだつしや》と並んで出てくる。他方、エジプト新王国第十八王朝のアメンヘテプ二世（在位・前一四五〇〜一四二五／前一四二八〜一三九七とも）がアジア遠征（治世第七年）を行なった記録に、カナァン人六百四十人を捕らえ捕虜にした、とある。同二世より少し前、紀元前十五世紀初頭の北シリアのオロンテス川下流域のアララハ（現在のテル・アチャナ）の王は、その自伝を誌《しる》した碑文のなかで、かつて王位を追われたときキナニム（カナァン）の地にある町に逃亡した、と述べている。

地理的概念としては、カナァンは、バグダードの北およそ二百四十キロの丘陵地帯にある古都ヌジ（ヌーズーとも）から出土した紀元前第二千年紀中葉の粘土板文書に誌されている東セム系楔形文字《くさびがたもじ》アッカド語の「キナッフゥ」に関連するともいわれる。キナッフゥは、地中海特産の骨貝（アッキガイ科の巻き貝）からとった紫紅色染料にちなんだ「紫の国」の意で、シリア海岸を指し、のちに北ガリラヤに達する後背地をも含むようになったといわれる。

この染料は、レバノン山脈の木材とともに、フェニキアの主要な特産品だった。「フェニキア」という名はギリシア名フォイニケオス（「紫紅色」の意）に由来していて、カナァンの呼称は、元来緋紫《ひむらさき》の染色産業で知られたフェニキアと関連があると考えられてきた。しかし、「キナッフゥ」はヌジ文書にしか見えていない。西方において、またカナァンにおいては、地理的用語として他の語が用いられていたのではないか。

「カナァン」は、広義では、紀元前十四世紀のエジプトの政治的・軍事的窮状をファラオに訴えた書簡アルアマルナ文書ではパレスティナと南シリアとを含むエジプトの属州のひとつ北東県の名称として用いられ、狭義では、旧約聖書では主にヨルダン川西岸の領土を指した。北境はフェニキアのビュブロスの北ホル山からオロンテス川源流のレブウェを経てアンティ・レバノン山脈北麓《ほくろく》のツェダド、南境はエジプトの川（現在のワーディー・アルアリーシュ）に沿って、東地中海沿岸からネゲヴ沙漠南端のオアシス、カデシュバルネアの南、東境は北のツェダドから南下しキンネレテの海（ガリラヤ湖）の東斜面を経てヨルダン川を下って塩の海（死海）に至る地、そして西境は東地中海沿岸がその境界線をなしている（民数記三四2〜12）。要約すれば、北はシリア北部の古都アララハ（現在のテル・アチャナ）あたりから、南はエジプトに接するエジプトの川あたりまでの東地中海沿岸地域を指す。のちには神ヤハウェによってイスラエルの民《たみ》に約束された土地を、加えてその助けによってかれらが征服定着した土地全域を指している。

カナァンの地は、「約束の地」「聖地」「イスラエルの地」などとも呼ばれている。

カトリック・ドミニコ会士で、著名な聖書学者R・ド・ヴォー司祭（一九〇三〜七一）は、その遺著『イスラエル古代史――起源からカナン定着まで』（一九七七年）のなかで、旧約聖書が商人をカナァン人と呼んでいるのはカナァン・フェニキア人がイスラエルとの交易専売権を獲得していたからである、と述べている。これはカナァンを代表する住民が古来紫紅色染料の生産とそれを用いた染色産業に従事していたことと深い関《かか》わりをもっている。とまれ、カナァンという呼称は、その歴史が物語っているように、国土名を指したものではなく、ひとつの文化圏を指したものである。

一方、アジアとアフリカとを繋ぐ陸橋ないし回廊に位置しているカナァンは、「パレスティナ」とも呼ばれてきた。

歴史的には、大シリア（アラビア語でアルシャーム）もしくはレヴァントと呼ばれた地域の南寄りの部分に当たる地域を指す。その地理的範囲は時代によって異なるが、西は地中海に面する南北に細長い地方で、東はヨルダン川とヨルダン地溝帯とを境にヨルダンおよびシリア、北はレバノン、南西はエジプトに接し、南端はアカバ湾に臨んでいる。

ちなみに、パレスティナは、人類史の曙期の重要な舞台のひとつだった。北のカルメル山洞《どう》窟《くつ》群から新石器時代に先立つナトゥーフ文化期（前一〇〇〇〇〜八〇〇〇年ころ食糧生産を開始）の人骨や生活道具類が発見され、ネアンデルタール型と他のタイプの人骨は、人類進化の過程を解明する上の重要な標本としてとくに有名である（一九六一年、一九六四年の東京大学第一次・第二次西アジア洪積世《こうせきせい》人類遺蹟調査団〔団長鈴木尚教授〕のカルメル山系の洞窟テル・アムドにおける成果は国際的に高く評価されている。筆者は一九六四年九月同調査に参加する機会に恵まれた。まったくの不毛の地に発見された洞窟遺蹟に立って、人類学は地形学や地質学などを含む自然科学の成果および自然環境を抜きにしては語れないことを学んだ）。

ヨルダン渓谷における農耕生活の始まりは紀元前八〇〇〇年ころにさかのぼり、定住聚落と高度に組織された共同体が形成された。その中心は泉の水を灌漑用水に利用したイェリコだった。イェリコは紀元前七〇〇〇年ころすでに独自の文化をもち、堅固な要塞をめぐらした世界最古の都市のひとつだった。

「パレスティナ」の名称は、紀元前十三世紀末、地中海方面から東地中海沿岸平原南部に侵入し、同地に定着した海洋民族（海の民とも）の一支族「ペリシテ人《びと》（の地）／フィリスティア人（の地）」の名に由来する。ペリシテ人の地は、紀元前九世紀以来、東セム系楔形文字アッシリア語の文書のなかでは「パラストゥ」、ヘブライ語聖書のなかでは「ペレシェト」、すなわち「ペリシテ」として言及されている。古代のギリシア人やローマ人が呼んだ「パレスティナ」は、「聖書の国」を指しているが、聖書のなかではこの名称は一回も使用されていない。したがって、古代のイスラエル人が征服・定着した国土を指し示す定まった名称はなかった。

「パレスティナ」の名称は、ローマ・ビザンツ両帝国の行政用語から借用されたものである。すなわち、対ローマユダヤ第二叛乱《はんらん》（一三一〜一三五年）ののち、属領ユダヤは「シリア・パレスティナ州」と呼ばれた。次いで紀元二九五年ころ、ローマ皇帝ディオクレティアヌス（在位・二八四〜三〇五）の改革で、これにアラビア州の南部が付け加えられた。さらに紀元四〇〇年ころ、この拡大した領域は、ヨルダン川以西の「第一パレスティナ州」と「第二パレスティナ州」、それにヨルダン川以東からアルノン川の北にかけての「第三パレスティナ州」の三つの州に分割された。紀元前五世紀のギリシアの歴史家ヘロドトスは、シリア南部地方、つまりフェニキアからエジプトまで、海とアラブ人の地との間を「シリア・パレスティナ」または単に「パレスティナ」と呼んでいる。これはフェニキア以南の沿岸地方およびその後背地の内陸を指したものだったが、のちにはかつての古代のイスラエル人が征服・定着した土地全体を指す名称となった。

その後パレスティナは、紀元前四世紀前半まで、エジプト、バビロニア、ペルシアなどの諸帝国の影響圏内にあり、その政治史はこれら列強の興亡にしたがって推移した。しかし、同地は、紀元前四世紀後半から紀元後七世紀のアラブの征服まで、近隣諸国同様、ギリシア世界、のちには東西ローマ世界の感化を受けた文明圏内にあった。パレスティナが行政上の地名として歴史上に登場するのはローマ帝国時代だったが、イスラーム時代にも軍管区として、「ジュンド・フィラスティーン」（アラビア語で「パレスティナ軍」の意）が存在した。

近代の呼称「パレスティナ」は、一九二〇年から一九四八年まで、イギリスの委任統治期間に公認された名称だったが、この場合はヨルダン川以西の地域に限られていた。ちなみに、「パレスティナ」は、現代ではイスラエルとヨルダンを指す地理的用語として用いられることが多い。

中東

旧オスマン帝国領を指す「近東」と、それよりも以遠の「中東」とを一括した地域概念として用いられてきた「中近東」、もしくは「中東」と呼ばれている地域呼称は、かつてロシアとイギリスとの戦略抗争を研究していたアメリカの海洋戦略家アルフレッド・セイヤー・マハン提督（一八四〇～一九一四）が、一九〇二年に覇権争いが決着しないままいわゆる灰色地帯になっていたスエズからシンガポールまでの広大な地域に対してはじめて使った地域呼称で、その地理的範囲は明確でない。

「中東」の呼称は、元来は、イギリスが「東方（オリエント）」を自国を基点に、近い地域から「近東」、「中東」、「遠東（極東とも）」と三分した地域概念のひとつで、「近東」や「遠東」と対《つい》をなしている。

十九世紀から第一次世界大戦期にかけてヨーロッパが国際政治の中心になると、「東方」の概念は、大きく「近東」と「遠東」とに分けられ、「近東」はバルカン諸国、トルコ、シリア、エジプトなどヨーロッパに近い東方諸国、つまり旧オスマン帝国領を指した。近東と遠東との中間に位置するインド亜大陸一帯はイギリスの植民地支配の経験からそのまま「インド」と呼ばれた。

一方、「中東」という呼称は、第一次世界大戦時に、イギリス軍内部で、ペルシア湾周辺の部隊の作戦地域がパレスティナ・シリア地方の「近東」から区別されたのが嚆矢《こうし》とされている。しかし、「中東」が「近東」に代わるもっと大きな地理的範囲を指すようになったのは、第二次世界大戦時の連合国軍（米、英、仏、ソなど）の中東での作戦区域の拡大に伴って、イギリスが北アフリカのリビヤ付近からイラクまでの地域を担当する「中東司令部」をナイル・デルタの要《かなめ》カイロに設置してからである。「中東」という呼称は、戦後も生き残り、国際政治上の地域概念として定着した。ただし、その地理的範囲については確定していない。今日では、一般には、東はアフガニスタンもしくはイランから、西は大西洋に面した北アフリカのモロッコないしモーリタニアまで、北はトルコから南はスーダンまでを指す。

現在「中東」と呼ばれている地域はアラブ世界と非アラブ世界とに分けられる。前者は、中東、アフリカの全アラブ諸国が参加している地域機構、アラブ連盟（一九四五年に七箇国で設立）に加盟し、みずからを「アラブの国」と呼んでいる諸国である。加盟国数はパレスティナ解放機構とコモロを加えて二十二箇国。アラブ諸国はアラブ連盟のほか、サブ・リージョナル機構として湾岸協力会議（一九八一年に六箇国が結成）、およびアラブ・マグリブ連合（一九八九年に五箇国が結成）を結成している。後者、非アラブの国はトルコ、イラン、アフガニスタン、イスラエルの四箇国である。

ついでながら、我が国の外務省で中東およびアフリカを担当している局は「中近東アフリカ局」と呼ばれてきたが、二〇〇〇年から「中東アフリカ局」と名称を変更した。

これら「中近東」「中東」という呼称は、単なる地理的名称ではなく、一定の文化圏を指している。

第2章　王政以前

ドナテルロ（1386～1466）のアブラハム像　フィレンツェ、花の聖マリア教会聖堂鐘楼

ミケランジェロ（1475～1564）のモーセ像（スケッチ）　ローマ、サン・ピエトロ・イン・ヴィンコリ教会聖堂

民族名としてのイスラエル

民族名としての「イスラエル」の名が聖書外の史料に見える最古のものは、エジプト新王国第十九王朝のラメセス二世の第十三王子で、その王位を継いだメルエンプタハ（在位・前一二三六～一二二三／前一二一三～一二〇三とも）の治世の第五年に刻まれた戦勝記念碑である。

この石碑は、一八九六年、W・M・F・ピートリィ（一八五三～一九四二）によってエジプト・テーベ（現在のルクソール）西岸の葬祭殿で発見され、メルエンプタハ碑石、イスラエル碑石とも呼ばれている。碑石の下部に二十八行にわたって碑文が刻まれ、テヘヌ（リビヤ）に対する戦勝を祝い、最後にイスラエル（二十七行目）を含む被征服異国人の名を挙げている詩の一節をもって結んでいる（カイロ博物館蔵。黒色閃緑花崗岩。高さ約二・三メートル、幅約一メートル）。

この碑銘は、紀元前一二三〇年ころ、第十八王朝のアメンヘテプ三世（在位・前一四一七～一三七九／前一三八八～一三五一とも）の葬祭殿の石材（黒の花崗岩《かこうがん》）を利用して、その上に聖刻文字（象形文字）でカナァン（パレスティナ）にいたイスラエルに対する戦勝の喜びを誌《しる》したものである。「イスラエル」には民族を示す聖刻文字の決定詞がついていて、イスラエルの名が、みずから打ち破った敵、カナァンの住民のひとつフリ人（フルリ人とも。言語系統不詳）と対等に銘刻《めいこく》されている（「イスラエル」の解釈には諸説ある。カナァン定着以前の遊牧民名とも）。この碑銘は古代イスラエル人のカナァン征服に至る出来事を再構成する上でもっとも重要な聖書外史料のひとつである。これにより、紀元前十三世紀に、イスラエル人がすでにカナァン／パレスティナにいたことが確認される（W・F・オルブライト）。

他方、旧約聖書創世記によると、イスラエル民族の起源は、右の戦勝碑文が刻まれた時期よりも四、五世紀前に、父祖アブラ（ハ）ムが東方のメソポタミア地方から約束の大地カナァンに移住した出来事に求められる。

民族の起源

ヘレニズムとともにヨーロッパの精神的伝統を支えているヘブライズムの担い手であるイスラエル・ユダヤ民族は、世界に類のない数奇な運命を背負って、今日に至っていることは周知の事実である。言語・宗教・生活様式など文化的伝統と歴史的な運命とを共有する人間集団を民族と呼んでおこう。イスラエル・ユダヤ民族の曙期は族長アブラハムとその子イツハク、孫のヤァコブにさかのぼるとされる。

創世記が古代イスラエル人の歴史記憶を再解釈して伝えているイスラエル民族の起源を要約すると、つぎの通りである（創世記一二4以下）。

神ヤハウェが地と天とをつくったとき、地にはまだ野の灌木《かんぼく》一本もなく野草ひとつ生えていなかった。神は地表をあまねくうるおしていた。そのとき、神は土くれで人の形をつくり、鼻の孔《あな》に命《いのち》の息を吹きこんだ。すると人は生きものとなった。そこで神は、東方のエデンに園《その》を設けて、自分のつくった人をそこに置いた。神は、地には人間の邪悪がはびこっているのを知り、地に人間をつくったことを悔い、心を痛め、地に洪水を起こし、天の下で命あるすべての被造物を地もろとも滅ぼした。

洪水は四十日間続いたが、神の命《めい》にしたがって箱舟に入ったノアとその家族と各種の動物のひとつがいずつが救われて、アララトの山々に到着した。神はノアとその子らを祝福した。

やがて被造物が再び繁殖し、人類は東方のシュメルの地に住みついた。そのころ全地は同じ言語、同じ言葉だった。かれらは不遜《ふそん》にも煉瓦《れんが》でもって天まで届くバベルの塔を建設しようとするが、神は、いままでみなひとつの民《たみ》、ひとつの言語であったかれらの言語を乱して、仲間の言葉が通じないようにさせ、かれらをそこから全地の表《おもて》に散らしてしまったので、かれらは町を建てることを止めた。そのために大混乱が起こって、かれらは地のあちこちに散らばり住むようになった。

民族の父祖アブラム（のちにアブラハムと改名）は洪水のとき箱舟をつくったノアから数えて十代目に当たる。かれは、カルデアのウル（七十人訳《しちじゅうにんやく》〔ギリシア語訳聖書〕では「カルデアの地」とだけ言ってウルには言及していない）のひとだったが、目で見ることも触知《しょくち》することもで

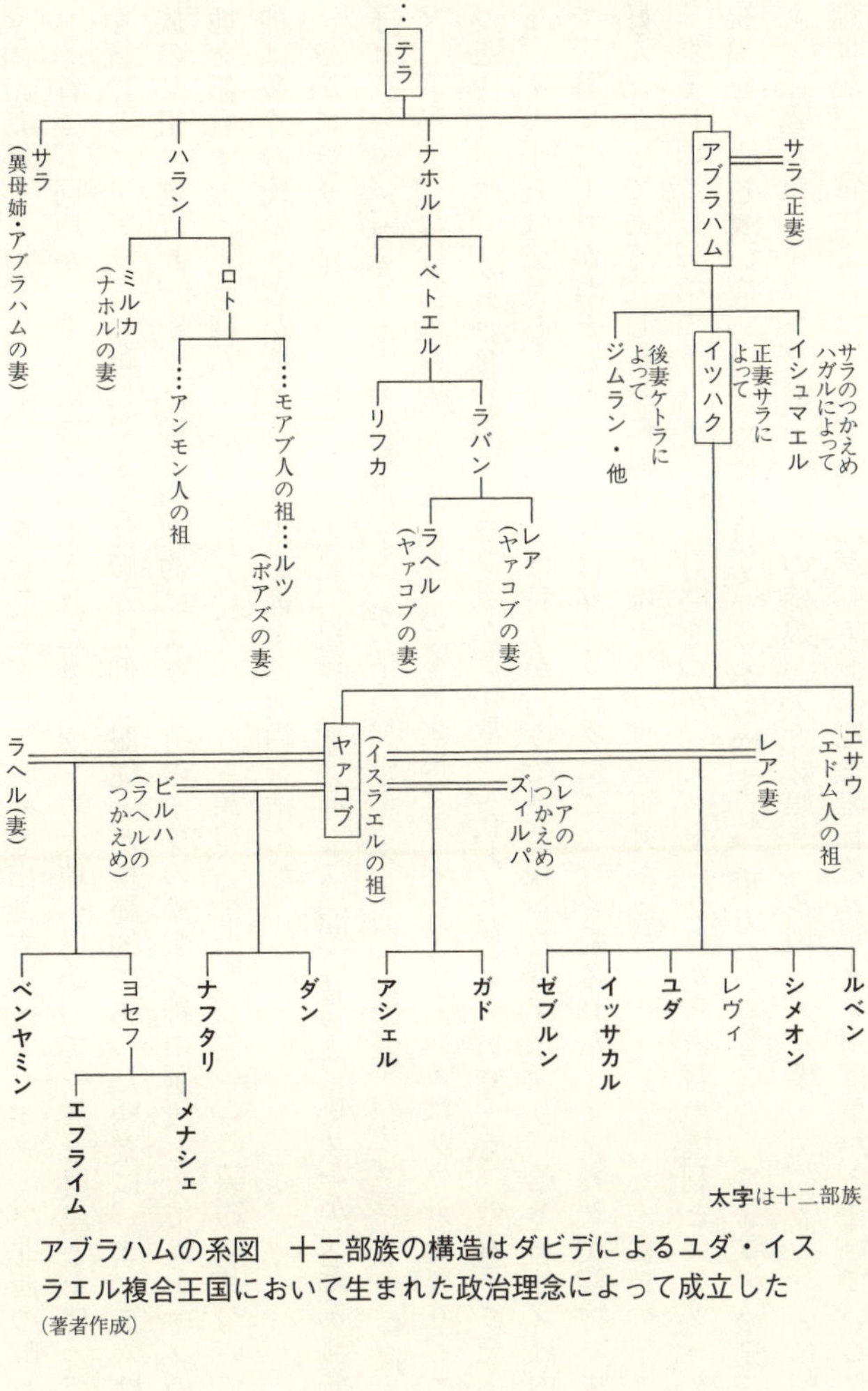

アブラハムの系図　十二部族の構造はダビデによるユダ・イスラエル複合王国において生まれた政治理念によって成立した
（著者作成）

きぬただひとりの神を信じ、神の命にしたがって家郷《かきょう》を出で立ち、メソポタミア北西の町ハランへ行き、同地からさらに神に約束されたカナァンの大地へ向かって一族と財産とを伴って旅を続ける。アブラムの神に対する従順な信仰と服従とが模範的であったゆえに、アブラムは民族の父祖に選ばれ、かれは神との契約により、その子孫の繁栄と神の選民としてカナァンの大地を領有することを神から約束される（アブラハム契約。創世記一七）。この契約に基づいて、神は多くの民のうちからイスラエルを選んで契約を結んだ。

やがて妻サライ（のちにサラ〔「王妃」の意〕と改名）との間に長年の祈りがかなえられて長子イツハク（「神が笑う」の短縮形とも）が与えられる。イツハクは老年のアブラハム（「高貴な父」または「父は高められる」の意とも）の家督を継ぐ。次いでイツハクはリフカを娶《めと》り、エサウとヤァコブ（「かれは後を追うだろう」「かれが取って代わるだろう」の意とも）の双子に恵まれる。その子らは成長し、兄のエサウは狩りが巧みで野に親しむ青年となり、弟ヤァコブは内気で天幕にこもりがちとなる。エサウは父イツハクにこよなく愛された。イツハクが獲物の味を好んだからである。しかるに母リフカはヤァコブを可愛《かわい》がった。

ある日のこと、弟のヤァコブは、計略をつかって、兄エサウから家督の権利と父イツハクの祝福をだまし奪い取ったために、兄エサウから憎まれ、東方の一族ラバン（母リフカの兄）のもとに逃れた。ヤァコブは、ラバンの姉娘レアと妹娘ラヘルの二人を娶って、カナァンに帰る。創世記三二章によれば、ヤァコブはギレアド山地を流れるヨルダン川に東から注いでいるヤボク川の渡しで、神に格闘を挑み、神から、神とひととに勝負を挑んで勝利を得たゆえに、「イスラエル」（「神に挑む」の意とも）という光栄ある名を与えられた。民間語源的説明によれば、これが「イスラエル」という名の由来である。

まもなくカナァンの大地に飢饉《ききん》が起こり、ヤァコブと、のちにイスラエル十二部族の先祖となるかれの息子たちはカナァンの大地を去って食糧を求めて南方のエジプトへ移住することになる。かれら一族は、時のエジプトの高官に立身出世していたヨセフ（ヤァコブの第十一子。兄たちに憎まれてエジプトに売られた）の計らいでゴシェンの地へ向かった。

創世記一二章1〜4節に誌されている神ヤハウェがアブラムに語った祝福と呪《のろ》いの言葉は、イスラエル民族の始まりを伝えている族長《ぞくちょう》物語を貫く重要なモティーフである。アブラムは神ヤハウェからその子孫にカナァンの地を与える、エジプトの川から大河エウフラテスまで、と約束された（創世記一五18）。

アブラハム、イツハク、ヤァコブ、およびヤァコブの十二人の子らの三代または四代は族長と呼ばれ、民族草創の父祖で、いずれも遊牧の民の首長だったとされる。そして、アブラハムの孫ヤァコブは別名イスラエル、その十二人の子らはイスラエル十二部族の名祖《なおや》（民族や部族の名称となった人物）となったという。エジプト脱出以前の物語は、それぞれ族長一族の物語で、主に私的な出来事が描かれている。

族長物語の史的背景

創世記一二章以下に伝えられている父祖アブラハム（創世記一二〜二五）、イッハク（同二五〜二六）、ヤァコブ（同二五〜三六）などに関わる族長物語は、長い間にわたって世代から世代へと口伝《くちづ》てに語り伝えられてきた口碑《こうひ》をもとにした伝承群で、これらは伝承過程でさまざまな要素が加えられ、ダビデとソロモンの統一王国時代（前十世紀）に記述されたに違いない。これら族長物語のなかで、カナァンは都市民とその周辺に生活する牧畜民とが共存する地として描かれている。その起源は考古年代の上からは中期青銅器時代第Ⅱ期（前一八〇〇〜一五五〇年）にまでさかのぼる（A・マザール、第六章）。

これらの物語は、伝承の素材を提供した時代、それらが語り伝えられた時代、次いでそれらが文字で書き誌され編纂《へんさん》された時代とを含むいわば三重の時代の記録である。これらを現存の形に編纂したのは紀元前六世紀のバビロニア捕囚期もしくはこれ以後に想定される祭司的史料層（前六世紀〜前五世紀）の記述者およびその他の若干の史官たちだった、と考えられている。旧約聖書には民族の発端そのものが族長すなわち名祖の私的な生涯という形で描き出されていて、物語の中核に民族の曙期が包含されている。

イスラエル民族の曙期は、紀元前第二千年紀の悠遠の昔にさかのぼり、深い霧に包まれている。したがってわれわれはこれを実証的に再構成し得るまでに至っていない。しかるに、第二次世界大戦後の研究はこれについて考古学の発掘調査の成果を手がかりとして新しい事実や類例を明らかにしつつある。例えば、マリ文書《もんじょ》（前十八世紀。マリはシリアのエウフラテス河中流右岸）、ヌジ文書（前十六世紀末～前十五世紀。イラク北東部キルクーク近郊）、アララハ文書（前十七世紀～前十五世紀。シリア北部）、ウガリト文書（前十五世紀～前十四世紀。キプロス島の対岸、シリア北西部）、ボアズキョイ文書（前十四世紀。トルコ・アナトリア北東部。ヒッタイト帝国の主都ハットゥシャ〔ハットゥシャシュとも〕の近郊）などがそれである。他方、これまでの文献批評学の成果に立ち返って曙期の再検討も行なわれている。

さて、これら族長物語は、二十世紀前半ころまでは後代の創作の反映であるとしてその史実性が否定されることが多かったが、一九二五年以降、考古学の発掘調査の伸展に伴い多岐にわたる結論を生み出した。とくに族長物語の社会史的背景（人名、社会・法慣習など）が紀元前第二千年紀初頭から中葉にかけてのメソポタミア北部地方の私人の生活慣習と深い関わりをもっていることが明らかにされ、伝承の史実性を支持する史料が増大してきたからである。その結果、族長物語は出土史料との関連から歴史的な枠のなかに置き得るものと考えられるようになった。

族長たちの年代に関しては、一九五〇年前後以降の主要な見解を大別すると、紀元前第二千年紀前半とする説と紀元前第二千年紀中葉以後の北西セム系アラム人の移住と結びつける説とに分かれ、両者は、（族長物語の歴史的信憑性《しんぴょうせい》を認めることに控え目な立場からの批判もあるが）学界の争点となってきた。前者は、考古学の成果、とりわけ前述のマリ文書やヌジ文書などを手がかりとしているが、族長たちの年代を紀元前第二千年紀前半のいつごろに置くかは研究者によってまちまちである。紀元前第二千年紀前半は西セム系アムル人が肥沃《ひよく》なT字形《じがた》地帯（インダス河からアナトリア高原まで拡がり、同地から南下した地帯を指す。三笠宮崇仁殿下の命名）に拡がった時期でもある。カナァンは、紀元前第二千年紀の文書のなかで「アムル」の名でも呼ばれている。

　これに対して、族長たちの年代を紀元前第二千年紀中葉以後とする研究者にアメリカのC・H・ゴードン（一九〇八〜二〇〇一。社団法人日本オリエント学会名誉会員でもあった）などがいる。かれは、ヌジ文書と族長物語に伝えられている社会慣習との並行例を論拠に、またウガリト文書を手がかりとして、族長たちの年代をアルアマルナ・ミケーネ時代（前十四世紀）に想定している。

　近年では、族長物語は紀元前第一千年紀に書かれたイデオロギーであって歴史記述ではないと主張する立場から、これまで用いられてきた考古学、比較言語学、伝承学などの研究方法を選択・応用しながら、近年の諸分野の研究成果に基づいて修正していく方法が提唱されている。

　イスラエル民族の父祖一族がメソポタミアからカナァン（シリア・パレスティナ）を経てエジプト入りをしたとされる年代は、考古年代の上からは、おおよそ中期青銅器時代第I期（前二十二世紀〜前十六世紀）から後期青銅器時代（前十六世紀〜前十三世紀）に当たる。族長物語の史的背景の一端は、つぎの通りである。

紀元前第二千年紀初頭から、インド・ヨーロッパ語族に属する遊牧民の集団がロシア南部のステップ地帯から波状的に南下して西アジアに侵入し、その一派はアナトリア（小アジア）の高原地帯の先住民ハッティを征服してヒッタイト王国（前一七〇〇ころ～一二〇〇ころ）を建て、アジアの原住民のうちでは、イラン西境の山間にいたカッシート人がバビロニアを占拠して同地を約五百年間支配した。一方、メソポタミア以北地方にいた原住民フリ人（帰属不明）は西と南に移動を開始し、インド・イラン語派の一派ミタンニ人はエウフラテス河中流地域にミタンニ王国（前十五世紀～前十四世紀中葉）を建てた。かれらミタンニ人は馬の使用に長じていたことがよく知られている。かくして、オリエントの大部分は、民族大移動の波に巻き込まれ、不安動揺の時代が続いた。

この不安動揺のさなか、アナトリア地方やメソポタミア地方を経てカナァン地方からさらに南下してナイル河のデルタ地帯まで侵入し、同地のアヴァリス（現在のテル・アルダバ）を拠点として紀元前十八世紀の終わりころから同十六世紀のはじめにかけて一世紀余りの間エジプトの大半を支配したのが「ヒクソス」（古代エジプト語で「異国の首長たち」の意）と呼ばれる混成民族の集団だった。かれらヒクソスの民族的構成は明確でないが、アジアのフリ人を基幹とし、それに古来、オリエント各地に勢力を占めていたセム語族などを含む混成民族群だった。つまり、フリ人とセム語族が、紀元前十七世紀前後のオリエント世界において大きな勢力を占め、同地を活動範囲としていたのである。かれらは、エジプトに馬・戦闘用二輪馬車・複合弓・青銅製三日月刀・短剣などの新しい兵器兵車（戎車《じゅうしゃ》とも）を伴う兵車戦術の使用をもたらしたことでも知られている。

ヒクソスが侵入してから一世紀後の紀元前十六世紀前半には、エジプトではヒクソスの支配に反抗するエジプト人の勢力が勃興し、ナイル河上流のテーベ出身のイアフメスがヒクソスの首都ナイル・デルタのアヴァリスを占拠し、のちに北進してフェニキア沿岸までも奪い、ヒクソスの勢力を完全に討ち破った。こうして解放戦争を指揮していたイアフメス一世（在位・前一五六七～一五四六／前一五五〇～一五二五とも）は、エジプトを再統一して新王国第十八王朝（前一五六七～一三二〇年／前一五五〇～一二九二年とも）の基《もとい》をつくった。この年をもってエジプト史のみならずオリエント全史は新しい時代に入った。

エジプトはオリエントの分裂した諸国家の間にあって第二中間期に次いで新王国時代（前一五六七～一〇七〇／一〇六九年／前一五五〇～一〇七〇年とも）に入り、いわゆる帝国主義的侵略を行なって世界帝国を築き、約二百年の間、諸国に対して優位についた。この間《かん》、シリア・パレスティナ地方はエジプト新王国の支配下に入ったのである。

西洋文明の源流

一方、父祖アブラ（ハ）ムが一族とともに家郷を出立《しゅったつ》したころ、エーゲ海の受け皿にたとえられるクレタ島には、エジプト、シリア方面の高度な文明の影響を受け、すでに青銅器文明が展開していた。紀元前二十世紀～前十五世紀に栄えたクレタ文明（ミノス文明）がこれである。

古代地中海世界におけるイスラエルおよびギリシア両民族の関係は、めったに言及されることがなかった。しかし、クレタ島で使用された最古の言語がセム語であったという事実に最初に注目したのはC・H・ゴードンだった。イスラエルとギリシアの古典文明は、伝統的に、まったく異なるものとして考えられてきたが、ゴードンの研究以来、今日では、二つの系列の史料が結合し、それらがイスラエルとギリシアに共通の背景を有しているという仮説を裏づけつつある。一方の系列は、歴史学および文学の学問領域に属する。そして、その特徴は、初期イスラエル文学と初期ギリシア文学との間の鮮やかな類似性にある。もう一方は、本質的に、考古学および言語学の学問領域に属する。すなわち、クレタ島で発見された最古の碑文がセム系の言語で書かれているということが次第に明らかになってきたことである。これらは、イスラエル・ギリシア両文化が共通の祖先を有しているということを暗示している。

ゴードンは、シリアのウガリト（現在のラス・シャムラ）から出土したテクストの実証的な研究を踏まえて、ウガリトの叙事詩のセム的な要素のみならずギリシア的な要素にも目をむけ、ウガリトがアナトリア／エーゲ世界とセム世界、あるいはエジプトとの接点ともいうべき位置にあって、それぞれと交流があったことにまず注目した。そして、結局、ホメーロスの世界と（旧約）聖書の世界との類似が、偶然によるものではなく、両者を動かした歴史的諸要因によるものであって、ソロモン以前のウガリト、ギリシア、イスラエルの叙事詩のなかの共通のテーマは、イスラエルが、エジプトやメソポタミアよりも、ギリシアやウガリトに近かったことを示すものであり、両者はともに東地中海圏に入れられるべきであるという結論を得た（詳しくは、柴山栄訳『聖書以前――ギリシャ・ヘブライ文明の背景』みすず書房・一九六七年／高橋正男訳『ウガリト文学と古代世界』日本基督教団出版局・一九七六年／高橋正男訳「ギリシア人とヘブライ人」『獨協大学教養諸学研究』第十一巻・一九七六年を参照されたい）。

イブラーヒーム伝

古代イスラエル人の最初期の歴史記憶に基づいて、創世記に誌されている父祖アブラハムの数奇をきわめた放浪の生涯を描き出すことは、史料上の制約から今日不可能である。アブラハムは旧約聖書だけでなく、アルクルアーン（コーラン。定冠詞を省略してクルアーンとも。原義は「誦《よ》まれるもの」）にも記述されている。

アルクルアーンは預言者ムハンマド（五七〇ころ～六三二）に下《くだ》された唯一絶対の神アッラー（語源についてはアラビア語説、外来語説がある）の啓示で、諸預言者に与えられたもろもろの啓典のひとつとされている。

預言者ムハンマドのとなえた啓示宗教イスラーム（正しくはアルイスラーム。イスラームとは「神アッラーへの絶対的無条件服従」を意味する）は、厳密には一神教の教義に立脚したもので、それに先立つ啓示宗教、ユダヤ教およびキリスト教と同じ系列に属し、本質的にまったく同じである。イスラームは、和辻哲郎《わつじてつろう》の言う沙漠的宗教ではなく、沙漠のなかの都市マッカを背景に誕生した都市的・商業的宗教である（牧野信也、二〇〇五年・第二章）。

アルクルアーン（百十四章から成り、おおむね章句の長さの順に長い章から配列されている）によれば、預言者（二十五人の名に言及）は、預言者と使徒とに分けられる。前者は十指余りを数えるが、後者は唯一神アッラーからアラブの民に送られた最後最大の使徒たる預言者ムハンマドのほかに、聖書のアダム（アーダーム）、ノア（ヌーフ）、ロト（ルート）、イシュマエル（イスマーイール）、モーセ（ムーサー）、ダビデ（ダーウード）、イエス（イーサー）などを含めて八人だけである。ここでいう使徒とは、単に霊感を受けて語ることを任務とするだけでなく、天の書物をもたらす法の告知者を指す。

イスラームの啓示宗教としての最大の特徴は、預言者ムハンマドが神アッラーからアラビア語の啓示『アルクルアーン』を授けられたという一事に帰する。アルクルアーンそのものに誌されているところによると、啓示は、神アッラーが預言者ムハンマドの口を通じてアラブの民に下した啓示で、天に保管された石碑に刻み込まれている神の言葉の一字一句変わらない正確な写しであるという。

アルクルアーンが現存の形に編纂されたのは、第三代目の正統カリフ（カリフとは「代理人」を意味するアラビア語のハリーファの訛《なまり》。預言者ムハンマド歿後《ぼつご》、六三二年〔～六三四年〕にアブー・バクルが教団の初代指導者に選ばれたとき、この称号を用い、以後これがイスラーム教徒全体の政治的首長の称号となった）のウスマーン・イブン・アッファーン（在位・六四四〜六五六）のときだったが、それは、その仕事を命じられた預言者ムハンマドの教友ザイド・イブン・サービト（?〜六六二／六七六ころ）が、紙片、石、棗椰子《なつめやし》の葉、肩胛骨《けんこうこつ》、肋骨《ろっこつ》、皮片などに書きとめられていたものから、すなわち一切の記録と人びとの記憶とから預言者ムハンマドの伝えた言葉を収集、整理したときから始まっている。しかし、かれは、それらを啓示の年代順（マッカ期、マッカ期の後期からアルマディーナ期の前期、アルマディーナ期）に並べることはせず、ただ章句の長短によって配列した。母音記号を除いては、そのときの本文がそのまま今日まで伝えられ、また近年の批判的研究の結果も、アルクルアーンがだいたいにおいて預言者ムハンマドの伝えた言葉の忠実な記録であったことを認めている。章の配列については預言者ムハンマドがすべて生前に確認したという説もある。いずれにせよ、アルクルアーンを史料として使う場合、われわれはアルクルアーンの特質・特徴など全体像を摑《つか》んだ上で、それぞれの章句がいつごろどのような事情のもとに啓示されたものかを留意・検討しなければならないことは言うまでもない。

アルクルアーンでは、アブラハムはイブラーヒームと呼ばれ、預言者・使徒のひとりで、アッラーの友とも呼ばれている。アルクルアーン第一四はイブラーヒームの章（預言者ムハンマドのマッカ時代の啓示）と名付けられ、重視されている。

イブラーヒームの年代は創世記の記述から紀元前十九世紀〜前十七世紀と想定されているが、イスラームでは年代確定に関心を寄せていない。むしろ、イブラーヒームが純粋な一神教徒で、イスラームはイブラーヒームの信仰を再興するものとして関心が集中しているように見える。イブラーヒームは、ユダヤ教徒でもキリスト教徒でもなく、純正な信仰のひと、全き帰依者だった、と。

アルクルアーン第二一預言者の章（マッカ時代の啓示）他によれば、メソポタミア出身のイブラーヒームは郷里の偶像崇拝を批判したが、人びとはそれにしたがわず、かれを迫害した。その後、かれはシリア・パレスティナ、エジプトへと移住し、さらにアラビア半島西部に向かい、アッラーから大洪水で失われたカアバの位置を知らされ、息子イスマーイール（創世記のイシュマエル）とともに巡礼地マッカを訪ね、同地にカアバ神殿を建設した。イスマーイールはマッカに定住し、アラブの民の祖先となった。一方、イブラーヒームのもうひとりの息子イスハーク（イツハク）の子孫はイスラエルの民となった。創世記ではアブラハムの妻サラの婢女《はしため》だったハガル（ハージャル）がイスラームでは預言者イブラーヒームの正妻とされていて、高く敬愛されている。

イブラーヒームはヨルダン川西岸地区、パレスティナ暫定自治区の都邑ヘブロンの中心にある妻サラの眠るマクペラの洞窟に葬られた。墓廟《ぼびょう》にはモスクが建てられているが、一九六七年以後はイスラエルがそれを分割し、一部をシナゴーグ（会堂）として使用している。この洞窟には族長たちの墓があるためにユダヤ人は「四人の町」とも呼んできた。四人（四組）とはアブラハムとサラ、イツハクとリフカ、ヤァコブとレア、そしてアダムとエバ。創世記二章によれば、神から神聖な命《いのち》の息を吹きこまれた最初の人類はアダム（正しくはアダーム。「人」の意）とエバ（ハヴァ。「命」の意）だった。

イブラーヒーム生誕の地

筆者は、二〇〇四年七月、「東トルコ秘境十三日の旅」に参加する機会に恵まれ、ノアの箱舟が辿《たど》り着いたと伝えられているアララトの山々（標高五千百六十五メートル。小アララト山は三千八百四十六メートル）を遠望、次いでアブラハムの旅立ちの出発点となったハラン（ハッラーン）を訪ねた。以下、メモの一端を紹介しよう。

創世記は、アブラ（ハ）ムが父テラにしたがって、妻サライ（のちにサラと改名）と甥のロトとともにカナァンの大地を目指して、カルデアのウルを出発したところから始まっている。イスラームの伝えによると、古来アナトリアとメソポタミアとを結ぶ都邑、シリア国境近郊に位置するエデッサの邑《まち》シャンルウルファがイブラーヒーム生誕の地である。旧約聖書に登場するアブラハムもヨブも、預言者エリヤもここに住んでいたという。その昔、国を失う夢を見たバビロニア・アッシリアの伝説上の英雄ニムロド（創世記一〇8ではハムの子孫クシの子と呼ばれている）は、その年に生まれた子どもが国を滅ぼすという祈禱師の言葉を信じて、嬰児《えいじ》殺害を命じた。そのためイブラーヒームの母親が隠れてその子を産んだのがここシャンルウルファの洞窟だった。その後、イブラーヒームは七歳までここで過ごして、父テラの家に移ったという。

シャンルウルファは、東アナトリア地方の交易の中心地ディヤルバクル同様、古い歴史をもっているが、市街の南西に、九世紀初頭に再建された城塞《じょうさい》の遺構があり、そこにイブラーヒームが生まれたとされる洞窟がある。ここはハリール・ラフマーン・モスクの一角に位置していて、北側には岩山が、南側の前庭には大きな池があって、大小たくさんの魚が泳いでいた。伝え聞いたところによれば、英雄ニムロドの怒りを買ったイブラーヒームが火炙《ひあぶ》りの刑にされようとしたとき、神が炎を水に変え、薪を魚に変え、イブラーヒームを救助したという。ここは、イスラーム教徒、キリスト教徒、ユダヤ教徒にとって重要な巡礼地となっていて、参詣者《さんけいしゃ》が絶えなかった。魚の池公園には常設のバザール（露店）が立ち並んでいた。

ハラン

シャンルウルファから南東へ約四十キロの地点に聚落《しゅうらく》ハランがある。創世記によれば、アブラハムが神の啓示によってエウフラテス河下流のウルから約束の大地カナァンに向かう途中住んでいた邑落《ゆうらく》として知られている。

ここは城壁に囲まれた聚落で、周辺には聚落やビザンツ帝国時代の教会堂跡や日干し煉瓦づくりの尖塔《せんとう》屋根の家屋が並んでいた。かつて第一次世界大戦の中東戦線でイギリス情報将校として活躍したアラビアのローレンスことトマス・エドワード・ローレンス（一八八八～一九三五）が掘り起こした遺蹟《いせき》もそのまま残っていた。

城壁内の中心にはウマイヤ朝の第十四代カリフ・マルワーン二世が八世紀に建てた大モスクの遺構や、城壁の近くには隊商宿《キャラバンサライ》として使われていた城塞の遺構も残っていた。荒廃したこの隊商宿は、かつてイラン高原からアナトリアにかけて網の目のように拡がっていた交易路に建設されたもののひとつだった。遺構からは、街道上に設けられた方形中庭式の隊商宿か都市内隊商宿かは、門外漢の筆者には見分けがつかなかった。

アブラ（ハ）ム出立の地ハランの北方は山々、南方は沙漠、神がここでアブラ（ハ）ムに呼び掛けた創世記一二章1～3節の祝福と呪いは以下に続く族長物語を貫く重要なモティーフである。

イスマーイールは長子か

イスマーイールは、アルクルアーンに登場する預言者のひとりで、イブラーヒームの息子に当たる。アラブ人および預言者ムハンマドの祖先でもある。

創世記の記述とイスラームの伝えが異なる点は、つぎの通りである。イブラーヒームが息子を犠牲にささげるよう神に命じられた故事で、その息子を創世記がイッハク（イスハーク）としているのに対して、イスラームではイスハークよりもさきに生まれたイスマーイール（イシュマエル）としている。息子を犠牲に奉献するよう命じられたのがひとり息子であった以上、イスラーム側では、それはハージャル（ハガル）との間にさきに生まれたイスマーイールだったと主張し、創世記の記述の改竄《かいざん》を批判している。イスマーイールの名はアルクルアーンで十二箇所に言及されている。さきに触れたように、かれは父とともに巡礼地マッカでカアバ神殿の建設を行ない、マッカに定住してアラブ人と結婚し、アラブ人の祖先となったと信じられている。一方、弟のイスハークはその子ヤァコブを通じてイスラエルの民の祖となり、その一族の系譜からダーウード（旧約聖書のダビデ）、スライマーン（ソロモン）など多くの預言者が出現したことを認めている。

エジプト脱出

イスラエル史の曙期における主要な出来事は、紀元前十三世紀のエジプトからの脱出とシナイ山における神の顕現《けんげん》および十誡《じっかい》の授与である。これによってイスラエル人は見えざるただひとりの神を信じてその命にしたがったモーセ（ヘブライ語でモシェ）とともに、「義にいます全能の神の臨在のもとに生きる」ことを学習した。

創世記三七章以下とそれに続く出《しゅつ》エジプト記《き》の物語は族長時代以後のイスラエル人の吉凶禍福の転変をおおよそつぎのように伝えている。

ヤァコブの第十一番目の息子ヨセフがミディアン人《びと》の隊商に売り飛ばされ、エジプトのファラオ（エジプト語がギリシア語に転訛《てんか》して「大きな家」の意。古代エジプト王の称号。ヘブライ語旧約聖書ではパロ）の廷臣、近衛隊長ポティファルの奴隷となる。その後、ヨセフは数奇な運命を辿ってエジプトの宰相に出世する。

カナァンに残ったヤァコブ一族は飢饉を逃れるためヨセフを頼ってエジプトへやってきて、ナイル・デルタの地に定着。やがてエジプトにヨセフのことを知らないファラオが現われ、ファラオはイスラエル人の繁栄を恐れて、ヤァコブの子孫を建設事業などの苦役に酷使する。堪《たま》り兼ねたイスラエル人は、紀元前十三世紀、族長の神と名乗るヤハウェの命を受けたモーセと兄アロンとに率いられてファラオからの自由と解放を目指してエジプトを脱出した。

一行は、旧約聖書によれば、シナイ沙漠を四十年間さすらい、その間、スエズ湾北方の湖「葦《あし》の海」を渡る際にエジプト軍の追跡から奇蹟《きせき》的に救われ、エジプト脱出後三箇月目に、シナイ山麓に辿り着き、ここに宿営する。モーセはひとりこの山に登り、神ヤハウェとともに山頂に留《とど》まり、電光と雷鳴とらっぱの鳴り響くなか、神ヤハウェからイスラエルの民が守るべき十誡を刻んだ二枚の証《あかし》の石板《せきばん》を授かる。これは神ヤハウェの指で書かれた石板だった、とされる（出エジプト記一九～二〇）。

神ヤハウェは、エジプト脱出に先立ってモーセに顕《あら》われ、今ここでモーセを仲介者として出エジプトの民イスラエルと契約を結んだ（シナイ契約）、と。

イスラエル人の神ヤハウェ

出エジプト記は、同胞を率いてエジプトを脱出したモーセがシナイ山で十誡を授かり、新しい神のもとに同胞イスラエルの民を糾合してひとつの新しい契約共同体を形成したことを伝えている。ここにイスラエルの民はひとつの民族として結ばれた。

新しい神の名を「ヤハウェ」と呼ぶ。これはモーセ以前のイスラエル人にはまったく知られていなかった名であるが、イスラエル人は、モーセを通してこのヤハウェにおいて父祖伝来の神を再認識して契約共同体としての新しい出発をした。ヤハウェは、エジプトの神でなく、沙漠・山岳地方の神であったという。一部の研究者は、ヤハウェを、パレスティナ南部のネゲヴ地方とアカバ湾との中間の地で知られていた神名であったと想定している。

イスラエル人の神ヤハウェは、ヘブライ文字四子音（神聖四文字《テトラグラマトン》）YHWH（いずれも子音で、母音がない）で表わされている。（旧約）聖書には約六千八百回余出てくる。

出エジプト記三章14節は神の名をつぎのように説明する。

神が最初モーセに顕現したとき、「神の名は何か」との問いに、神はモーセにみずからの名を「わたしは〈有《あ》りて在る者／存在する者〉という者である」（古来さまざまな解釈を生んだ神名の起源を示す難句）と答えた。「わたしは〈有りて在る者〉」というのは、神には名前がないということである。言い換えれば、神は限定できる存在ではない、限定できないということは形をもたないということで、形をもたないということはその姿は目に見える存在ではないということであり、それを物質的に証明することはできないということではないか。神の意思は「律法《トーラー》」のなかに示されている。ユダヤの諺《ことわざ》につぎのようなものがある。「もしわたしが神の名を言い当てたら、わたしは神になれる」と（ラビ・ヘンリー・ノア「神の概念と現代科学」1・2『JCC会報誌』第一九八号・第一九九号）。

イスラエル人が拝した神の固有名ヤハウェの本来の意味は、古来多くの議論がなされてきたにもかかわらず明らかでない。ヤハウェは、「在る」を意味するヘブライ語動詞ハーヤー（語頭のハを強く発音すると「生きる」を意味する）の一人称単数未完了形使役態で、「在らしめる者」「生かす者」、正しくは「存在しようというものを在らしめる者」を意味すると解されている。七十人訳はこれを「わたしは存在するところの者である」としている。ここにヤハウェの唯一神的性格と（旧約）聖書の神観念が表われている。

十誡

十誡は、直訳すると「十語」または「十箇条の言葉」の意で、元来は十のごく短い禁止形式の文言から成っていた。十誡は神の意思を箇条書きに体系化したものである。

モーセに率いられたイスラエルの民はやがて乳と蜜の流れるカナァンに定着、その文化を吸収同化して王国を建設することになるが、やがてかれらは北西セム系のカナァン語の一方言ヘブライ語とヘブライ文字をとり入れて、十誡を含む律法《トーラー》を平明な形で書き誌し、庶民のだれも

十誡

そのとき、神はこれらすべての言葉を語った。わたしはおまえの神ヤハウェ、エジプトの地、奴隷の家からお前を導き出した者である。
第一誡　おまえにはわたし以外の神々があってはならぬ。
第二誡　おまえは偶像を刻んではならぬ。
第三誡　おまえの神ヤハウェの名をみだりに唱《とな》えてはならぬ。
第四誡　安息日を憶《おぼ》えて、これを聖《きよ》く保て。
第五誡　おまえの父と母を敬え。
第六誡　殺してはならぬ。
第七誡　姦淫してはならぬ。
第八誡　盗んではならぬ。
第九誡　隣人に対して偽証《ぎしょう》してはならぬ。
第十誡　隣人の家を貪《むさぼ》ってはならぬ。
（出エジプト記二〇1〜17・中澤洽樹訳）

が律法を知ることができるようになる。

出エジプト記によれば、神ヤハウェはシナイ山（伝統的見解ではシナイ半島南部に位置するジャバル・ムーサー〔標高二千二百八十五メートル。アラビア語で「モーセの山」の意〕とされているが、正確な位置は不詳）の山上でモーセを通して出エジプトの民に十の誡《いまし》めを授けた。十誡は、出エジプト記二〇章と申命記五章に多少の相違はあるもののほぼ同様の形で出ている。神はシナイ山でモーセと語り終えたとき、誡めを書き誌した二枚の証の石板をかれに与えた、と伝えられている（出エジプト記三一18）。この十誡はユダヤ教およびキリスト教においては今日に至るまで倫理的・社会的秩序の憲章として重要な位置を占めている。十誡はそれ自身完結した文学単元を成し、元来は前文と十のごく短い禁止形式の文から成り立っていた。「十誡は道徳体系の基礎となるもので、この十誡のみを遵守《じゅんしゅ》すればよいというのではなく、ユダヤ人が守りしたがうべき誡律《かいりつ》は六百十三ある。ユダヤ教ではユダヤ人以外でも守るべき誡律が七つある。すべてのひとはノアの子孫であるゆえ、ノアの子らの七つの規則と呼ばれている。この規則とは、偶像崇拝、殺人、強盗、姦通《かんつう》、近親相姦《そうかん》、生きた動物を食することの禁止、そしてすべての社会はそれぞれの法体系を確立すべきであるという。非ユダヤ人はこれらの普遍的内容をもった誡律にしたがって生きることが求められている。これらを守りしたがうことによってかれらも来たるべき世界に行くことができる」という（H・ノア「ユダヤ教神学の神観」1・2・3『JCC会報誌』第五一号〜第五十三号・第五九号〜第六一号）。

これらの誡めは神に対する誡め（第一誡〜第四誡）と隣人に対する誡め（第五誡〜第十誡）に二分され、無条件的な断言的形式をとっている。第五誡は、単に子どもに対する誡めではなく、成人に対する誡めで、「老年の父母を大事にせよ」というものである。これは父母は老年になっても神の創造の秩序の保持者であることを前提としている。この意味で、第五誡は、神に対する誡めと隣人に対する誡めとの楔《くさび》となるものである。

ちなみに、出エジプト記二〇1〜17の章句のうちでどれを第一誡、第二誡……第十誡に数えるかという点で、正統派ユダヤ教、ローマ・カトリック教会、新教福音主義ルター派教会、カルヴィン派教会などの間に理解の相違がある。

シナイ契約締結を機に、イスラエル諸部族は、ひとつの民族共同体を形成し、ヤハウェはイスラエルの民の唯一の神、イスラエルの民はヤハウェの選民となった。モーセ一神教の成立である。モーセの律法の大部分は後代に成立した律法であるが、旧約聖書は、その起源をモーセにまでさかのぼらせることによって、シナイ契約が民族共同体の基盤であることを強く主張する。

以後、イスラエルの民は、唯一神ヤハウェの選民として、十誡の石板を収めた契約の櫃《ひつ》（箱）を安置した荒野の幕屋を神殿（移動式神殿、移動式聖所《せいじょ》とも）とし、モーセの兄アロンをはじめとするレヴィ族がその祭司となり、伝えによれば、四十年の間（荒野における漂泊の期間は長い歳月にわたったはずである）、かつて神ヤハウェが父祖アブラハムに与えると約束した乳と蜜の流れる大地カナァンへの道を求めて荒野を流浪した。旅は困難に困難をきわめた。

旅の途上、兄アロンをはじめエジプト脱出当時成人だったイスラエル人はすべて死に絶え、二世、三世はシナイ、カデシュバルネアを経て死海東方のモアブの平原に到達、ここで荒野漂泊の旅を終える。

モーセは待望の約束の大地カナァンを目前にして歿《ぼっ》する。かれは肥沃な台地モアブの地にある谷に葬られたと伝えられているが、今日に至るまでだれもかれが葬られた場所を知る者はいない（申命記三四1〜6）。

カナァン征服はモーセの副司令官で後継者のヌンの子ヨシュア（「ヤハウェの救い」の意）に委《ゆだ》ねられることになる。

古来、古代オリエント世界は多神教の世界であったが、早くから一神礼拝が行なわれていた。

旧約聖書の伝承によると、この一神礼拝が、特定の人格神との契約によって確認され、一神礼拝へと発展していったと考えられている。この発展過程で大きな役割を果たしたのが古代イスラエル人とその直系の子孫ユダヤ人だった（石田友雄）。

本章後出のコラムで言及するように、ユダヤ人にとって三大祝祭、過越《すぎこし》の祭り（ペサッハ）、七週《しちしゅう》の祭り（シャブオート。律法《トーラー》授与の祭りとも）、仮庵《かりいお》の祭り（スコート）は圧制から逃れてエジプト脱出を遂行した故事を記念する大切な祭りである。

ユダヤ人は律法《トーラー》の規範を身につけるためにシナゴーグ（第二神殿時代に発生し、各地のユダヤ人共同体の勤行《ごんぎょう》と律法学習の場として現在なお重要な役目を担っている）で読み書きを習っている。かれらの読み書き記憶能力は日本人のそれよりもはるかに高い。

律法《トーラー》（モーセ五書とも）には多くの掟が誌されているが、全体の内容は、天地創造神話に始まり、アブラハムとの契約、エジプト脱出、シナイ山における神顕現と律法授与、荒野漂泊、カデシュからモアブ平野へ、そしてモーセの最後の説教とかれの死に至るまでの歴史を扱っている。

律法の著者は紀元前四〇〇年ころに五書が編纂されたとき以来近年に至るまで伝統的にはモーセと見なされてきたが、マルティン・ルターの宗教改革（一五一七年）を契機として真摯《しんし》な学徒たちによって旧約聖書の批判的研究が行なわれるようになり（例えば先駆者としてはイギリスの哲学者T・ホッブズ〔一六五一年〕、オランダのユダヤ人哲学者B・B・スピノザ〔一六七〇年〕、

創世記1～2：4前半（祭司的史料層、前6世紀～前5世紀）

天地創造の初めは荒涼混沌として闇が淵をおおっていた。創造はエローヒームの業（わざ）で七日間にわたっておこなわれた。
創造の順序　（イ）光―昼、闇―夜　（ロ）大空―天　（ハ）陸―地、水の集まり―海、地と海の分離　種のできる草と類ごとに実を結び種をもつ果樹　（ニ）天体―太陽（大きな光）、月（小さな光）、星々　（ホ）鳥、巨大な海獣（水中動物）　（ヘ）家畜、野獣　（ト）動物、神の像（かたち）に似せて男と女を創造

創世記2：4後半～2：25（ヤハウェ史料層、前10世紀～前9世紀）

天地創造の初めは地上にはまだ野の灌木一本なく野草一つ生えていなかった*。創造はヤハウェ・エローヒームによった（七日間が欠如）。
創造の順序　（イ）土くれ（アダマー）から人（アーダーム）を創造　（ロ）東方のエデンに園を設ける　（ハ）あらゆる樹を生えさせ、園の中央には命の樹と善悪を知る樹を　（ニ）家畜、空の鳥、野獣（魚については言及がない）　（ホ）人を睡魔に渡して肋骨（あばらぼね）から女（イッシャー）を造った

＊地と人間とに主たる関心がある。上段の祭司的史料層の簡潔雄渾な記述に比して、素朴な説話体。農耕社会を前提。

天地創造物語の相違

フランスのR・シモン〔一六七八年〕、ドイツのH・B・ヴィッター、フランスのJ・アストリュク、「律法」の分析を集大成したドイツの神学者J・ヴェルハウゼン〔一八八五年〕などの研究）、律法のなかに幾つかの成立年代を異《こと》にする史料（ヤハウェ〔ヤハウィスト〕史料、エロヒム〔エロヒスト〕史料、申命記的史料、祭司的史料）が混在しそれを基幹に編纂されていることが明らかになった。例えば、創世記一章1節～二章4節前半と二章4節後半～25節に誌されている二つの天地創造の記事はおよそ五百年の隔たりをもつ新旧二つの史料（前者が祭司的史料、後者がヤハウェ史料）に由来するというのがそのひとつである。今日われわれはこれらの研究を手がかりとして旧約聖書を理性の光に照らして読み学ぶことができるようになった。これら四大史料の分類は批判もあるが今日なお律法研究の基本

となっている。近年ではその分析がヨシュア記まで拡げられている。

　創世記一～二章の天地創造物語の主要な相違は表（六九頁）の通りである。これは古代イスラエル宗教の二つの相違した発展段階を示している。

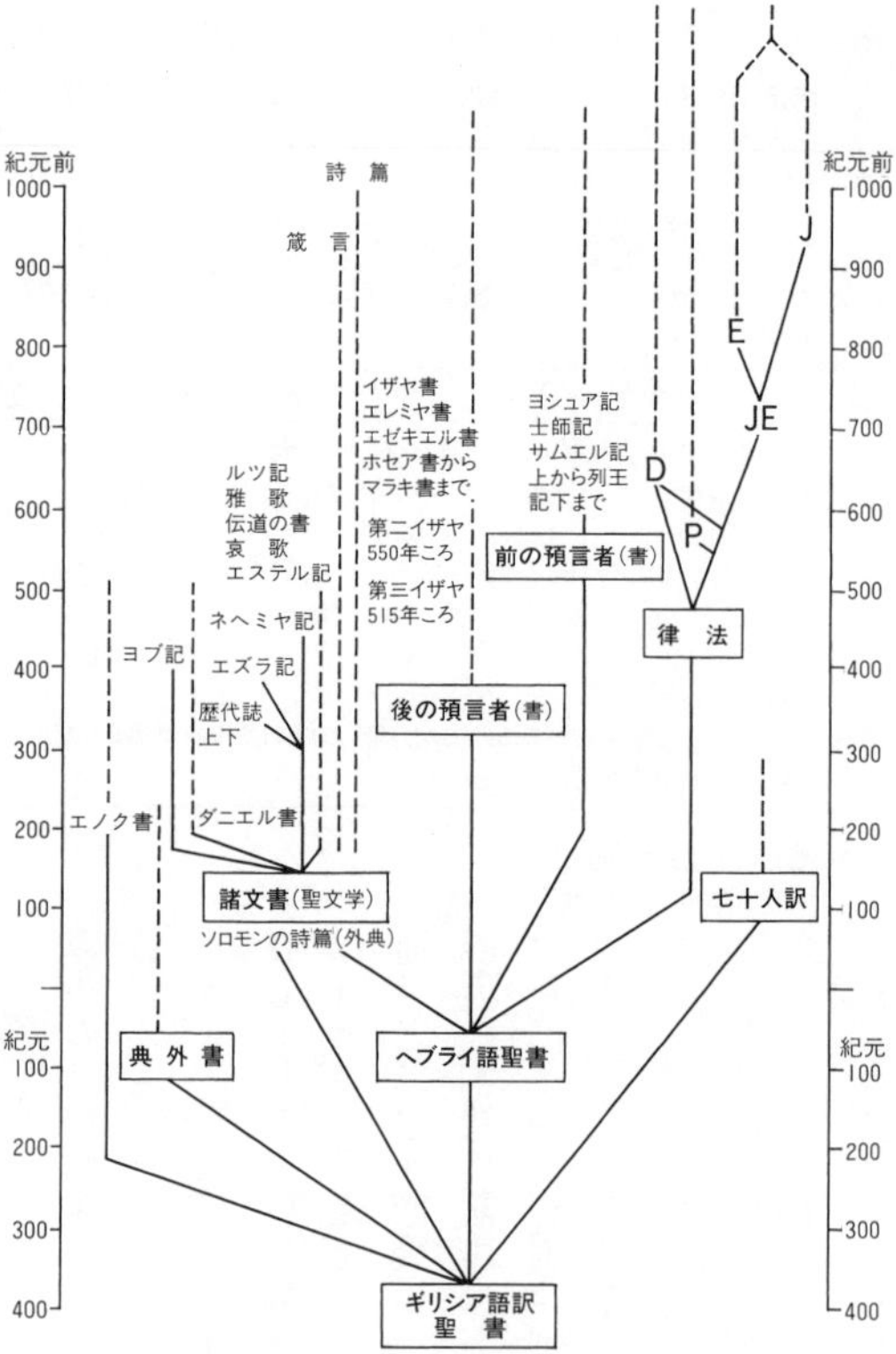

旧約聖書諸巻成立一覧　J（ヤハウェ）史料層は南王国ユダで（前10世紀～前９世紀）、E（エロヒム）史料層は北王国イスラエルで（前９世紀～前８世紀）、D（申命記）史料層は南王国ユダで（前８世紀～前５世紀）、P（祭司的）史料層はバビロニア（捕囚中）とパレスティナ（帰還後）で（前６世紀～前５世紀）成立

旧約聖書の成立のおおよその経緯は、前頁の図（C. M. Jones, *Old Testament Illustrations*, Cambridge, 1971, p.136 に加筆）の通りである。

コラム　シナイ山（モーセ山）

シナイ半島はエジプト脱出の主要舞台である。半島の北部は低い丘陵の連続する沙漠の高原であるが、南部は最高峰ジャバル・カテリーナ、標高二千六百三十七メートルに及ぶ赤色と鼠色《ねずみいろ》の花崗岩の山脈から成り、気候は乾燥していて、年間降水量は北で六十五ミリ、南では四十ミリを超えない。

シナイ山は、聖書では神の山ホレブとも呼ばれ（出エジプト記三1、他）、モーセが神から十誡を授かった聖なる山として有名である。シナイ山の位置については古来諸説あって一定していない。シナイ山の位置の認定はエジプト脱出後の進路の認定と関わっているからである。聖書地理学上の難問中の難問とされている。

伝統的には、シナイ半島南部の山中にある聖カテリーナ修道院（標高千五百七十メートル）の裏手に聳えるジャバル・ムーサー（アラビア語で「モーセの山」の意。標高二千二百八十五メートル）と呼ばれている山がそれで、今日なお有力な説である。同修道院は、四世紀にローマ皇帝コンスタンティヌス大帝（在位・三〇六〜三三七）の皇太后ヘレナが小教会堂を建立した場所と伝えられているところに、五二七年に東ローマ皇帝ユスティニアヌス一世（在位・五二七〜五六五）がアレクサンドリアの殉教者聖カテリーナ（?〜三〇七ころ）を記念して建てた修道院である。この修道院は、一八四四年にC・ティッシェンドルフ（一八一五〜七四）によって有名なシナイ写本（ドイツ・ライプツィッヒ大学図書館蔵）が発見されたところでもある。花崗岩の切り立つ山中に位置するジャバル・ムーサーおよび山麓の同修道院は今なお一神教徒の巡礼地のひとつに数えられている。

筆者は、一九八六年三月、ユダヤ教のプーリムの祭りを挟んで、ジャバル・ムーサーを訪ね、聖書の歴史と使信（メッセージ）を肌で体験する機会に恵まれた。山麓から山頂に至るには二つのルートがある。山頂にはイスラームのモスクとギリシア正教の修道士によって建てられた教会堂（五三三年に建立、一九三四年に再建）が建っている。山頂での御来光は生涯に残る感動の一瞬だった。

コラム　過越の祭り

エジプト脱出に関わる過越の祭りについて言及しておこう。

過越の祭り（ヘブライ語でペサッハ、英語ではパスオーヴァー）は、エジプト脱出を記念する祭りで、ユダヤ教の祭りのなかで最古・最大のものである。ユダヤ教暦ニサン月十四日の日没（十五日）に始まり一週間続く。現行暦の三月か四月。紀元前十三世紀にエジプトの奴隷だったイスラエルの民が、モーセに率いられて圧制者エジプトから脱出したとき、神は夜中にエジプト中の初子《ういご》——玉座にいるファラオ（エジプト王）の初子から牢屋《ろうや》にいる捕虜の初子まで、さらに家畜の初子まで——を殺し、仔羊《こひつじ》の血を鴨居《かもい》と二本の柱に塗ったイスラエル人の天幕の戸口を過ぎ越し（ペサ

現代イスラエルの主要祝祭日（著者作成）　＊創造紀元

別称	ユダヤ教暦月名 （現行月名）	主な祝祭	2007／2008年 （ユダヤ教暦5768年）＊
秋の祭り	ティシュレー （9／10月）	1－2日　新年の祭り 3日　ゲダリヤの断食日 10日　大贖罪日 15－21日　仮庵の祭り（エジプト脱出後40年間の荒野放浪受難の時代を回想．秋の収穫祭） 21日　大ホシャナーの日 22日　律法の歓喜の祭り	9月12日（水） 9月16日（日） 9月21日（金） 9月26日（水） 10月3日（水） 10月4日（木）
	ヘシュヴァン（マルヘシュヴァンとも）		
	キスレヴ（11／12月）	25日 ⎤ ハヌカー（宮潔め）の祭り	12月4日（火）
冬の祭り	テヴェート （12／1月）	2日 ⎦ 10日　前586年のイェルサレム包囲を悼む断食日	 12月19日（水）
	シュヴァート （1／2月）	15日　樹木の新年（植樹の成功を祈願）	1月21日（月）
	アダール （2／3月）	13日　エステルの断食日 14日　プーリム（籤）の祭り 15日　シュシャン・プーリム（シュシャンはペルシアの首都スーサ。閏年は第二アダール月に祝われる）	3月20日（木） 3月20日（木） 3月22日（土）
春の祭り	ニサン（3／4月）	15－21日　ペサッハ／過越の祭り 27日　ナチスによるユダヤ人大虐殺記念日	4月19日（土） 5月1日（木）
	イヤール （4／5月）	4日　戦歿者記念日 5日　独立記念日 18日　オメール（奉納物の束）の33日目の祭り 28日　イェルサレム統合記念日	5月6日（火） 5月7日（水） 5月22日（木） 6月1日（日）
	スィヴァン（5／6月）	6－7日　七週の祭り（十誡授与記念。春の麦の収穫祭）	6月8日（日）
夏の祭り	タンムーズ （6／7月）	17日　タンムーズ月の17日（前586年、後70年に城壁が破られた日）	7月20日（日）
	アヴ（7／8月）	9日　アヴ月の9日（第一・第二神殿破壊を悼む断食日）	8月9日（土）
	エルール（8／9月）		

日没から日没までを1日と数えるので、各祝祭日は当日の日没から始まる

ッハ）たという故事（出エジプト記一二）を記念する祝祭であるとともに、春の最初の収穫の祭りでもある。この祭りは、遊牧民一族の安全加護を祈念する遊牧的な魔除《まよ》けの祭儀と農耕社会の春の収穫を祝う農耕祭とが、エジプト脱出を成し遂げたのがユダヤ教暦で春のニサン月であったという歴史的記憶と習合されて後代の律法《トーラー》の収集・編纂の段階で再評価され、エジプトからの自由と解放の祭りとして守られている。

第一夜のニサン月十五日の晩は、家長を筆頭にひとつの食卓を囲み「セデル」（ヘブライ語で「式次第」の意）と呼ばれる正餐《せいさん》を共にする。セデルは過越の祭りのもっとも重要な儀式で通常夜半まで続く。セデルの順序に従って、ハガダーと呼ばれるエジプト脱出の物語——脱出の出来事の物語を中心にして、ラビ（導師）の註解《ちゅうかい》・教え、伝説を附し、詩篇《しへん》や讃歌を加えたもので、三千年もの長きにわたって成立した式文——を朗読して、イスラエルの民がエジプトでの奴隷の身分から救い出されたことを記念する。

エジプト脱出の出来事がつい昨日のことのように、ひとつの食卓に甦《よみがえ》ってくる。列席者一同、最後の祝福の杯《さかずき》を飲み干し、喜びの歌を唱和、ヘブライ語で「来《きた》るべき年はイェルサレムで」という挨拶《あいさつ》を交わしセデルは終了する（深夜）。

過越の祭りの食様式の背後には食餌律《しょくじりつ》がある。ユダヤ教の食餌律は土地の産物については制約がないが、動物については厳しい制約がある。律法《トーラー》は食べられる動物の肉体的特徴を例示している。例えば、蹄《ひづめ》が分かれていて反芻《はんすう》する動物でなければならない（豚は反芻しない、馬も反芻せず蹄が分かれていないからそれぞれ食用としてはならない)。この基準は中東の風土・気象・生態環境だけでなく動物の解剖学的・生理学的特徴に注意が向けられているように見える。

宗教集団の多くは日常の食生活に関して何をどう食べるかまで規定しているが、こうした禁欲は修道僧・尼僧・修行僧《しゅぎょうそう》などに限られる場合が多い。しかしユダヤ教においてはその食餌律はユダヤ人全員に課せられている。ユダヤ人の食文化の魅力は、かれらの生活の拠点である世界各地の国々の文化的・社会的・政治的なもろもろの影響を受けながらも、そのなかにあって各地の習俗を踏まえつつ食餌律を遵守応用しようとするところにある。

カナァン定着

紀元前十三世紀後半から約二百年の間に、モーセの後継者ヌンの子ヨシュアに率いられた民族共同体イスラエル諸部族は、どのようにして約束の大地カナァンを征服し、嗣業《しぎょう》の地に定着したか。第二次世界大戦後の考古学の発掘調査の伸展にもかかわらず、旧約聖書の情報が喰《く》い違っているため、これを正確に再構成することは現段階では不可能である。

ヨシュア記一〜一二章によれば、エジプトを脱出したイスラエル人は、ヨシュアの軍事的指揮のもとにヨルダン川西に入ったのち、カナァンの中部・南部・北部の順序で町々を奇襲攻略し、ギベオン付近の町々を除いて、各地の住民を駆逐して土地取得を完了し、征服地を神の嗣業として与えられ、定住社会の秩序を確立した、とされる。

旧約聖書の断片的な情報および考古学の成果によれば、イスラエル人のカナァン征服・定着(もしくは定着・征服)は長い期間にわたる複雑な経過を辿って達成された。当初はヨセフ族(エフライム族とメナシェ族)を中心とした北方諸部族とユダ族を中心とした南方諸部族は別個のグループとしてカナァンに侵入してきたものと考えられている。その時期は、紀元前十三世紀ないしそれ以後である。考古年代の上からは後期青銅器時代末に当たる。

パレスティナの文化の中心は、東地中海沿岸平原、イズレエル平原、ヨルダン川流域にあったが、イスラエル人は人口稀薄《きはく》な山岳地帯に、最初の生活の場を得た。かれらは土地取得には和戦両様の構えをとったのではなかったか。

イスラエル諸族のカナァン定着および結集の過程で、カナァン人の宗教との対決が行なわれ、それとともにカナァン文化が吸収同化された。民族の混血も行なわれたに違いない。ヤハウェ宗教の礼拝の形式や、祭壇・場所の多くもカナァン人から受け継がれた。カナァン語のひとつヘブライ語とヘブライ文字の成立・使用が始まったのもこのころからで、これらの文化要素が紀元前十一世紀のダビデ王国の形成に寄与したことは古代オリエント史上刮目《かつもく》に値する。

英雄時代

カナァン征服・定着に次ぐ時代は、歴史学の上では英雄時代(前一二〇〇ころ~一〇二〇年ころ)もしくは士師《しし》時代と呼んでいる。天賦の才能、武勇二道にとくに優れた人物を英雄と呼んでおこう。

この時代は王国形成に直接繋がる時代である。われわれが手にしている士師記《ししき》は、モーセの後継者ヨシュアの死の直後から最後の士師でありかつ預言者だったサムエルの誕生前までのイスラエル史に関わる史料価値の高い個々の情報を含んでいる。その内容は五部二十一章から成っていて、他の旧約聖書の歴史書と同様に、多様な人びとの手を経て、バビロニア捕囚以後、紀元前五〇〇年ころから同二〇〇年ころの三世紀の間に編纂されたものと考えられている。

士師記五章（詩文。四章は散文）に誌されている北方のイズレエル平野におけるカナァン諸都市連合軍に対するイスラエルの北方諸部族軍の戦勝歌「デボラの歌」は、旧約聖書のなかの数多い史料のなかで最古のものに属する。この戦いはカナァン軍のシセラに対するイスラエル軍のデボラとバラクの戦いで、イスラエル諸部族のうち、エフライム、ベンヤミン、メナシェ、ゼブルン、イッサカル、ナフタリの北方六部族が参加した国家的規模の戦いだった。イスラエル軍（司令官はデボラとバラク）とカナァン軍（シセラ）との戦いの年代は、「デボラの歌」がただひとつの歴史的事件をテーマにしてつくられたということを前提とすれば、考古史料の上からは紀元前十三世紀中葉以後と考えられる。イェルサレム・ヘブライ大学の古代史家Ａ・マラマットは紀元前十二世紀末近くになって起こったと考える。

ラピドトの妻デボラ（「蜜蜂」の意）は、カナァン諸都市連合軍との戦いにおいて、英雄バラクを励まし、ともに戦い、預言者として活躍した人物として描かれている。かの女は、路傍の樹木のそばに坐《すわ》って、英雄バラクに神託《しんたく》を告げた巫女《みこ》だったに違いない。

英雄時代の士師は、族長すなわち王であったホメーロスの英雄群像と共通のものをもってはいたが、神ヤハウェとの直接的な関係を媒介として同胞イスラエルと結びついていた。政治的軍事的能力のある人物が士師に登用され、かれらは外敵と戦うときのみ指導者として活動した。イスラエル諸部族は周囲の諸部族との間に、その政治組織において決定的な差があった。イスラエル諸部族と同時代に沃地カナァンに移住・定着した同系のアラム人、アンモン人、モアブ人、エドム人は君主政体を樹立し、イェルサレム、ゲゼル、メギド、タアナク、ベトシェアンはみずからの王を戴《いただ》く都市国家の政体をとどめていたが、イスラエル諸部族はカナァン定着後も長期間にわたってゆるやかな部族同盟を結んでいた。他方、強敵ペリシテ人《びと》は東地中海沿岸南部に定着後も、エーゲ地方の伝統にしたがって五人の君侯による連立支配体制を維持していた。

紀元前十二世紀に東地中海沿岸地方に定着した海洋民族の一支族ペリシテ人は、国際街道「海沿いの道」沿いの海岸平野、属州カナァンの支配権をエジプト新王国から継承し、中央山岳地帯に向かって勢力を次第に拡げていった。ここにペリシテ人とイスラエル諸部族との戦いが始まったのである。

さて、シナイの荒野を経てヨルダン川東から約束の大地カナァンへ侵入したイスラエル諸部族が定着をほぼ完了したのは紀元前十二世紀中葉ころだった。しかるに、なお幾つかのグループは移動を続け、紀元前十一世紀末にイスラエル王国が成立するまで、各部族への帰属や部族領の境界線はそのときどきの外的条件に左右されていた。

カナァンに定着したイスラエル諸部族の生活基盤は、遊牧から農耕へ移行した。これに伴って社会構造にも大きな変化が起こった。この間、カナァン文化との対決のなかでかれらが遭遇したもっとも危機的な脅威は、近隣諸族や遊牧民によるものではなく、イスラエル諸部族よりもやや遅れて西方から海路および陸路を通って辺境の東地中海沿岸に押し寄せた海洋民族（海の民）の一支族ペリシテ人によるものだった。したがって、この時代のイスラエル諸部族は、民族共同体イスラエルを外敵から救うために神ヤハウェによって一回限りの行為に召されたカリスマ的な軍事指導者、英雄のもとに、先住民カナァン人と強敵ペリシテ人との圧迫の狭間《はざま》にあって、その生存を確立することに全力を投入して戦ったのである。

嗣業の地カナァンに定着したイスラエル諸部族は、おそらく血縁の絆《きずな》による結びつきを乗り越え、ヤハウェ信仰による共同体意識を共有するようになった。かれらの支配者は、何らかの意味で神的起源にさかのぼるものと考えられていたエジプトの神王《しんおう》やメソポタミアの祭祀王《さいしおう》とは異なり、永遠のただひとりの義なる神ヤハウェだった。これは古代世界における唯一の例外だった。士師記によれば、各部族は外敵の侵攻に遭遇した場合のみ、「ショーフェティーム」（ヘブライ語で「救済者たち」の意。「士師たち」または「さばきづかさたち」とも訳し得る）と呼ばれるカリスマ的軍事指導者のもとに糾合して地方的部族同盟を形成して、これに抗したが、士師の支配権はその子孫に継承されることはなかった。かれら士師の働きは、外敵の攻撃に対して同胞を救済するという軍事的活動の面と、仲裁・調停といった裁判行政に関わる法的活動の面とがあった。

各部族は、政治的統一組織を形成することはなかったが、神ヤハウェと、その神との契約を固く信じ、その契約を実践する部族同盟を結成した。しかし、ペリシテ人が、勢力を内陸に拡大してくると、部族同盟では対抗できなくなり、神ヤハウェのみがイスラエルの支配者であるという神政思想は次第に退けられ、ヤハウェの預言者サムエルに対して周辺諸族にならって王政の樹立を要求し、サウルを初代の王とするイスラエル王国が誕生した。

海洋民族の漂着

「海洋民族」とは、紀元前十四世紀ころから、海路地中海を越え、陸路ではアナトリアを通過して、オリエントの西部辺境地帯に押し寄せた少数の混成民族を指す。エジプトの碑文や壁画などから、その存在と活動の一端が立証されている。

かれらの移動の波は、アナトリアのヒッタイト帝国の没落やキプロス島対岸のシリアのウガリト王国の崩壊（前十二世紀末）と関係している。かれらの襲来でエジプトも衰頽《すいたい》した。考古年代の上からは青銅器時代の崩壊である。しかし、このことは、これまで大国の支配下に置か

エジプト王ラメセス３世（前12世紀）によって捕らえられた捕虜たち　左からリビヤ人、シリア人、ヒッタイト人、ペリシテ人、シリア人。テーベ郊外のメディネト・ハブにあるラメセス３世が建てた埋葬聖堂の壁に刻みこまれた薄浮彫の一部（G. E. Wright and F. V. Filson, *The Westminster Historical Atlas to the Bible, rev. ed.*, 1956, p.29.）

れていたこの地域の住民に政治的自立への方向性を促すことにもなった。かれら海洋民族の海上における本格的な活動は、紀元前十三世紀、バルカン半島北部のドナウ川流域付近に源をもつ民族移動の一環だった。

「ペリシテ人」は、とりわけ紀元前十三世紀末から同十二世紀にかけて東地中海世界で活躍した海洋民族の一派で、旧約聖書では「クレタ島からやってきた割礼《かつれい》なきもの」などと呼ばれている（サムエル記下一20、アモス書九7、エレミヤ書四七4。ペリシテ人とカフトル〔クレタ島あるいはエーゲ地方全域の古名〕人との近親関係については、創世記一〇14、申命記二23）。人種的・言語的帰属は今なお不明で、他の海洋民族の一派と同じように、インド・ヨーロッパ系の移住民だったと考えられている。かれらの漂着地は、紀元前九世紀末のアッシリア側の碑文ではパラストゥ、旧約聖書ではペレシェト、すなわちペリシテ（フィリスティアとも）として言及されている。

かれらは、紀元前十二世紀初頭に、エーゲ海からカナァンに侵入し、交通・通商の要所ガザからカルメル山南方の沿岸にあったドルに至る東地中海沿岸南部に定住して、古くからカナァン人の町だったこの地に、ガザ、アシュケロン、アシュドド、エクロンおよびガトの五つの沿岸都市を建て、傭兵《ようへい》を主体とする強力な軍隊を基盤とした一種の都市同盟を形成していた。当時の沿岸都市国家の実態はまだ解明されていないが、都市国家同盟は軍事的攻守同盟であり、同時に、加盟都市国家のそれぞれは、自治権を保持しながら、同時に連邦国家の構成員となっていたように見える。かれらは、これら五大都市を中心として、北方のフェニキア諸都市と地中海交易を競い、強力な都市文化を築き上げ、さらに同地の先住民カナァン人に対する軍事的支配層を形づくった。それとともに、ペリシテ人は、高度の物質文明を有し、この地方にはじめて鉄製の武器を導入、鉄の製造を独占して沿岸沿いの地帯に覇権を確立していたことが考古学の調査によって確証されている。宗教は、イスラエル人のそれとは異なり、カナァン人の宗教を混淆《こんこう》し、セム人の神々を拝していたことが知られている。

ペリシテ人は今日的通念では「文化や教養に欠けた野蛮人」（「実利主義者」「残忍な敵」とも）と解されてきた。しかるに、近年のペリシテ人諸都市の考古学の発掘調査の成果によれば、かれらペリシテ人は都市計画に基づいた都市を築き、窯業を起こし、油圧搾機によるオリーヴ油の生産量を誇っていたことが明らかにされつつある。加えて、ペリシテ人がペリシテ平野に残した赤・黒二色祭文土器（例えば、釣り鐘型の鉢に二つの水平な把手《とって》がついたもの、鐙型壺《あぶみがたつぼ》、水差しなど）は、地元工房で生産されたミケーネ式土器から発達したものである。この様式は紀元前十二世紀中葉に現われ、紀元前十一世紀の終わりまで存続した。

沿岸五都市の君侯は、連合して、当初その優れた軍事力と鉄製の武器を用いてイスラエル諸部族を圧迫し、カナァンにおける支配権を獲得した。その後、イスラエル王国初代王サウル（在位・前一〇二〇～一〇〇四）および次王ダビデ（在位・前一〇〇四～九六五）の奮闘によって形成は逆転し、ペリシテ人はもとの沿岸南部地帯に退却の余儀なきに至った。

ペリシテ土器　ヘブロン南西のテル・エイトン出土。前12世紀。形状と彩色装飾は海の民の故郷がエーゲ海にあった可能性を示唆している（H. H. Ben-Sasson ed., *A History of the Jewish People*（Hebrew）, Vol.1, 1969, p.64.）

ペリシテ人の諸都市は、紀元前八世紀にはアッシリアの朝貢国となり、紀元前六世紀にはエジプトの支配下に入り、次いで新バビロニア王ナボニドゥス（在位・前五五五〜五三九）によってガザは占領された。ガザの町は、ペルシア時代には交易の中心として栄え、ローマ時代に至ってもガザは「ミノスの後裔《こうえい》」を誇っていた。紀元前三三二年、同地はアレクサンドロス大王（在位・前三三六〜三二三）に攻略され、以後、ペリシテ人は歴史上から消え去った。

ちなみに、海洋民族の起源に関しては、ペリシテ人を含む海洋民族が、エーゲ諸島およびギリシア本土から来たとするエーゲ説と、ペリシテ人の原郷をアナトリア西部および同南部の海岸に求めるアナトリア説とが対立していて、結論を得ていない。

いずれにせよ、紀元前第二千年紀後半に起こったペリシテ人を含む海洋民族の活動の嵐は、エーゲ海とアナトリア海岸を横断して辺境の地、東地中海沿岸に向かって吹き荒れたのである。

第3章　第一神殿時代

——紀元前10世紀〜紀元前6世紀

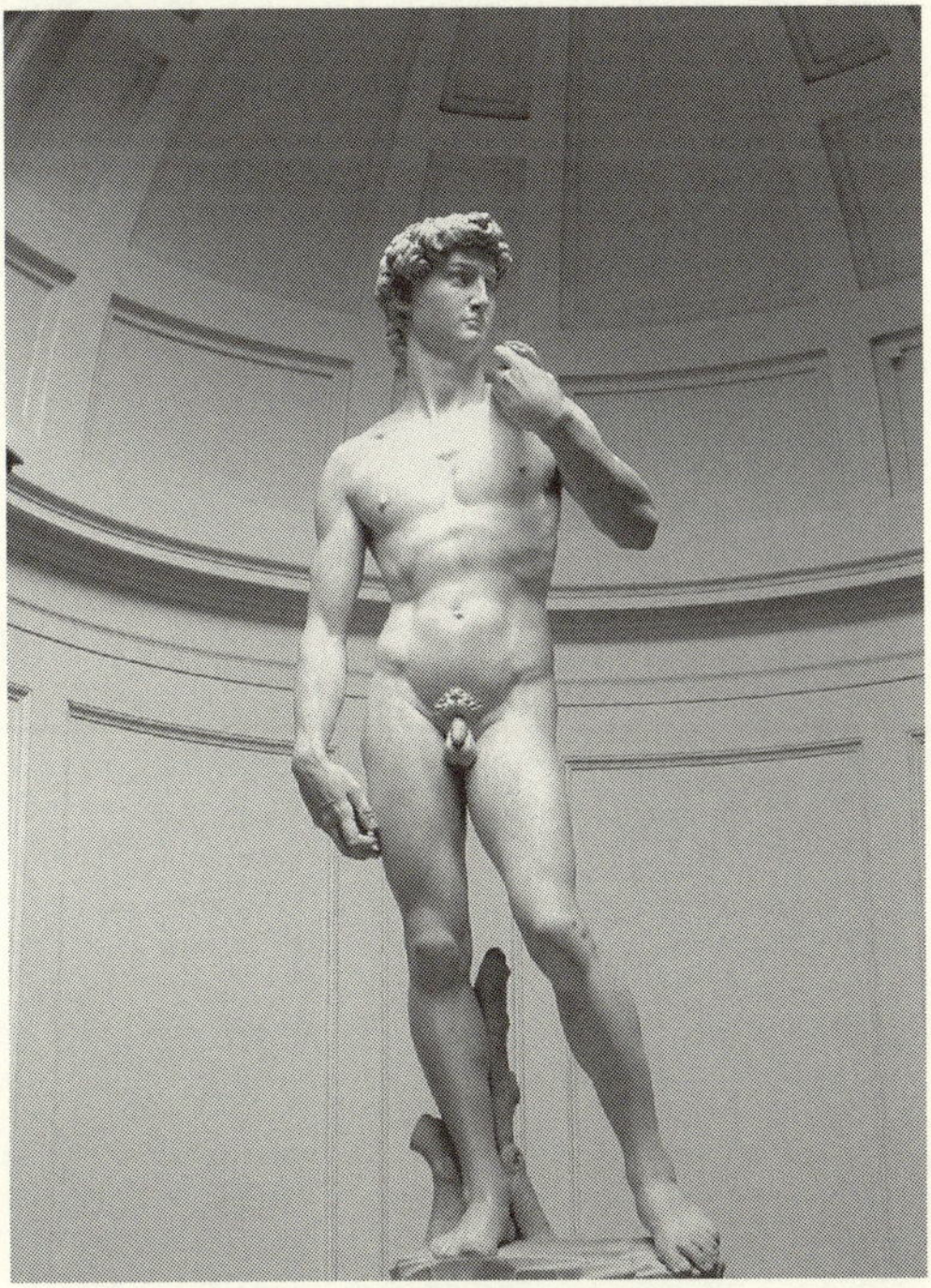

ミケランジェロのダビデ像　大理石、1501〜04年制作、高さ約4.3m。
フィレンツェ、アカデミア美術館蔵

三つの時期

第1章で言及したように、古代イスラエル史はイェルサレム神殿を主題に区分されることが多い。本書もこれにしたがっている。

ソロモンが紀元前十世紀に建立し、紀元前五八六年に新バビロニア王ネブカドネツァル二世（在位・前六〇四～五六二）によって破壊された「第一神殿」と、祖国イェルサレム帰還後、紀元前五一五年に再建、紀元後七〇年にローマ皇帝ウェスパシアヌス（在位・六九～七九）の子、将軍ティトゥスの率いるローマ軍に破壊された「第二神殿」がそれである。

第一神殿時代（前十世紀～前六世紀）に関する重要な情報源は、旧約聖書列王記上、イザヤ書、エレミヤ書、および他の預言者たちの書に書かれている厖大《ぼうだい》な情報と、第二次世界大戦後の国内外の調査隊による考古学の発掘調査の成果である。前者は主としてイスラエルについて語っているのに対し、後者は隣国に関する情報を加え、イスラエルの物質文化、それに伴う精神文化の変容を伝えている。

第一神殿時代のイスラエル史、とりわけイェルサレムの発展は三つの時期に大別される。

第一期はダビデ（在位・前一〇〇四～九六五）時代で、拠点はイェルサレムの神殿の丘の南方

「ダビデの町」と呼ばれている地区に限られていた。第二期の発展は、神殿およびそれに隣接した宮殿を中心とした多数の公共建造物を建設したソロモン（在位・前九六七〜九二八）時代に始まる。神殿および宮殿は当時の精華だった。次いでイェルサレムが周辺地区の大半をアッシリア軍に制圧されるなか、第三の発展期に達したのは南王国ユダの王ヒゼキヤ（在位・前七二七〜六九八）の治世だった。イェルサレムは、紀元前五八六年の新バビロニア軍による征服と破壊の直前にもっとも広く伸張した。

以下、王政の誕生に次いで、右の三つの時期ごとに考古学・文献学双方の成果を踏まえて第一神殿時代の発展の一端を辿ってみることにしよう。

王政の誕生

キシュの子サウル（ヘブライ語でシャウル。「求める」の意と関係か）が古代イスラエル王国初代の王に選ばれた経緯については、サムエル記上九章1節〜一〇章16節、同上一〇章17〜27節、同上一一章の物語においてそれぞれ三様に伝えられている。これら三つの物語は、細部において多くの相違点があるが、主要登場人物とテーマが同一であることから同一事件を三つの視点からそれぞれ報告した歴史記述である。

王政誕生の経緯はこうである。

紀元前十一世紀後半、外敵ペリシテ人《びと》の襲撃による民族危急存亡の秋《とき》、大国の政治形態を罪と見なしていた民衆は、神意による王の推戴《すいたい》を容認して、ヤハウェの預言者サムエルに対して部族を統一支配する指導者としての王を要求した。ここに部族同盟に代わって王による支配の機がようやく熟した。英雄時代最後の士師であり、宗教的指導者だったサムエル（「神はエルである」の意とも）は、自分の宗教的権威を王権の上に置くことを条件に、イェリコ（「月神の町」「棗椰子の町」の意とも）近郊のペリシテ人が直接支配していた領域外にあったギルガル（エフライム領）において、民衆の賛同を得て神ヤハウェによって選ばれたベンヤミン族の名望家の子、貴族系氏族《しぞく》出身のサウルの頭《こうべ》に油を注いで聖別し、かれをカリスマ的指導者（首領《ナギード》）・王位継承者に定めた。ここにサウルは、神のカリスマとともに宗教的指導者サムエルと民衆との支持に基づいて、合法的手続きを経てイスラエル王国初代の王に選ばれたのである。

イスラエル王国は英雄時代の伝統を受け継いで出発した。サウルは、まず居城をイェルサレム北方の出身地ギブアに構えた。同地はベンヤミン族の中心地で、サウルの要塞、王国の拠点となった。以来、ここは「サウルのギブア」として今日まで知られている。以後王政は約五百年続くことになる。

サウル（在位・前一〇二〇～一〇〇四）の治世は、はじめから無力で、その支配権は北方イスラエルにとどまった。まず軍事組織の確立に努め、ペリシテ軍および周囲の外敵の侵略に対しては諸部族の召募兵を率いて戦った。治世の初期に一連の成功を収め、王権は北方諸部族のみならず南方諸部族からも認められ、ここに南北の定着諸部族の政治的統一が始まった。次いでペリシテ軍との戦いのさなか、預言者サムエルとの仲違《なかたが》い、王政に挑戦した武将ダビデとの悲劇的な争いののち、部族間の新たな確執が続くなかで、サウルは、勢力を恢復したペリシテ軍との戦いに敗れて、北方の古戦場イズレエル（「神蒔《ま》き給《たま》う」の意）平原南端のギルボア山（標高五百三十六メートル、東西十八キロ）で、三人の息子とともに陣歿《じんぼつ》した。

ギルボア山は、ヨルダン川西からイズレエル平原に至る通路に面したところに位置し、すぐ東にモレの丘（士師記七1）がある。現在はギルボア山の周辺（海面下九十メートル）には十指余りのキブーツ（共産農業協同体）やモシャーブ（協同小経営者入植村）が点在している。

ペリシテ軍の陣営に亡命していたダビデのもとにギルボア山での悲報が届くや、ダビデはサウルと、サウルの子で刎頸《ふんけい》の友ヨナタンとを悼《いた》む歌を詠んだ。この哀悼歌は、「弓の歌」としてサムエル記下一章17～27節に収められ、サムエル記下三章33～34節のサウル家の軍司令官アブネルに対する「ダビデの悲しみの歌」とともに、ダビデの筆になるとされている。

イギリスの詩人ロバート・ブラウニング（一八一二～八九）の詩集『男と女』（一八五五年）のなかに収められているサウルは、この悲劇のサウルを謳《うた》ったものである（翻訳・解説については、齋藤勇訳『サウル』〔岩波文庫〕岩波書店・一九二八年を参照されたい）。

サウルの時代は、カリスマから王政への過渡期、すなわち宗教的な世界から世俗的な世界への移行期だった。サウルの本領は政治家であるよりは軍人であり、かれは戦場においてその優れた指導力を発揮したが、諸部族をひとつに束ねあげる政治的な才能には乏しかった。サウル王権は、のちのダビデ、ソロモンのそれに較《くら》べれば、部族制社会に基礎を置く一地方政権にすぎなかった。

ギルボア山上でペリシテ軍との戦いに生き残ったのは、サウルの親族に当たるサウルの軍司令官、ネルの子アブネルだった。かれは、東ヨルダンのマハナイムに拠点を遷《うつ》し、サウルの遺子（末子・四男）エシュバアル（イシュボシェトとも）を王位に即《つ》け、弱体化したサウル王家を継承させたが、短期間で終わった（サムエル記下二8〜10、四7）。

ダビデの生い立ち

サウルの歿後王位を継いだダビデ（ヘブライ語でダヴィッド）の生い立ちについては、旧約聖書の伝承が相互に矛盾しているため詳《つまび》らかでない。ダビデがサウルの宮廷に仕えてからサウルの妹娘ミカルと結婚するまでのことに関して二つの伝承が残っている。サムエル記上一六章14〜23節と同上一七章がそれで、前者はサウルの宮廷に仕えるダビデ、後者はダビデと身の丈《たけ》三メートル近い大男、ペリシテの巨人ゴリアトとの戦いを伝えている。これらの伝承は、その後ダビデが軍事指導者になり、サウルの王子ヨナタン（「ヤハウェが与えた」の意）と生死をともにする親しい友情を結び、次いでミカル（「ミカエル」の短縮形で、「何者が神のようであるか」の意）を娶り、羊飼いから武人に転身、サウルの傭兵として仕え、隊長にも任ぜられた、と誌《しる》している。

ダビデの系図は、紀元前三五〇年ころから同二五〇年ころの間に編纂された歴代誌上二章にユダの子らの系図として誌されている。旧約聖書によれば、ダビデはユダ族のベトレヘム人《びと》エッサイの子だった。伝えによれば、父エッサイはおそらく英雄時代に死海東方のモアブの女性ルツと結婚したボアズの孫に当たるとされているから、ダビデにもモアブの血が流れていたことになる。

他方、聖書事典やその他の書物には、ダビデは南のユダ族の出身であったという説が一般に受け継がれているが、すべての研究者がこれを認めているわけではない。例えば、アメリカの古代イスラエル史家J・ブライトはその著『イスラエル史』（一九七二年）のなかでダビデを「ベトレヘムの若者」とだけ誌している。

旧約聖書の記述（サムエル記上一六18、同上一七12、同上二〇6、同上二三23、士師記一七7、歴代誌上二など）を注意深く読んで検討すると、われわれはダビデがユダ族の出身だったという結論は下せない。これは、イスラエルの初代王サウルがベンヤミン族の名望家の子として生まれた貴族系氏族の出身だった（サムエル記上九1〜9）と推定されるのに較べて、対照的である。筆者は、三笠宮崇仁説にしたがって、ダビデは、紀元前第二千年紀中葉以後オリエント全域に現われたハビルもしくはアピルと呼ばれる集団と性格的に同一の範疇《はんちゅう》に属する「イブリー」（「ヘブライ人」を指し、旧約聖書のなかでは三十四回用いられている。奴隷の場合もあり、傭兵の場合もある）の出身だったと考える。三笠宮説は注目に値する実証的な見解である（詳しくは、三笠宮崇仁「ダウィド王権の形成過程とその性格」『オリエント』第五巻第二号・一九六二年、同「ダウィドとイブリー」『西南アジア研究』第十三号・一九六四年を参照されたい）。

このハビルと呼ばれる集団の名は、メソポタミア、シリア、アナトリア地方から出土した楔形文字で誌された粘土板文書《もんじょ》群のなかに見えており（エジプト語およびウガリト語では「アピル」、アッカド語では「ハビル」として現われ、シュメル語ではSA.GAZまたはSAG.GAZなどの表意記号で綴《つづ》られているが〔「追《お》い剥《は》ぎ」「街道の盗人《ぬすびと》」の類《たぐい》を意味する蔑称《べっしょう》〕、その発音はいまだ不明）、種族名というよりも、定住社会の外にいてT字形地帯の沃地周辺に出没した、時代によってその身分を異《こと》にした社会層名であった、と解されている。ハビル／アピル問題、およびイブリーとの関係は、今後の研究に俟《ま》たなければならない。

ダビデの即位

サウルの信頼を贏《か》ち得て武将に任ぜられたダビデは、サウルとは対照的に組織力と軍事外交手腕においてはとくに優れ、冷静沈着な人物だった。

サウルがその三子とともに北方のギルボア山で敗死したのち、南北ユダ・イスラエルは重大な政治的危機に見舞われた。ペリシテの軍門に亡命して雌伏《しふく》を余儀なくされる悲運に追い込まれていたダビデは、ギルボア山での悲報が届くや、亡命地ペリシテ軍の陣地からイェルサレムの南西およそ三十キロの地点に位置するヘブロンに戻り、古くから聖所があったマムレにおいて、ユダの家の人びとから当時の慣《なら》わしにしたがって頭《こうべ》に油を注がれて「ユダの家の王」に任ぜられ、南のユダ王国を継承した（前一〇〇四～九六五年）。

南のユダの長老たちがダビデを受け容れたのは、ダビデに恐れを抱いたというよりも、指導者の不和没落、サウルの軍司令官アブネルとサウルの遺子エシュバアルが相次いで殺害され（ユダ王国継承後かもしれない）指導者を失うという事態のなかで、ダビデの有能な軍隊によって外敵から確《しか》と守ってもらおうとする期待からだった。

サムエル記下二章11節と同下五章５節は、ともにダビデがヘブロンでユダの家の王であった期間を七年六箇月と伝えている。しかし、ダビデのヘブロン滞在の正確な期間も、同地における出来事の順序も、またダビデが行なった対ペリシテ戦の順序も、王国統一の諸段階も、相矛盾する記述からは正確なことは判《わか》らない。

その間《かん》、北のイスラエルと南のユダとの間に熾烈《しれつ》な戦いが続いた。そしてさきの遺子エシュバアルと摂政アブネルの死に伴う勢力範囲の変化によって、指導者を失った北方イスラエル諸部族の代表・長老たちは、遂《つい》に南方ヘブロンに降ってダビデに屈服し、王権を提供した。ダビデは長老たちからの油注ぎを受け「イスラエルの王《メレク》」とされ、王権を委ねられて、南北の拠点をヘブロンに定めた。

前者の即位（ユダの家の王）は相互互恵的な契約関係の上に立って行なわれ、次いで後者の即位（イスラエルの王）は、サウルの軍司令官アブネルの軍隊によって準備され、南と北とのかなりの優劣のある当事者間の契約関係の上に立って行なわれたものだった。その支配権は南と北との部族同盟の長老たちを通じて南北全土に及んだ。ダビデが北方諸部族と結んだ契約の内容は伝えられていないが、契約締結の事実は、ダビデの王政が、サウルのそれと同様、いわゆる立憲君主政的政体であったことを示唆するものではなかったか。

以上の経緯から、南方ユダと北方イスラエルがそれぞれ二つの異なった組織を成していたことは明らかである。

イェルサレム遷都

国の首都は、統治の上からその地理的中心になければならないことはいつの時代も同じである。ダビデ王国も例外でなかった。

ダビデにとって、イェブス人《びと》の町、飛び地イェルサレムは南北を結ぶ要路に位置していたため、南北統一の障害になっていた。サウルの敵陣ペリシテ人の属王と見なされていたダビデは、ペリシテ人に叛旗《はんき》を翻し、南北いずれの部族にも属さないイェブス人の町ツィオン（シオンとも）の要害イェルサレムを徴募兵とみずからの優れた傭兵隊とを用いて攻略し、同地にダビデの町を築城して、拠点をヘブロンからイェルサレムへ遷した（イェルサレム攻略の謎《なぞ》については、サムエル記下五6〜9、歴代誌上一一4〜8参照。最初ダビデは現存の竪坑すなわち送水管を通って町の防禦を破るという策略でイェルサレムを攻略したものと考えられてきたが、のちになって竪坑と比定された水道施設は実際は後代の造営だったことが明らかとなった）。

遷都は、ダビデが南北諸部族を等距離で統治しようとする政治的意図に基づくものだった。同時に、イスラエルがペリシテ人から独立するためにも必要不可欠だったのである。次いで、南北ユダとイスラエルとによって代表される諸部族を統一し、統一王国の基礎を築いた。

ダビデがイェブス人から攻略した地区は「ダビデの町」と呼ばれ、考古学の発掘調査によって、ダビデの町の北側防禦壁《ぼうぎょ》が現在の旧市街南側城壁の南二百メートルの位置にあったことが判明している。町の南端にはシロアハ（シロアムとも）の池があった。町は細長い地形を呈し、東にキドロン峡谷、南にベンヒンノムの涸谷《かれだに》、西に中央峡谷（現在は土砂で埋没）が走っていて、東西両側と南側は天然の要害になっていた。北側は高台になっていたため堅固な防禦壁を建て敵の攻撃に備えた。水源はキドロン峡谷に面した町の北東のギホンの泉だった。町の建設は、水源ギホンの泉およびキドロン峡谷の南に位置するエンロゲルと無関係でなかった。

標高八百メートルの地に位置する天然の要害イェルサレムは、その後、王国の強化と安定に大きな役割を果たした。ダビデは、側近や兵士たちをイェルサレムに集め、加えて、かつてペリシテ軍に奪われ、その後送り返され、アビナダブの家（イェルサレムの西方約十五キロ、現在のアブゴーシュ近郊）に放置されていた部族統一の象徴とされていた「契約の櫃」を祭司たちとともにイェルサレムへ運び移して、ダビデが建てた幕屋の中央に安置し（サムエル記下六）、新都イェルサレムを宗教上の中心とした。

ダビデの関心は、イスラエルの政治的統一に次いで、領土の拡大に移った。ダビデは、サウルの敗北後に継承した南北両王国、すなわち「全イスラエル」を同君複合《パーソナルユニオン》の形で統治し、イェルサレムを南北諸部族の政治・軍事・宗教上の一大拠点と定めた。そして一時弱体化しつつあった南北二大帝国、エジプトとアッシリアとの間にあって、ペリシテ人を征服し、東地中海沿岸平野全体を支配下に収め、近隣諸国を征服した。次いで、シリアのアラム人をも破って、南は紅海から北はエウフラテス河に達する、イスラエル史上最大の支配領域を築き上げた。ダビデ王国は、兵制の上からは傭兵制度を基盤にした王国だった。こうしてダビデはペリシテ人を制圧して南北の統一に成功し、国家創成の偉業を実らせた。

ダビデは、旧約聖書によると、ヘブロンで七年六箇月、イェルサレムで三十三年、計四十年の統治を終えたが、その生涯は死に至るまで波瀾万丈《はらんばんじょう》、多事多難の連続だった。他方、その四十年に及ぶ治世に、外交の面では、東ヨルダン地域とカナァン人の都市国家とを併合してユダとイスラエルとの領土的統一を達成し、これらの領土をダビデの版図に編入することによって、全イスラエルはイェルサレムを拠点に民族国家から領土国家に移行した。

旧約聖書詩篇の伝えによれば、ダビデには多彩な音楽の才能が備わっていた。

ソロモンの治世

ダビデには十八人の妻妾《さいしょう》たちとの間に生まれた子どもが約二十人いたが、病死した王子を除くと、ダビデの愛妻バトシェバの子ソロモンには少なくともアムノン、アブシャロム、アドニヤという三人の異母兄がいた。

ダビデの最晩年には、ヘテ人《びと》の兵士ウリヤの妻バトシェバとの不倫事件（サムエル記下一一～一二）に続いて、王位継承をめぐって近親相剋《そうこく》という悲劇的事件が起こった。結局、臨終の床に臥《ふ》したダビデによって、愛妻バトシェバの第二子（第一子は生後七日目に歿《ほっ》）、ソロモン（ヘブライ語でシュロモ）が王位継承者に指名された。

バトシェバは、宮廷預言者ナタン、ダビデの傭兵隊長ベナヤ、祭司ツァドクらの支持を得て、その子ソロモンをダビデの騾馬《らば》に乗せて、イェルサレムの東丘エンギホンに連れてゆき、祭司ツァドクから油注ぎを受けさせ即位の儀を執り行なった（前九六七年ころ）。ソロモンはダビデの晩年に即位して、三年間父王と共同統治した。

王位を継承したソロモンは、まず、かつて父王ダビデの存命中にソロモンの兄アドニヤを老王ダビデの許可を得ずして王位に即けようとした者たちを粛清してその統治を開始した。ダビデ王位継承史を伝える列王記上二章によると、ソロモンはダビデの第四子と、かれソロモンが王位継承者になることに反対したダビデの軍司令官ヨアブとサウル一族のひとりシムイを処刑し、祭司アビアタルをベンヤミン領アナトトへ追放した。

王位継承をめぐっては二つの党派が対立していた。一方は伝統的な党派で兄アドニヤ、ヨアブ、アビアタルらがそれであり、他方は国政の刷新を望んでいた革新的党派で、ソロモンはダビデの近衛隊司令官ベナヤ、祭司ツァドク、宮廷預言者ナタンらによって支持されていた。ソロモンの即位はイスラエル王国のカリスマ的支配（超人間的・非日常的資質をもつ者とそれに帰依する者との結合）を打ち破った王位世襲制の第一歩だった。

ソロモンは、父王ダビデの事業を継承し、その支配過程において、王国に飛躍的な物質的繁栄をもたらし、宮廷生活は父王ダビデの時代とは比較にならないほど豊かになり、対外的には外敵の攻撃から王国を守ることに成功した。加えて、近隣諸国との交易を拡げ、政略結婚を重ね、国内に物質的繁栄を確立し、王国を当時の列強に並ぶ国に育てあげた。

まず、かれは、ダビデの町を北に拡張してそこにヤハウェの神殿と宮殿の造営を行なった。神殿の造営はソロモンの生涯における特筆すべき最大の事業だった。これらの政治的展開を背景として、ソロモンがイェルサレムに神殿を造営すると、ヤハウェによってダビデ家が選ばれたこととイェルサレムが選ばれたこととは不可分であるという主張、ダビデ契約が生まれた。ヤハウェによるダビデとイェルサレムの二重の選びという思想は、その後イェルサレム神殿の祭儀の中心的テーマになった（讃歌のひとつは詩篇一三二11〜18）。ダビデ王朝にとってダビデ契約はダビデ家によるイスラエルの支配を正当化するための根拠となった。ヤハウェの民《たみ》イスラエルは、ダビデ契約によりはじめて安住の地を得た。このダビデ契約が発展し、最終的には、ユダヤ教独特の信仰、メシアニズムが生まれた（石田友雄、第二章）。

ソロモンは、これら神殿や宮殿の建築工事に必要な費用を得るために、活潑《かっぱつ》な対外交易を通

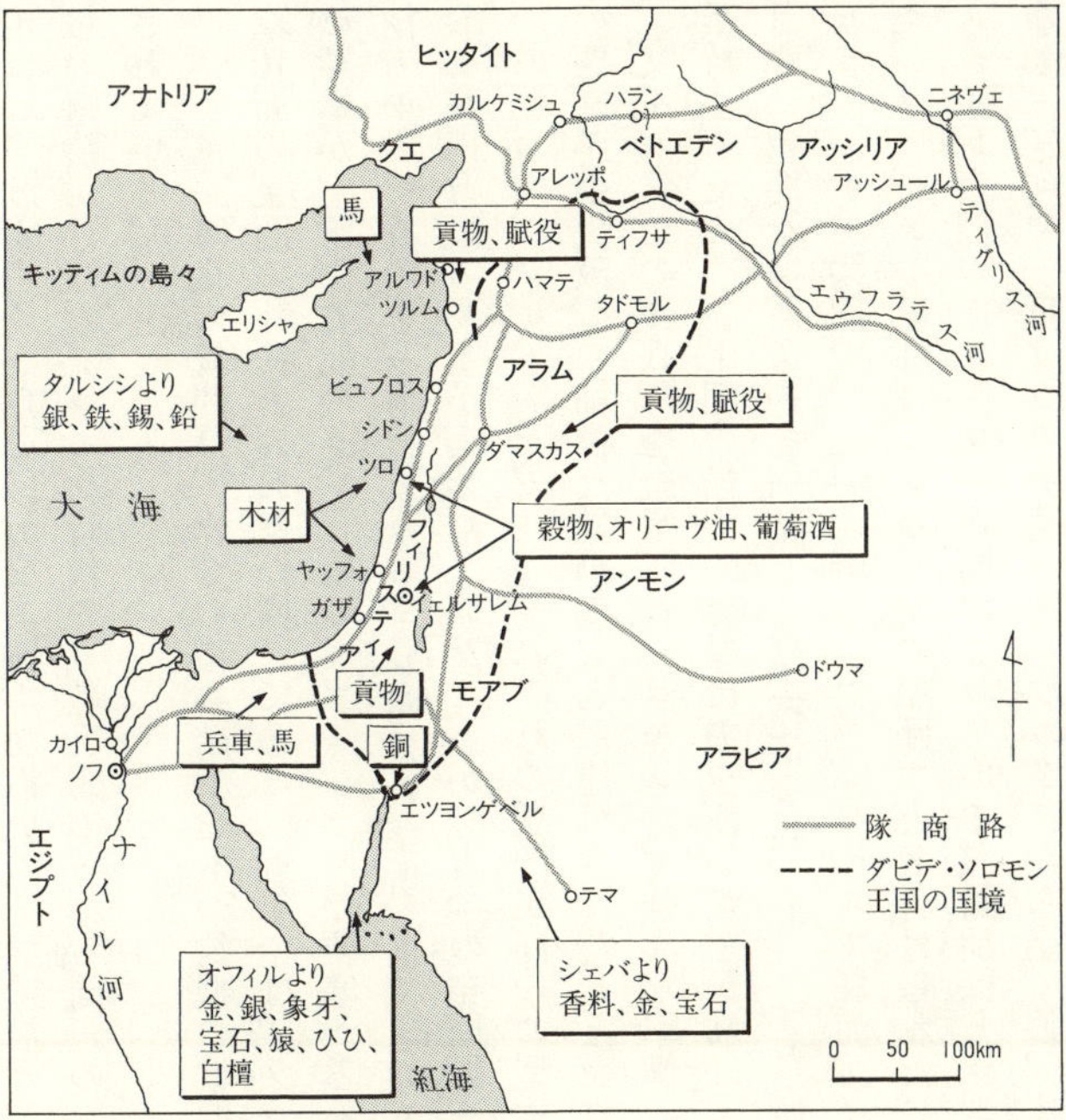

ダビデ・ソロモン時代の交易路

じて経済的発展を図り、軍備を強化して万一に備えた。次いで、広大な領土を防備するために、要害の地に要塞都市を建設し、強大な軍備を整えた。

　加えて、北方のガリラヤ北部のハツォル、その南西のイズレエル平原の南西の端にあるメギド、それにイェルサレム北西の海岸寄りの位置にあって最後まで独立を維持したカナァン人の町ゲゼルを接収し、これらの地を高度な技術を投じて堅固な都市国家に築き上げた。ハツォル、メギド、ゲゼル、これら三つの要塞都市はいずれも古くからの国際交易路「海沿いの道」に沿った軍事上の重要な拠点だった。これらの遺蹟からは、ソロモン時代のものと認められる同一のタイプの鉤型《かぎがた》の三重門の遺構が発見されている。

ソロモン時代の城門は、六つの衛兵詰所をもつ鉤型の城門となっていて、エゼキエル書四〇章10節の東門の寸法とおおむね同じである。近年では、ソロモン時代の城門と同じ型式の城門の遺構が、王国の北のダンと南のベエルシェバの要塞からも掘り起こされている。さらにまた南方のネゲヴのアラドにもソロモン時代の聖所《せいじょ》（構造と方位はイェルサレム神殿のそれと同じ）および南方国境要塞が築かれていたことが考古学の発掘調査によって明らかにされている。

ハツォル、メギド、ゲゼルのそれぞれの城門が同一の型式をもっていたことは、当時これらの要塞が中央政府の綿密な計画のもとに建設されたことを立証するものである。

父王ダビデの傭兵隊を継承したソロモンは、強大な軍備に支えられて、あるいはその軍備を維持するために、王国の経済的発展に力を注いだ。かれは、北方ティルスのヒラム一世と土木計画に重要な通商条約を締結し（列王記上五15～32）、また海洋を熟知していたフェニキア人のヒラム一世と共同で、紅海北端のエツヨンゲベルで紅海、インド洋を航行する商船団を建造した。ソロモンの船団は「タルシシの船団」と名付けられた。タルシシは「金属の精錬」の意で、スペイン南部のタルテソスと同定されている。船団はヒラム一世の船団とともに紅海交易に従事し、三年に一度アフリカ東海岸のソマリアから金、銀、象牙《ぞうげ》、猿、その他の貴重品をたくさん運んできた。当時地中海交易を独占していたヒラム一世がソロモンに対して協力を惜しまなかったのは、紅海交易によってヒラム一世自身が南方の貴重な資源を仲介業者を介さずに直接輸入することができたからである。

ソロモンは、ヒラム一世に加え、エジプトの王女との結婚を通じて外交関係を樹立した上、とくに馬と兵車をエジプトから輸入した。外国の王女との結婚は近隣諸国と締結した外交関係を維持するためのものだった。列王記上一〇章28～29節によれば、ソロモンのもとに王の御用《ごよう》達《たし》を介してエジプトとアナトリア南部のクエ（キリキア）から馬が輸入された。しかし、これらの馬は、兵車を牽《ひ》かせるために特別に調教したものだった。戦場で用いる兵車はイスラエル国内でも生産されていたから、輸入したものは実戦を目的としない儀式など王や貴族が特別の機会に使用する儀礼用もしくは奢侈《しゃし》品だった。次いで、ソロモンは兵車を牽かせる際に見栄えのする大型馬の飼育改良にも成功した。

右の列王記によれば、ソロモンはエジプトから輸入された馬一頭に対し銀百五十シェケル、兵車一輛《りょう》に対して銀六百シェケルを支払った。このなかの一部にはソロモンの王子や高官たちのものも含まれていたが、残りは御用商人の手によってシリアのアラム人やインド・ヨーロッパ系の国々の支配者のもとに売り渡された。

ソロモンはこうして得た富を、要塞都市の建設や神殿と宮殿の造営のために用いた。加えて、王国が当時の国際社会において大国として存在するためには、その組織が周囲の国々に対抗できるものでなければならなかった。そのために、父王ダビデに次いで大国エジプトの範例に倣って行政機構が整えられた（列王記上四2～6のリストは、ソロモンが王国の軍事作戦を中断して内政の充実を図りつつあったことを強調している。サムエル記下八16～18、同下二〇23～26はダビデの閣僚名簿）。

しかしながら、国有事業に必要な費用は通商から上がる収益だけでは賄いきれなくなり、徴税制度を再編成し、国土を従来の部族単位に取って代わる十二の管区（州とも）に分割して、各管区にそれぞれ腹心の代官を置いて行政事務を司《つかさど》らせた。そして各管区に一年に一箇月ずつ宮廷を維持する仕事を担当させた。支配権を中央に集中強化する政策を採ったのである。この場合、ダビデ以来のユダ族は、十二の管区から除外され、別扱いで、徴税および徴兵を免除するという特恵主義を採った。この特恵政策は、ユダ族とダビデ家との関係をますます緊密なものとしたが、国費増大のため北方諸部族の反撥《はんぱつ》を買い、続く王国の分裂に致命的な役割を果たしたのである。

コラム　国際街道

起伏に富んだカナァンには、古来、東西両文明を繋ぐメソポタミアからエジプトへ至る国際街道が発達した。街道は、沙漠の道なき道を切り拓いた文明圏を繋ぐ交易ルートで、人・物・情報・文化等々の交流の動脈だった。交易商人および軍事担当者は必要に応じて短距離・中距離・長距離交易に従事していた。

第一の街道は「海沿いの道」（イザヤ書九）と呼ばれ、後代にはラテン名「ヴィア・マリス」と呼ばれた。この街道は、エジプト・シナイ地峡を出発して、東地中海沿岸を北上し、沿岸平野南部で沿岸路と内陸路とに分かれ、シャロン平野で再び合流し、山麓に沿って北上、イズレエル峡谷の要所メギドを越えてハツォルに着く。ここでヨルダン川を渡ってダマスカスへ向かう街道と、フーレ峡谷を北上してハマテに至る街道とに分かれる。ダマスカスへの街道はタドモル（隊商都市パルミラ）のオアシスを経て中部メソポタミアへ、ハマテへの街道はアナトリアへ向かう。「海沿いの道」は、カナァンにおける人口密度のもっとも高い地帯を通っていたので、いつの時代にも古代の支配者たちの征服目標地だった。とりわけ、紀元前十世紀のソロモン時代にさかんになった国際交易にとってとくに重要な交易街道だった。

第二の街道はネゲヴの沙漠に近い東ヨルダンの山岳地帯を通る「王の道」（民数記二〇17）だった。街道の北半分は「バシャンに至る道」（民数記二一33）とも呼ばれ、南半分は遊牧民の交易路だった。この街道は、ダマスカスから東ヨルダンの山地を下ってネゲヴの沙漠からアカバ湾を通ってエジプトに抜ける街道で、現在のエイラートでアラビア半島へ下る街道と合流する。東ヨルダンの主要都市はこの沿道にあった。この街道がはじめて舗装されたのはローマの五賢帝第二代に当たるトラヤヌス帝（在位・九八〜一一七）の時代、一一一〜一一四年ころだった。当時の里程標石が百個以上発見されている。

このほかに、ネゲヴ・シナイ荒野を東西に横断してエドムとエジプトとを結ぶ街道があった。ひとつが北側の街道でボズラからカデシュバルネアで「シュルへの道」に繋がり、もうひとつが南側の街道でエイラートからエジプトに向かう「セイルの山地への道」（申命記一2）だった。その他、地域の交通に用いられていたいわゆる二級道路網が幾つもあり、これらは緊急時には国際交易隊商たちの代用路の役目を果たしていた。大小の街道網の位置決定はカナァンの地勢的・軍事的要因に基づいていた。それゆえこれらの街道は、古来、交易路のみならず軍用道路としても開かれていた。

ソロモンの治世の晩年

ソロモンの治世の晩年には、発見した考古学者の名にちなんで「C・W・ウォーレンの竪《たて》坑《こう》」と呼ばれる導水渠《どうすいきょ》がつくられた。この施設は町が攻囲されても住民が城壁の外側にある隠れた泉、ギホンの泉から水を引くことができるようにつくられたもので、イェルサレムでもっとも古い水道施設のひとつである。この竪坑の工事はその後南王国ユダの諸王に引き継がれた。

以上の断片的な諸点からも、ソロモンの治世は、諸外国に対する活潑な外交・通商関係によって特徴づけられる。しかし、天才的な父王ダビデをもったソロモンには、偉大な武将であり、優れた軍事指導者だった父王の遺産を守る才能はなかった。ソロモンの治世においてつぎの三つの政治的事件が注目される。

(1)隣国エドムが部分的に離叛《りはん》したこと。(2)シリアのダマスカスを喪失したこと――アラム人が独立を恢復《かいふく》してダマスカスに新王国を樹立したこと。以後同王国がアラム人諸王国のなかで主役を演ずる。⑶高官エフライム人ヤラベアム一世が起こした蜂起《ほうき》が失敗に終わったこと——ヤラベアム一世はダビデ契約を承認せずエジプトに亡命、数年後イスラエルに戻り、北王国イスラエルの歴史に決定的な役割を果たした。

他方、ソロモンはイェルサレムの神殿や宮殿の造営を含む一大土木工事プロジェクトを遂行するため、多額の租税を取り立てたり、厳しい強制労働を課した。ヤラベアム一世が北方諸部族から徴募された強制労働者を率いてソロモンの酷政に対して叛乱《はんらん》を起こしたのは、イェルサレムの築城工事中だった。しかし、叛乱は失敗し、ヤラベアム一世はエジプトに亡命したのであった。

ソロモン時代について特記すべきは、イスラエルにおける最初の歴史記述の成立と宮廷における知恵文学の発達である。王国の成立に伴って農民層に代わって知識階級が生まれ、かれらは、ダビデ王位継承史（サムエル記下九～二〇）や律法《トーラー》のなかのヤハウェ史料層（素材には前十二世紀～前十一世紀のものがある）のような優れた新しい歴史記述を残した。併せてヘブライ語散文はソロモン時代に古典期を迎えた。これらの新しい文学様式の発達は、当時の宮廷における新しい精神的・文化的生活と深い関わりをもっている。ダビデとソロモンが支配した二代約八十年（前一〇〇四～九二八年）は、イスラエルの文学史上もっとも壮大な黄金時代だった。

コラム　シェバの女王のイェルサレム訪問

ヨーロッパでは、古代オリエントの名高い女王として三人が挙げられている。エジプトのプトレマイオス王朝最後の女王クレオパトラ七世（在位・前五一〜前三〇）、パルミラ（アラビア語でタドモル）の女王ゼノビア（即位・後二六七ころ。クレオパトラの末裔《まつえい》だと自称したとも）、それにこれから触れるシェバの女王である。はじめの二人は歴史上の人物である。多くの人びとの心を惹く有名なシェバの女王のみは伝説の深い霧に包まれている。列王記上三章16〜28節には、人並みはずれた知恵をもったソロモン王のいわゆる大岡裁きについて誌されているが、有名なシェバの女王のソロモン王訪問の物語は、列王記上一〇章1〜13節（並行記事・歴代誌下九1〜12）に見えている。これら二つはソロモンに関する民間伝承に基づいて書かれたものと考えられている。

ソロモンの治世に、王国の物質的繁栄と王の知恵と名声とを伝え聞いて、外交関係を樹立しようと南アラビアからはるばるイェルサレムまで訪ねてきたのはシェバの女王だった。

女王については、新約聖書のマタイ福音書一二章42節およびルカ福音書一一章31節にも一部言及されている。後代のアルクルアーン第二七蟻《あり》の章にも物語の大要が伝えられている。その後、ソロモンの叡知《えいち》と女王の巨富と美とを中心とする物語が、中東全域に流布し、今日に至っている。列王記上九章に言及されていた経済的な繁栄が、遠く南アラビアまで伝えられたのであろう。この物語を題材とした貴重な芸術作品も種々の分野にわたって数多く残されている。

物語の主題はソロモン王の知恵にあるが、シェバの女王のイェルサレム訪問の目的は、ソロモン王の栄華を見聞したり、王の優れた知恵を聞いたりすることもそのひとつであったであろう。だが、当時、シリアのダマスカスから紅海沿岸までと、メソポタミアとエジプトとを繋ぐ重要な隊商路を支配していたソロモン王国の実力から考え合わせると、それは、商業上の理由、言い換えればソロモン王との外交関係を確立し、それに伴う通商関係の増進を図るのが主たる理由だったに違いない。

　隊商を率いてソロモン王を訪ねたシェバの女王の物語は、ソロモン王の交易活動とそれに伴って得た巨大な富、すなわちソロモンの栄華を生き生きと伝えている。

　アカバ湾口のエイラートは、シェバの女王がイェルサレムへ上る途中の宿営地点のひとつではなかったか。エイラート近郊にティムナ銅鉱山がある。ここティムナはソロモン時代からの鉱山で、ソロモンは同地の銅をシェバの女王との交易に使ったという。銅一に対して金三という物々交換で、現在のアカバ湾口で船積みして、南アラビアか対岸の東アフリカ海岸の近くのオフィル港まで運んで、そこで良質の金（イザヤ書一三12）と交換した。

イスラエル統一王国の分裂

　ソロモンの酷政と、その子レハベアムの北方諸部族の代表ヤラベアム一世に対する暗愚な政策とによって、統一王国は、紀元前九二八年、南のユダ族とベンヤミン族とを含む南王国（初代王レハベアム）と、北の十部族から成る北王国（初代王ヤラベアム一世）とに分裂した。北王国はエフライム山地西部のサマリア（前九世紀～前八世紀）を主な拠点としてイスラエル王国の名を継承、南王国はイェルサレムを基盤としてユダ王国となった。

北王国イスラエル

ダビデ契約を基盤としたダビデ家から離叛した北王国イスラエルにおいては、預言者を通じてヤハウェの指名と民衆の賛同とによってエフライム出身のヤラベアム一世が初代の王（在位・前九二八～九〇七）に選ばれた。

ヤラベアム一世は、ダビデ家が支配するイェルサレム神殿に対抗して、ベテル（ベンヤミン族の所領）とダン（ダン族の所領。イスラエル最古の聖所の所在地）に王国の聖所を建立し、両聖所に金《きん》の子牛像を安置した。これはヤハウェの足台だったが、イェルサレム神殿の立場に立つ聖書記者はこれを偶像礼拝であると断定して厳しく批難した。

ヤラベアム一世は、ソロモンとは異なり、ひとつの永続的王都を建てることはしなかった。かれは、居所を最初は北方イスラエルの中心に位置しかつヤハウェ宗教ゆかりの伝統をもつ町シケムに置き、次いで戦略上の配慮からヨルダン川東のペヌエルに退いた。これはヤラベアム一世の領地へのエジプト第二十二王朝のファラオ・シェションク一世（在位・前九四六／九四五～九二五／九二四）の侵略と無関係ではなかった。最後に、カナァン人の町で部族組織のなかに編入されていなかったティルツァに遷した。同地を北王国イスラエルの首都に選んだのは、かつてダビデがイェルサレムを首都としたのにならって、北方諸部族間の確執を避けるためだった。ヤラベアム家は僅《わず》か二代で滅びた。

分裂両王国の推移

南北に分裂したユダ・イスラエル両王国は、周囲の列強アッシリアとエジプトとにその安全を脅かされながら、それぞれ独自の道を選んだ。分裂後の南北の部族間の反目はさらに尖鋭《せんえい》化し、以後五十年間、内戦状態が続いた。これによって漁夫の利を得たのは列強諸国だけだった。その後、相互に結束することもあったが、しばしば敵対し北王国イスラエルが勝利を収めたこともあった。ソロモン歿後の失われた南北統一王国の領土恢復の試みは、北王国イスラエル滅亡後の南王国ユダの王ヒゼキヤの曾孫《そうそん》ヨシヤ（在位・前六四〇／六三九～六〇九）の時代まで俟たなければならなかった。

この間、近隣東ヨルダンのアンモン、モアブ、エドムの諸国が離叛・独立した。これによって南北ユダ・イスラエル両王国はそれぞれ経済的に大きな打撃を蒙《こうむ》った。イェルサレムの宮廷にはなお経済的な蓄えが保有されていたため、南王国ユダよりも北王国イスラエルのほうが影響が大きかった。人口と自然資源は、ベンヤミン領以北の北方全体を占めた北王国イスラエルのほうが南王国ユダよりもはるかに勝っていた。

これに対して、南王国ユダは、北王国イスラエルに較べて、農耕に適する土地が少なく、その経済構造は家畜飼育に大きく依存していたが、イェルサレムを基盤とした政治的・宗教的中心をもち、かつ強力なダビデ王朝に支えられたゆえに、四百年余りの安定した王位継承が行なわれた。

例えば、南王国ユダの諸王のなかにはアサ（語源不明。「与えるひと」「いやすひと」の意か。在位・前九〇八～八六七）の四十一年間、ヨシャファト（「ヤハウェは裁き給うた」の意。在位・前八六七～八四六）の二十一年間、ウズィヤ（別名アザリヤ。ウズィヤは「ヤハウェはわが力」の意、アザリヤは「ヤハウェは助け給うた」の意。在位・前七八五～七三三）の五十二年間という長い治世が見られる。

他方、北王国イスラエルでは、内戦期に七人の王が交替した。すなわち、(1)ヤラベアム一世（「〔神は〕寛大である」の意、「民は増す」の意。在位・前九二八～九〇七）、(2)ヤラベアムの子ナダブ（「民は増す」の意。在位・前九〇七～九〇六）、統治二年にしてバアシャーに殺害される、(3)ナダブの殺害者バアシャー（「バアルは太陽である」の意。在位・前九〇六～八八三）、(4)かれの子エラ（「樫《かし》の木」「テレビンの木」の意。在位・前八八三～八八二）、二年間父王の跡を継いだのち、ズィムリに殺害される、(5)ズィムリ（「かもしか」の意。在位・前八八二）は、王位にあること僅か七日間で自害する、(6)オムリ（「ヤハウェの礼拝者」の意。在位・前八八二～八七一）、最後に、(7)オムリの子アハブ（「父の兄弟」の意。在位・前八七一～八五二）が継いだ。

かれらは、預言者の側からの招聘《しょうへい》や指名によったり（バアシャー）、世襲によったり（ナダブ、エラ、アハブ）、ときには簒奪《さんだつ》によって（ズィムリ、オムリ）それぞれ王位に即いた。北王国イスラエルが滅亡するまでの約二百年の間に九つもの王朝が交替し革命を重ねたのは、分裂当初からヤハウェ宗教の支持を失ったからだった。預言者たちは、相次ぐ王朝の交替のなかで、国家の外交政策と同胞の異教化に対する批判者として登場したのである。

南王国ユダのヨシャファトはソロモン時代以後、イェルサレムをもっとも活気づけその地位を高めた人物として知られている。その治世中に南北両王国および近隣諸国との関係、内政および祭儀構造に大きな変化が起こった。南北両王国の同盟は、南王国ユダの王ヨシャファトの子イェホラムと北王国イスラエル王のオムリの娘、アハブの姉妹（アハブの娘とも）アタリヤとの結婚によって強化された。ヨシャファトがイェルサレムで建設事業を行なったことについては何も伝えられていないが、町そのものは二世代にわたって失われていた活気を取り戻した。その後イェルサレムはヨシャファトの三人の後継者のもとで衰頽期を迎えるが、曾孫ヨアシュ（在位・前八三六〜七九八）のもとで繁栄を取り戻し、はじめて神殿の広汎《こうはん》な修復を行なった。次いで、アマツィア（在位・前七九八〜七六九）の子ウズィヤは統一王国分裂後最大のイェルサレムの防禦工事を行なった。イェルサレムはウズィヤの五十年余の間に、偉大な繁栄の時代を経験したのである。

ウズィヤの広汎な活躍については歴代誌下二六章に誌されている。当時のイェルサレムの町の外観や生活様式の一端については、ウズィヤ時代に活躍した偉大な預言者たち、イザヤ、アモス、ホセアの書に言及されている。

紀元前九世紀前半、北王国イスラエルの王オムリは王都をサマリア（ショムロン）に遷す一方、南王国ユダと和解し、フェニキアと通商条約を締結して政治的安定と経済的繁栄をもたらした。アッシリア側の史料は、オムリ家が滅亡したのちも、北王国を「フムリの家」と呼んでいる。またオムリの子アハブは、シリア・パレスティナ地方において当時最大の兵車隊をもっていた。他方、アハブの王妃イゼベルが北王国イスラエルにもたらしたフェニキアの神バアル礼拝に対して激しい抵抗運動が起こった。預言者エリヤと預言者エリシャの指導のもとにイェフー（在位・前八四二～八一四）がヤハウェ宗教革命を起こし、オムリ家を倒した（前八四二年）。

イェフー家の支配は約一世紀続いた。紀元前八世紀中葉には、かつてのダビデ・ソロモン時代にも匹敵する版図を恢復し、繁栄を達成したが、まもなくアッシリアの侵略によって無政府状態に陥った。預言者アモスは当時の社会層の分裂を伝えている。王都サマリアは、アッシリア王ティグラトピレセル三世（在位・前七四四～七二七）の子で後継者のシャルマネセル五世（在位・前七二六～七二二）に包囲され、二年余抵抗したが、紀元前七二二／七二一年に陥落した。その直後シャルマネセル五世は歿し、サルゴン二世（在位・前七二二～七〇五）が跡を継いだ。このサルゴン二世は、生き残った数万のイスラエル人を上《かみ》メソポタミアとメディアに捕らえ移した。代わってアッシリア帝国各地から捕らえられてきた雑多な民族がサマリアに植民させられ、北王国イスラエルは滅亡した。

南王国ユダ単立時代（前七二一〜五八七年）

南王国ユダの歴代の諸王は、イェルサレムの防備強化と神殿の修復工事に努めた。ヨシャファト（歴代誌下一九）、ヨアシュ（列王記下一二）、ウズィヤとその子ヨタム、および執政ヨラム（歴代誌下二六〜二七）の努力が注目される。

次いでアッシリアの属王になることに甘んじていたアハズ（「かれ〔ヤハウェ〕は捕らえ給えり」の意。在位・前七四三〜七二七）の王位を継いだのは、若き王子ヒゼキヤ（「ヤハウェは強め給う」の意）だった。ヒゼキヤの治世に北王国イスラエルに新しい局面が展開した。アッシリア軍による北王国イスラエルの王都サマリア陥落・滅亡がそれだった。同地の住民の多くはイェルサレムに逃れた。ヒゼキヤは、父王アハズと同じように、アッシリアに対する叛乱計画に加わらなかったため、アハズの治世の末期からヒゼキヤの治世の大部分は善政によって平和な安定した時代が続いた。加えて経済的にも自立することができた。

ヒゼキヤはまた南部、とくにネゲヴ国境の拡大にも成功を収めた。アッシリアになおも貢ぎ物を上納していた南王国ユダは、アッシリアとエジプトとの間に位置する国々のなかで、両大国にとってもっとも重要な国となった。このころ、紀元前七一二年には、エジプトではシャバカがテフナクト一世の子ボッコリスを殺害し、メンフィス（現在のミートラヒーナ）に都してエジプト全土を征服、第二十五王朝（〜前六五五年。クシュ王朝）を樹立した。

ヒゼキヤは、その治世の後半に、東地中海沿岸寄りのフィリスティア平野とエジプトへ通じる街道をめぐるエジプトとアッシリアとの間の闘争に捲《ま》き込まれた。アッシリアの属王ヒゼキヤは、サルゴン二世に次いでその子センナケリブ（在位・前七〇四〜六八一）が王位に即くや、バビロニアのほぼ全域に拡がった反アッシリア運動と呼応して、年々納めていた貢ぎ物を停止し、独立を守るために反アッシリア政策を採り始めたエジプトと提携した。ここに南王国ユダは大規模な反アッシリア運動に関わることになったのである。この間、センナケリブは南方へ前進していた。

サルゴン二世に対して貢ぎ物としてイェルサレム神殿の装飾までも贈り届けていたヒゼキヤは、反アッシリア同盟を締結して対決を先送りにできたとしても、結局イェルサレムは攻め落とされることを予知していた。そこでかれは、アッシリア軍による長期間のイェルサレム包囲に備えて、イェルサレムの城壁（前七〇二年ころ築造）を固め、食糧を蓄え、水源確保のため、ギホンの泉とシロアハの池との間に地下トンネル（隧道《ずいどう》）を開鑿《かいさく》して、生活用水を城内まで導き入れることに力を注いだ（前七〇五〜七〇一年）。そしてエジプト第二十五王朝の王シャバカ（在位・前七一三〜六九八）の積極的援助に頼りつつ、反アッシリア同盟の結成を呼び掛けた。トンネル掘鑿はアッシリア軍に対するヒゼキヤのもっとも注目に値する防禦策だった。これによって町を包囲された場合でも十分な生活用水を供給できたのである。他方、センナケリブの野営包囲軍にとっては水源を利用できないことは糧道を絶たれたに等しかった。

センナケリブは、紀元前七〇二年にバビロンを平定するまで、ヒゼキヤの叛乱に対処できなかった。翌紀元前七〇一年の春、センナケリブは大軍を率いてフェニキアの海岸沿いに進軍した。

　同時代の碑文、センナケリブの年代記はその後に起こった事件を詳しく描写している。列王記下一八章から同下二〇章までや歴代誌下三二章には、ヒゼキヤ王の治世第十四年（前七〇一年ころ）にアッシリア軍の大軍がイェルサレムに押し寄せてきたことが誌されている。

　アッシリア軍の包囲に備えて水を確保すると同時に水源と水を与えないようにする計画を考案したヒゼキヤは、イェルサレムの防備を強化し、軍隊と予備兵を再編成して、敵軍の襲来に備える一方、おそらくその治世のややのちの時代に、預言者ミカの言葉によって心を動かされ、前代に出現した混淆宗教の習俗を廃し、祭儀改革を断行した。そして「イスラエルの神、主《しゅ》」の名によって、イェルサレム神殿を修復し、その祭儀を浄化して、神殿をヤハウェ宗教の唯一正統な礼拝の場に高めた。

　結局、イェルサレムは、紀元前七〇

ヒゼキヤのトンネル（全長約530メートル）(D. J. Wiseman, *Illustrations from Biblical Archaeology, 2nd ed.*, 1963, p.61.)

一年、イェルサレムとその周辺を除く南王国ユダの堅固な町々を占領した強敵アッシリアの包囲に抵抗して奇蹟的に生き残った。

アハズの後継者ヒゼキヤが、エジプトと同盟を結んでアッシリアに叛乱を企てたとき、ヒゼキヤは王室預言者イザヤに相談した。預言者イザヤの勧告が民を奮起させ、かれらに抵抗の決意を固めさせてイェルサレムの危機を救ったのである（イザヤ書三七）。

首都イェルサレムを占領できなかったとはいえ、いずれにせよ、センナケリブの来寇《らいこう》は、南王国ユダの大部分を破壊し、イェルサレムに大きな禍《わざわい》をもたらした。南王国ユダの町々の多くはアッシリア軍に奪われ廃墟と化し、住民の多くがアッシリアに捕らえ移され——さきのセンナケリブの記録によれば、老若男女二十万百五十人——、僅かにイェルサレムとその周辺だけが残され、神殿都市イェルサレムの地位は強化された。

ヒゼキヤ以後

イェルサレムは、水路ヒゼキヤのトンネルによって一世紀余りの間外敵の攻撃に耐え抜いた。以後南王国ユダが滅亡するまでの間、民族の遺産の収集と律法《トーラー》の再解釈が開始された。

イェルサレムの歴史において、もうひとつの局面はヒゼキヤの子メナシェの治世（在位・前六九八～六四二）の終わり近くに始まった。歴代誌下三三章によれば、かれはアッシリアに属王として忠実に仕え、アッシリアの庇護《ひご》のもとに王国の自治権を認められ、異教祭儀をイェルサレム神殿に導入、のちアッシリアに背いて捕らえられた。この間、イェルサレムの防備を固め、砦《とりで》を強化し、新しい外壁を築いた。しかし南王国ユダがアッシリアの軛《くびき》から逃れ、経済的復興を成し遂げ最盛期を迎えたのはメナシェの孫、アモン（在位・前六四一〜六四〇）の子ヨシヤの治世（在位・前六四〇／六三九〜六〇九）だった。この時代の要塞都市イェルサレムは現在の旧市街の大部分を占め、テュロペオン峡谷（「チーズ製造者たちの峡谷」の意）のマハテシュとダビデの町の西の丘のミシュネと呼ばれる新しい住宅街と商業地区をも含んでいた。西の丘における近年の発掘調査は、町が西方向に発展していった様相を示している。

ヨシヤの治世第十八年（前六二二年）に、イェルサレム神殿修復中に一巻の巻物「律法《トーラー》の書」（申命記の一部）が発見された。ヨシヤは、これに基づいて神殿への祭儀を集中し、次いで宗教改革をさらに徹底してヤハウェ祭儀の純化を推進した。これに伴ってダビデ家の系譜を恢復するとともに、ソロモン時代に神殿に仕えていた大祭司《だいさいし》職ツァドク家の地位も恢復させたことは特筆に値する。

列王記下二三章29節によれば、ヨシヤの治世に、エジプト第二十六王朝の王、ファラオ・ネコ二世（在位・前六一〇〜五九五）が、アッシリアの最後の王アッシュル・ウバリト二世（在位・前六一一〜六〇九）を援《たす》けるためにエウフラテス河畔のカルケミシュを目指して攻め上った。ヨシヤは、ネコ二世のエジプト軍を、今や再統一されて南王国ユダ領の一部となっていた、エジプトと北方とを繋ぐ街道に位置するメギド近郊で遮ろうと試みたが、緒戦で深傷《ふかで》を負い、志半ばにして陣歿した。紀元前六〇九年の夏のことだった。
なぜヨシヤがエジプト軍の進撃路を遮断しようとしたのかは依然謎に包まれている。エジプトのパレスティナ再支配を阻止しようとしたのであろうか。

イェルサレム陥落（前五八六年）

紀元前七世紀後半、東方世界において注目すべき出来事が起こった。アッシリア帝国の没落・崩壊と、それに伴うエウフラテス河からシナイ半島までの相続権をめぐる新バビロニアとエジプトとの間の熾烈な覇権争いがそれである。そしてこの時代には列強諸国間の闘争の過程で国際政治の舞台の再編成が行なわれた。

紀元前六〇九年のメギドの戦いから紀元前五八六年に滅亡するまでの南王国ユダの二十三年間の歴史は、南王国ユダの歴史のなかでもっとも豊富な文字史料によって跡付けられている。南王国ユダは、この緊張した期間の大部分、新バビロニアの宗主権のもとにあって、国際的陰謀に屈服する結果となった。

メギドの戦いの後、エジプト王ネコ二世は、みずからの手で、ヨシヤの子イェホアハズ（在位・前六〇九）に代わり、ヨシヤの別の一子エリヤキム（「神は確立し給う」の意）を王とし、その名をイェホヤキム（「ヤハウェは起こし給う」の意。在位・前六〇九～五九八）と改名させた。イェホヤキムはまぎれもなくユダ風の名であるが、ネコ二世による改名は明らかにネコ二世の属王としての新しい身分を特徴づけるものだった。傀儡《かいらい》王イェホヤキムは、南王国ユダの領土内で土地を所有して軍事的・政治的権利を与えられていたアム・ハアーレッ（「地《ち》の民《たみ》」の意。自由民）を弾圧して、エジプトに対する忠誠の証《あかし》とした。

イェホヤキムの短い治世の最初の三年間はエジプトの支配に服した。次いで治世の第四年（前六〇五年）に、新バビロニア王ナボポラッサル（在位・前六二五〜六〇五）の嗣子、軍司令官ネブカドネツァル二世は、エジプト軍をまずエウフラテス河上流のカルケミシュで討ち破り、その後ハマテで撃破した。一年後、同二世は、南下してアシュケロンを征服、エジプトの川（現在のワーディー・アルアリーシュ）に到着、エジプト軍を南方まで追撃した。ネブカドネツァル二世は、戦いの直後、父王の跡を継いでバビロン王（在位・前六〇四〜五六二）となり、バビロンを再興した。南王国ユダの独立は二十年足らずで終わり、ユダは再び新バビロニアの属国となった。

このような境遇のなかでイェホヤキムは、エジプトの援助を借りてでも新バビロニアの軛から自由になることを強く望んだ。次いでかれイェホヤキムは軍隊をイェルサレム近郊に駐屯させることを意図して、イェルサレム南郊のベトハケレム（現在のラマトラヘル）に壮大な宮殿を建てた。しかるにかれは、この宮殿建設のために強制労働を強いたためユダ人《びと》から怨《うら》みを買った。隷属三年後、フィリスティア南部におけるエジプトとの戦いに新バビロニアが敗れたのに刺激されて、ネブカドネツァル二世に対して、それまで贈っていた属王としての貢ぎ物を停止して、叛乱を宣言した。

三年がかりで軍備を整えたネブカドネツァル二世は、再び西方遠征を開始し、イェルサレムに攻め上った。紀元前五九八年、王がイェルサレムに到着する直前に、イェホヤキムは歿した。殺害されたのかもしれない。

その跡を継いだのが、かれイェホヤキムの子、十八歳のコニヤフ（イェホヤキン。コニヤフは「ヤハウェは堅くし給う」、イェホヤキンは「ヤハウェは完成し給う」の意）だったが、即位三箇月後、紀元前五九七年の春、イェルサレムが包囲されると、それを潰滅《かいめつ》から救うために、王コニヤフみずから新バビロニアの軍門に降《くだ》った。ネブカドネツァル二世は、若き王子イェホヤキンと、その王母、王妃、王子、廷臣、軍人、工匠など、イェルサレムの指導層を主体とするユダ人《びと》およそ一万人をバビロニアへ捕らえ移した（列王記下二四8以下）。かれらはグループごとにバビロニアへ移送された（エレミヤ書五二28以下）。この数は、家長の数であったのか、捕囚民の総数であったのかは明らかでない。これが第一回バビロニア捕囚と呼ばれる出来事である（前五九七年）。

イェルサレム陥落は、ネブカドネツァル二世のバビロニア年代記に短く描写されている。

ネブカドネツァル二世は、ユダ人の心情を考慮して、イェホヤキンの叔父で、十一年前にエジプト王によって廃位させられたイェホアハズの実弟マッタニヤをユダの王位に即け、ツェデキヤ（「ヤハウェは正義である」の意。在位・前五九六～五八六）と改名させた。ツェデキヤは南王国ユダ最後の王となった。二十歳で王座に即いた傀儡王は、しばしの間、バビロンへの忠誠を保持していた。

紀元前五八九年、ツェデキヤは新バビロニアに対する新たな叛乱に捲き込まれた。しかし、ネブカドネツァル二世の討伐遠征隊が接近したとき、弱小南王国ユダは強大な遠征隊に単独で立ち向かうことを放棄した。ユダの町々は次つぎに破壊された。最後にイェルサレムが攻囲されたのである。

折しも、エジプト軍接近の噂《うわさ》が流れてイェルサレム攻囲は一時解かれたが、攻囲はすぐに再開された。イェルサレムに籠城《ろうじょう》した人びとは、王ツェデキヤにも預言者エレミヤの言葉にも聞きしたがうことを拒み、半年以上にわたって頑強に徹底抗戦を続けた。食糧が尽き、水が欠乏し、城壁が破壊され、すべての家屋とともに宮殿も神殿も焼き払われ、紀元前五八六年の夏、イェルサレムは遂に北側の防壁が突き崩され陥落した。

南王国ユダは、北王国イスラエル滅亡から百三十六年後の紀元前五八六年、新バビロニア軍によるソロモンが建立したヤハウェの神殿およびイェルサレムの破壊陥落をもって滅亡、四百年続いたダビデ王朝の支配はここに断絶した。

第一神殿時代のイェルサレムの地理的範囲は、同時代の共同墓地（埋葬穴）の残存位置からも確認されている。キドロン峡谷の東側のシロアハ村、神殿の丘の南西のスルタンの池の近く（スルタンは十一世紀以後イスラーム王朝の支配者の称号）、およびダマスカス門の北で掘り起こされた共同墓地がそれである。共同墓地が広く分散していたことから判断すると、イェルサレムは紀元前五八六年の神殿破壊に先立つ二世紀の間に相当拡張されたに違いない。

バビロニア捕囚時代（前五八六〜五三八年）

紀元前五八六年夏のイェルサレム包囲・落城を機に、南王国ユダとイェルサレムの住民がバビロニアへ捕らえ移された捕囚から、紀元前五三八年のペルシア王キュロス二世の捕囚民解放令により、捕囚民の一団がユダの首長シェシバツァルの指揮のもとに祖国イェルサレムに帰還するまでの期間をバビロニア捕囚時代と呼んでいる。

イェルサレム落城直後、ツェデキヤは近衛兵とともに夜陰に乗じて市街を脱出したが、イェリコの平野で捕らえられた。属王の誓いを破ったツェデキヤは、残虐な刑罰を受け、両眼をえぐり取られ、鎖に繋がれてバビロンへ引いて行かれた。イェルサレムの住民の多くも神殿の炎上・破壊、南王国ユダの滅亡にともない捕らえ移された。第二回バビロニア捕囚である。

破壊された南王国ユダはバビロン／新バビロニアの属州となった。新バビロニアは、アッシリア型の行政を継承したが、かつて北王国イスラエルの首都サマリア征服の際にアッシリア人によって行なわれたように、強制的に捕囚民を交換して征服地に異邦人を移住させる捕囚政策は採らなかった。バビロニアへ連行しただけだった。

エレミヤ書五二章30節は、イェルサレム陥落後、ネブカドネツァル二世によって南王国ユダに残った少数の者を統治するために知事に任命されたユダの高官ゲダリヤがダビデ家出身のイシュマエルの奸計《かんけい》にかかって殺害されたのち、紀元前五八二年に、七百四十五人がもう一度バビロニアへ捕らえ移されたことを附記している。これが第三回バビロニア捕囚である。

前後三回にわたってバビロニアへ捕らえ移された捕囚民の大部分は、ニップルおよびバビロン近郊を流れるケバル川流域の各地に植民させられた。エズラ記二章、ネヘミヤ記七章によれば、捕囚民は家族単位のコミュニティーを保持していた。イェルサレムに対する望郷の念は捕囚民の心のなかで生き続けていたのである（詩篇一三七篇）。

バビロニア捕囚はユダ人《びと》の離散の始まりだった。南王国ユダの中核層を形づくっていた貴族、祭司、軍人、工匠などが二次あるいは三次にわたってバビロニアへ捕らえ移され、ニップルおよびケバル川沿いに定着し（前五九七年、前五八六年、前五八二年）、民族の将来に失意と懐疑の念を抱きつつも、ある者は農業に、ある者はネブカドネツァル二世の建設事業に——運河の掘鑿、道路の敷設、石材・木材などの運搬、城壁の築造など——、またある者は経験や技術に応じてそれぞれの仕事に従事させられた。捕囚はユダ人にとって民族絶滅の一大試練だった。捕囚民は、捕囚時代を通じて、神に選ばれた民族としていかに生きるべきかを真剣に問い続け、その結果、新しい民族、ユダヤ民族に生まれ変わっていった。かれらは半世紀の間に捕囚民は種々の苦難に直面しつつ異郷バビロニアの文化に接し、それを摂取しながら、かつて紀元前八世紀にアッシリアに捕囚として連れ去られて行った北王国イスラエルの住民とは異なって、へブライ語聖書の根幹となった諸文書の集成を成し遂げ、帰還後は、祖国イェルサレムにおけるユダヤ人コミュニティー恢復の原動力となった。

その後捕囚民は約半世紀の苦難を通して、古代イスラエルの宗教的遺産を民族存続の基本原理とする民族的・宗教的共同体ユダヤ教団の基礎をつくり上げた。

捕囚民は、預言者エレミヤの勧告（エレミヤ書三一）や預言者エゼキエルの民族再生の幻の預言（エゼキエル書三七）などに励まされて、故国に帰還できる日が来るまで、民族の精神的・宗教的遺産を守り続ける決意を新たにした。しかし、民族共同体持続の重要な枠組みをなしていた王国と神殿祭儀を失った捕囚民は新しい枠組みを何に求めたであろうか。かれらはそれを、民族の伝統的慣習を遵守する日常生活に求めなければならなかったのである。

この間、捕囚民の間で多様な伝承からなる律法《トーラー》の収集が行なわれ、律法を定期的に学習する制度が発達した。これがシナゴーグ（ギリシア語でシナゴーゲー、原意は「集会所」。ヘブライ語でベイト・クネセット）と呼ばれるユダヤ教独自の集会所の始まりである。シナゴーグにおいては律法の学習とコミュニティーの勤行《ごんぎょう》が行なわれた。第二神殿時代のユダヤ教団が発展させた制度のなかで、後代にもっとも大きな影響を及ぼしたものはシナゴーグだった。

故国の廃墟のなかに立たされた帰還民は、預言者ハガイや預言者ゼカリヤの励ましと、ユダの首長シェシバツァルの指揮のもとに幾多の困難や妨害に打ち克《か》って神殿再建に着手した（前五一五年竣工《しゅんこう》）が、ダビデ王朝を再興することはできなかった。

第4章　第二神殿時代

——紀元前538～紀元後70年

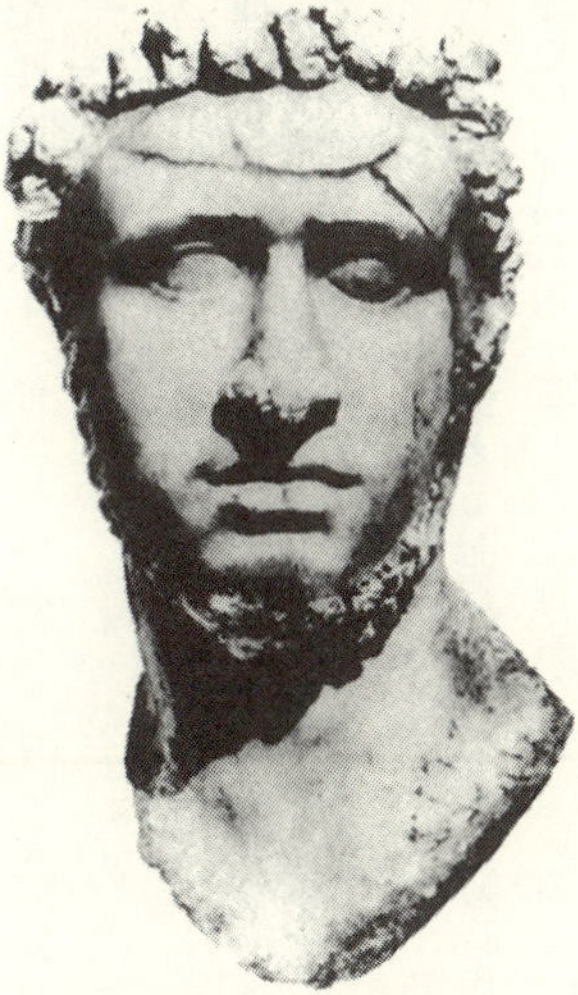

伝ヘロデ像（M. Avi-Yonah, ed., *A History of the Holy Land*, 1969, p.136.）

第二神殿時代の時期区分

第二神殿時代は、紀元前五三八年、世界の中心バビロンを開城したペルシア王キュロス二世（在位・前五五九〜五三〇）。自称「アンシャンとパールサの王」）のバビロニア捕囚民に対する祖国帰還許可勅令の発布から、紀元後七〇年、ローマ皇帝ウェスパシアヌス（在位・六九〜七九）の子ティトゥスの指揮するローマ軍による第二神殿破壊までの約六百年間を指す。我が国では縄文時代晩期から弥生時代前期に当たる。この時期は、エズラ・ネヘミヤ時代、ハスモン家時代に大別される。

バビロニア捕囚時代のユダの歴史を伝える記録は、第一神殿時代のそれとは対照的に、ほとんど残っていない。また帰還時代の一貫した記録も欠けている。

キュロス二世の勅令の発布からイェルサレム第二神殿の竣工（前五一五年）までと、バビロニアから帰還したユダヤ人コミュニティーの有力な指導者のひとりエズラの登場（前四五八年）から、ペルシア王アルタクセルクセス一世（在位・前四六四〜四二四）の献酌官だったネヘミヤがユダヤ州の知事職を終了するまで（前四三〇年ころ）の二つの時期については、旧約聖書のなかに若干の言及がある。また同時代の碑文を含む考古史料が幾らか出土している。これらはとくに重要である。

続くペルシア支配下のユダヤ人の歴史の後半については、紀元一世紀のユダヤ人歴史家フラウィウス・ヨセフス（三七／三八～一〇〇以後）の『ユダヤ古代誌』、それにヘレニズム、ローマ、ビザンツ時代の歴史家たちが遺している伝聞による著作断片などに二次的ではあるが重要な情報が含まれている。

第二神殿の竣工

紀元前五三八年、捕囚民ユダヤ人は、新バビロニアを征服したアケメネス朝ペルシアの創始者キュロス二世によって解放され、故国イェルサレムへの帰還が許された。

キュロス二世の帰還許可勅令は、捕囚民に限りない希望を与えた（エズラ記一２以下に神殿再建許可勅令の一部が保存されている）。勅令発布のその年に帰還民第一団が組織された。かれらは「ユダの君《きみ》」という名誉称号を与えられたシェシバツァルの指導のもとに、祖国イェルサレムに戻った。「ツィオン帰還（シオン帰還とも）」である。シェシバツァルは属州ユダヤの初代総督（知事）に任命された。かれは紀元前五九七年の第一回捕囚の際に指導者層とともに連行されたユダの青年王イェホヤキンの子だったという。とすれば、かれは正統な王位相続者だった。次いでシェシバツァルの甥で、イェホヤキンの孫ゼルバベル（「バビロンの種」すなわち「バビロン生まれ」の意。バビロニア名）が第二代総督に任ぜられた。

帰還民は、廃墟と化したかつての神殿の丘に仮の新しい祭壇を築き、そこに燔祭《はんさい》（生け贄《いにえ》の動物の供え物）をささげ、神殿祭儀を再開した。次いで歓喜のなかで神殿の土台を据えた（エズラ記三8〜10）。しかるに神殿の再建工事は敵対者の妨害によって二十年間中断され、アケメネス朝第三代王ダレイオス一世（在位・前五二二〜四八六）の治世の第二年にまで及んだ（エズラ記四）。

神殿の再建工事は、紀元前五二〇年に再開された。ダレイオス一世は神殿再建を支援したが、属州ユダヤの独立は認めなかった。このとき、預言者ハガイと預言者ゼカリヤは、総督ゼルバベルと大祭司イェシュアとその民《たみ》、帰還民に神殿再建完成を急ぐよう督励した。帰還民は気を引き立てて神殿再建作業を進めた。ダレイオス一世の即位から六年後、治世第六年ユダヤ教暦アダール月二十三日、紀元前五一五年三月十二日に、イェルサレム神殿は竣工した。

帰還民は喜び祝いつつ神殿の奉献を行ない、過越《すぎこし》の生け贄を屠《ほふ》った（エズラ記六19〜20）。この神殿を、紀元前十世紀にソロモンが建立した（第一）神殿に対して、「第二神殿」と呼ぶ。別名ゼルバベルの神殿とも呼ばれる。神殿が竣工したときに、ゼルバベルはすでにイェルサレムにいなかった。解任されバビロンに召還されたのかもしれない。

第二神殿は、宮殿、裁判の間、兵舎、武器庫などの建造物に囲い込まれていた第一神殿に較べると規模も小さく、装飾も少なく、見劣りするものだった。しかし、神殿は高台の廃墟のなかに建てられた建造物だったため、イェルサレムに住むユダヤ人の崇敬の的《まと》となったに違いない。

第二神殿の再建は、新バビロニア王ネブカドネツァル二世がソロモンの神殿（第一神殿）を破壊した紀元前五八六年から数えて、ちょうど七十一年目に当たる。この年数は、七十年の苦難が続くと預言した預言者エレミヤの預言（エレミヤ書二五11）と符合し、神殿の再建は、神の怒りの時代の終結と神の新しい恵みの時代の開始の象徴となったことを意味する。

第二神殿の竣工から紀元前五世紀中葉にエズラとネヘミヤが帰還するまでの半世紀以上の期間についての記録は何も残っていない。総督ゼルバベルのその後の消息についても不明である。

ラビのユダヤ教時代の出発点

イェルサレムにおいては、第二神殿の再建を機に、捕囚民が育成したユダヤ人神政共同体が確立された。以後、イェルサレムは、第二神殿時代を通じて、バビロニア、エジプト、その他の地域に住む離散ユダヤ人をヤハウェ信仰によって結びつける拠点となった。これが厳密な意味でユダヤ教徒と呼ぶ民族集団・信仰集団の始まりである。

紀元前五世紀中葉、アケメネス朝の君主アルタクセルクセス一世の治世第七年（前四五八年）五月に、ユダヤを含むエウフラテス河西部の住民に神の律法と王の法律を教える公務を託され、モーセの律法を携えて、バビロニアからイェルサレムへ到着したのが書記官（律法学者）エズラ（イェルサレム共同体の説得に失敗して、いったん引き揚げるも、再訪）だった。次いで、エズラがイェルサレムを去ってから十三年後（前四四五年）にユダヤ州知事としてネヘミヤがイェルサレムに着任した。かれらエズラとネヘミヤが着手したユダヤ人共同体の社会改革は、ユダヤ教史の上では、古代イスラエルの信仰（ヤハウェ信仰）の継承者として成立した「ラビのユダヤ教」時代の出発点となった（石田友雄、第三章）。

イェルサレムを再訪したエズラは、バビロニアから携えてきたモーセの律法を、水の門の前の広場に集まった群衆の面前で朗読し、その意味を解き明かす集会を開いた。かれは、「成文《せいぶん》律法」を現世に適用する方法を、同胞に教えた最初の律法学者だった。エズラ以後、ユダヤ人は、ユダヤ教団の広汎な権威に基づいて決定された「口伝《くでん》律法」をも成文律法と同等の神聖な権威ある法規と認めた。以後、およそ一千年の間に、口伝律法の解釈は幾重にも積み重ねられ、厖大なものとなった。

「成文律法」と「口伝律法」

律法《トーラー》の原意は「教え」を意味し、「教師」を意味するヘブライ語の「モーレー」と語源を同じくしている。トーラーは「成文律法」と「口伝律法」とに大別され、ともにシナイ山でモーセに啓示されたものである。

前者は文字で書かれた律法でモーセ五書もしくは聖書《タナッフ》を指し、後者は文字に誌《しる》さず代々口伝《くちづ》てに語り伝えられた掟で、エズラ以後の律法学者によって研究され、紀元後二一〇年ころ、総主教イェフダによって口伝律法の集大成ミシュナーにまとめられた。ミシュナーとは、「繰り返す」という意味のヘブライ語動詞シャーナーに由来し、転じて口伝律法を「教育学習すること」を意味する。

その後さらに三百年間にわたって、口伝律法の研究が積み重ねられ、四世紀末にイェルサレム（別名パレスティナ）・タルムードが、五世紀末にバビロニア・タルムードの編纂が完結、ミシュナーとタルムードは、紀元後一世紀末に成立した（旧約）聖書とともに、ユダヤ教の経典《けいてん》となった。タルムードは「学ぶ」あるいは「教える」を意味するヘブライ語動詞から派生した名詞で、字義的には「研究」または「教訓」を意味する。ミシュナーを註解・解説した口伝律法を集成したのがゲマラー（ヘブライ語と同系のアラム語で「完成」の意）と呼ばれる。タルムードは、本文ミシュナー（ヘブライ語）と註解ゲマラー（アラム語）から成り、ユダヤ人の日常生活、宗教、道徳に関する口伝律法の集大成である。

「ラビのユダヤ教」という呼称は、口伝律法の研究・発展に携わった律法学者が「ラビ」（導師）という尊称で呼ばれたことに由来する。ラビのユダヤ教は、律法《トーラー》のなかに六百十三の誡律を発見した。義務律二百四十八誡、禁止律三百六十五誡。六百十三の誡律のなかには日常生活全般にわたる掟が含まれている。このことは、民族共同体の生き方そのものがユダヤ教の特徴を表わしているのである。

帰還民の指導者エズラ、ネヘミヤの改革に次いで、イェルサレム神政共同体、すなわちユダヤ教団の確立、(旧約)聖書の本格的な編纂作業が進められた。ユダヤ教団はバビロニア捕囚を父とし、ペルシア帝国を母として生まれた子どもにもたとえられる。それはローマ帝国を母体として生まれたキリスト教団とも較べられる。そのユダヤ教団の経典とされたのがほかならぬ(旧約)聖書《タナッフ》である。「だれもが読める古典」(旧約)聖書は古代イスラエルの兵法地誌でもある。

コラム　ラビ

ラビは、元来は「大きい」「偉大なる」を意味する聖書ヘブライ語から派生した「わが主《しゅ》」という呼び掛け・敬称で、ユダヤ人コミュニティーの「導師」を指す。バビロニアに住んでいたユダヤ人はラブと呼んだ。紀元前五世紀〜紀元後七世紀の「ラビのユダヤ教時代」に研鑽《けんさん》を積んだ律法《トーラー》全般に通じた学者に対する尊称となった(新約聖書ではマルコ福音書九5、一〇51、一一21、マタイ福音書二六25、ヨハネ福音書一38など)。対ローマユダヤ第一叛乱(後六六〜七四年)後、紀元九六年、ローマ皇帝ドミティアヌスの殺害に伴ってフラウィウス朝が滅亡すると、属州ユダヤ支配の帝政ローマ当局は、ユダヤ人コミュニティーの最高指導者で王に匹敵する権威をもっていた総主教《ハナスィ》ガマリエル二世をユダヤ人コミュニティーの首長として正式に承認(一世紀末)、次いで同二世のもとで離散の地を含む全ユダヤ人コミュニティー内におけるヤブネ(現在のテルアヴィヴ・ヤッフォの南方）のユダヤ人議会《サンヘドリン》の宗教的・政治的権威が確立した。議会は、ユダヤ教の法規《ハラハー》の実行・解釈・改正《タカノート》を決するユダヤ人コミュニティーの最高機関であると同時に、律法の学習・研究機関教学院《イエシヴァ》として活動を行なった。さらに同地において、それまでのユダヤ人コミュニティーの指導者だった祭司に代わって律法学者をラビに叙任する制度が始まったのもこの時代である。紀元一世紀〜七世紀のミシュナー・タルムード時代を通じて、ラビは離散の地を含め各地で商業、手工業、医業などを生業としながら（旧約）聖書（主に成文律法）および口伝律法の註解に従事していた。中世以後は、ラビはユダヤ人コミュニティーの精神的指導者、シナゴーグ（ユダヤ教の会堂）での説教者として活躍し、社会的役割がますます重要となり、現在に至っている。

ちなみに、西ヨーロッパ各地に約三百年間存続したゲットー（ユダヤ人隔離地区）のなかには、シナゴーグや律法の学習塾などの施設が置かれ、また律法の巻物の筆写師、割礼師などユダヤ人コミュニティー特有の職業人やラビがいた。葬式の一切を引き受ける葬儀者もいた。内外の争いごとはラビの司る宗教裁判所で処理された。ゲットー内部の圧倒的大多数のユダヤ人は物質的に乏しい生活を送っていたとはいえ、ゲットー内部は自治的に運営されていた。

現在では、ラビは導師、律法学者、シナゴーグでの説教者に加えて冠婚葬祭およびいわゆる通過儀礼などの執行者、日常生活全般に関わるカウンセラーとして、多岐にわたって活動している。ユダヤ人コミュニティーからはラビへ報酬が支払われる。これは、ラビがコミュニティー成員に律法を教えることに対して支払われるものではなく、コミュニティーへの奉仕が忙しくて自分の日常の糧を稼ぐ時間がないことの埋め合わせとして生活の糧として支払われるものである。ラビに対する報酬制度は十四世紀にさかのぼる。

ユダヤ教正統派では、ラビは同派公認のラビ養成機関教学院《イエシヴァ》での正規の教育を修了したのち、ユダヤ教の誡律に通暁しているか否かなど、もろもろの事柄を基準とした厳格な資格審査試験を経て任ぜられる。ユダヤ教改革派その他もおおむねこれに準じている。ユダヤ教各派の全世界の所属ラビの数は公表されていない。我が国では東京と神戸にユダヤ人コミュニティー・センター（シナゴーグ）が置かれている。

アレクサンドロス大王以後

マケドニアを統一したのち、領土を東と南に拡大したフィリッポス二世の子アレクサンドロス（在位・前三三六～三二三）は、ペルシア討伐のためマケドニア・ギリシアの兵を率いて東方遠征（前三三四～三二三年）の途に上り、バビロンに入城してアケメネス朝ペルシアを滅ぼし、なおも中央アジア、インド北西部にまで軍を進め、僅か十年の間にギリシア、エジプトからインド西部に跨る大国家を建設した。かくしてマケドニア人の東方征服は東方の歴史に新しい時代を劃《かく》した。大王はギリシア文化の東方への普及とともに、ペルシア文化の保護を図って東西文化の融合に努めた。ここに、ギリシア系植民者たちの推進した文化融合運動のなかからオリエント（東方）文化とギリシア文化とを融合した新しいギリシア風の文化が生まれた。これがヘレニズム文化である。

アレクサンドロスは、アナトリアからシリアに入り、キリキア東端のイッソスの戦い（前三三三年十一月）でアケメネス朝最後の王ダレイオス三世の軍を破り、南進してフェニキア諸市を占領、次いでフェニキアからパレスティナ（前三三二年）を経て、エジプト・メンフィスに入城した。その途次、かれはイェルサレムを攻略しなかったが、パレスティナにおけるヘレニズム文化の担い手、ギリシア系植民者支配の基礎を据えて南下した。パレスティナのヘレニズム化の波はアレクサンドロスのパレスティナ征服とともに始まったのである。このヘレニズム化の波が、ユダヤ人コミュニティーに対して政治的・文化的衝撃となってその存立を根底から揺るがしたのである。

大王の死とともに、征服した広大な領土は部下の将軍たち、いわゆる後継者の争奪の的となり、帝国は紀元前四世紀にはエジプト（プトレマイオス朝。前三〇四～前三〇年）、シリア（セレウコス朝。前三一二ころ～前六三年）、マケドニアなどの諸国に分裂した。パレスティナの支配をめぐってはニ人の将軍が争った。エジプトとシリアのギリシア系王朝、プトレマイオス家とセレウコス家の争いがそれだった。

大王歿《ぼつ》後《ご》、パレスティナははじめはエジプト・プトレマイオス家の支配に属し、次いでシリア・セレウコス家の支配を受けた。プトレマイオス家はペルシアの統治方式を採用し、ユダヤ人に対して寛大な政策を採ったため、その治下にユダヤ人の生活は安定した。（旧約）聖書の律法《トーラー》がギリシア語に翻訳されたのも、まさにこの時代だった。

七十人訳聖書（ギリシア語訳聖書）の翻訳の開始

アレクサンドリアでプトレマイオス二世（在位・前二八三〜二四七／二四六）の後援のもとに、（旧約）聖書の律法《トーラー》の部分のギリシア語への翻訳が始まった。これは、イェルサレムからアレクサンドリアへ招聘《しょうへい》された七十二人のユダヤ人学者がこの翻訳に従事したという伝えから、端数の二は切り捨てられ「七十人訳《しちじゅうにんやく》」と呼ばれる。ラテン語ではそのまま「セプトゥアギンタ」（「七十」の意）と呼ばれる。七十人訳は、紀元前三世紀以降プトレマイオス家支配下のアレクサンドリア周辺に住む、ギリシア語しか解さないユダヤ人およびその子弟たちの会堂《シナゴーグ》における律法の学習および勤行《ごんぎょう》の必要に応じるためになされた、ユダヤ人学者による当時の一大翻訳プロジェクトだったのである。七十人訳は、紀元一世紀までに、「律法《トーラー》」だけでなく、ヘブライ語聖書以外の諸書をも含んだ文書《もんじょ》集成となった。ちなみに、現在われわれが手にしている旧約聖書の配列も七十人訳のそれに依拠している。

ハスモン家の叛乱

パレスティナの住民の大部分は、ギリシア人が征服するまで、ユダヤ人、サマリア人、イドゥメア人（エドム人）、ナバテア人などだった。アレクサンドロス大王の征服以後、マケドニア人とギリシア人が新来の人種グループとして入植してきた。かれらは各地にポリスの生活様式を導入し、同地を拠点に活動した。これに伴ってユダヤ人の運命は劇変した。

紀元前二〇〇年ころ、セレウコス家のアンティオコス三世（在位・前二二三〜一八七）は、ヨルダン川水源付近のパニウムにおいてプトレマイオス軍を撃破し、シリアとエジプトとの回廊に位置するパレスティナの支配権を奪取した。プトレマイオス家に属していた地域は「コエレ・シリア・フェニキア（コエレは「全」の意）」と呼ばれるようになり、パレスティナはその属州の一部に属し、行政は、王から任命された総督に委ねられた。かれは王室祭儀における大祭司をも兼ね、公邸は東地中海沿岸のアッコー・プトレマイスに置かれていた。

アンティオコス三世の次男セレウコス四世は、イェルサレム神殿を掠奪しようとしたが失敗、十一年の治世の後、殺害された。その弟アンティオコス四世エピファネス（顕現神。在位・前一七五〜一六四）が王位を継承した。

かれアンティオコス四世は国力の充実とギリシア化政策を推進し、紀元前一七〇年から同一六八年にかけてエジプト征服を試みたが、共和政ローマの介入によって失敗した。エジプトから撤退してきた同四世は、直ちにイェルサレムを再征服し、まず大祭司オニアス三世を廃してその弟ヤソンを据え、イェルサレムをヘレニズム都市に建て替えるよう命じた。しかしまもなくヤソンも廃して、さきに追放した大祭司家とは無縁な過激ギリシア系メネラオスを大祭司に任命し、イェルサレム神殿を見下ろす場所に城砦アクラ（ユダヤ人居住地区、神殿の丘の南東端とも）を建設、同所に守備隊を駐屯させ、ギリシア文化の導入を図った。

翌紀元前一六七年、アンティオコス四世は、ヘレニズム化政策を徹底し、属州ユダヤにおける支配を確立するために、ユダヤ教遵守禁止令を公布した。ユダヤ教の祭儀慣習や律法の学習は死刑によって禁止された。この禁令に逆らったユダヤ人は無慙《むざん》にも虐殺され、これが繰り返された。イェルサレム神殿には同四世が拝していたオリュンポスのゼウス神が祀《まつ》られ、ギリシア風なスポーツ競技場も造営された。

この弾圧に武力をもって立ち上がったのがマッカビーのイェフダ一族ハスモン家だった。マッカビーの叛乱の始まりである（前一六七年。独立運動の発端については、旧約聖書外典《がいてん》第一マカベア書二章を参照）。

まもなくハスモン家の祭司、全コミュニティーの指導者マッタティヤは病歿《びょうぼつ》、叛乱の指導権は代わってマッタティヤの三男のイェフダに移った。イェフダは「マッカビー」（「鉄槌《ハンマー》」の意）という渾名《あだな》をもつ生粋の優れた戦略家だった。のちに「マッカビー」はハスモン家とハスモン家が指導した叛乱軍の渾名にもなったことはよく知られている。

マッカビーのイェフダは、紀元前一六七年から四年間に四回にわたってセレウコス家から派遣された叛乱鎮圧の遠征軍を次つぎに撃破した。これらの戦闘においてセレウコス軍のイェルサレム侵攻を防ぐのがマッカビーのイェフダの作戦だった。今やイェルサレムへの通路は解放され、イェフダはイェルサレム攻略の準備に取り掛かった。

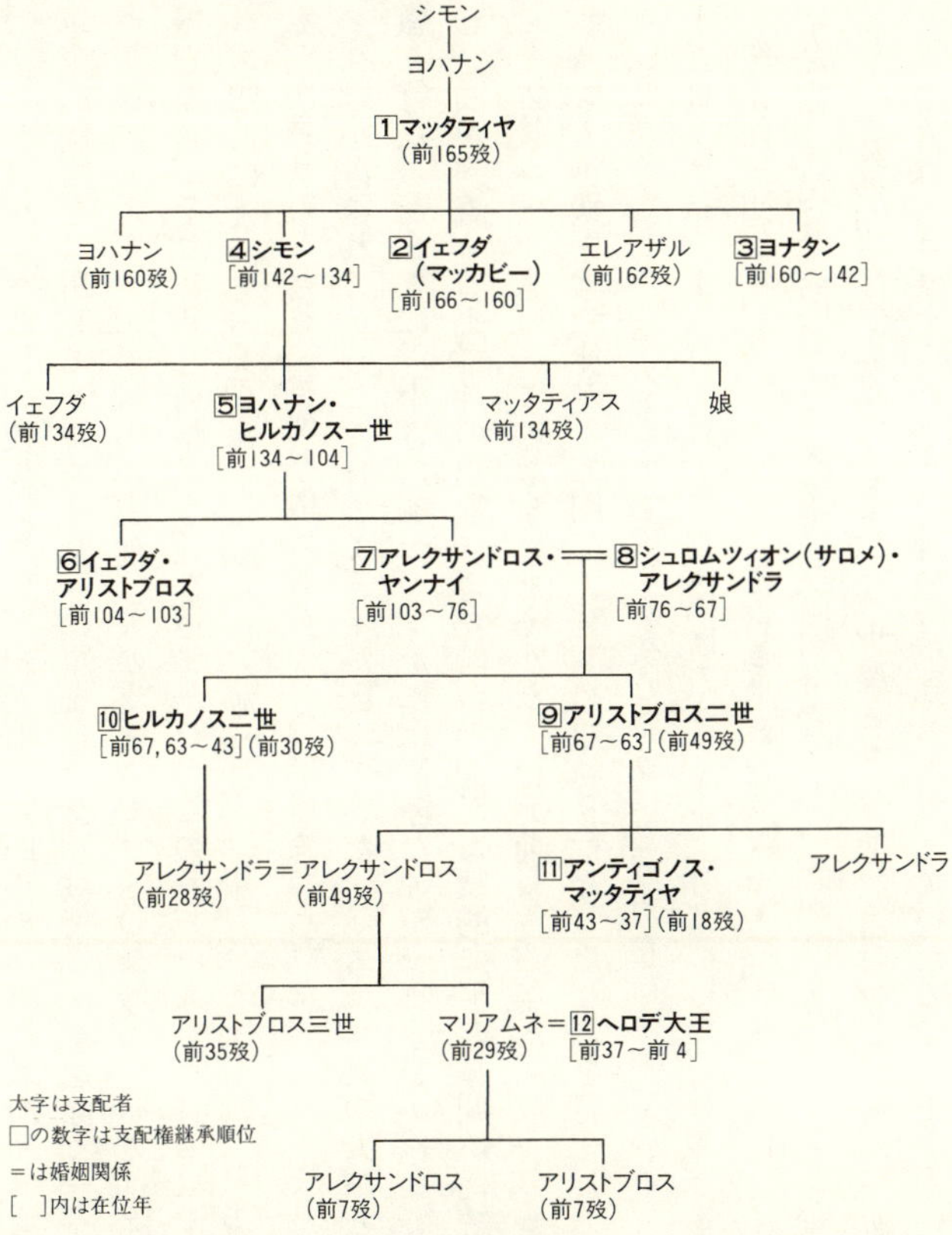
シモン
ヨハナン
1マッタティヤ
（前165歿）
ヨハナン
（前160歿）
4シモン
［前142～134］
2イェフダ
（マッカビー）
［前166～160］
エレアザル
（前162歿）
3ヨナタン
［前160～142］
イェフダ
（前134歿）
5ヨハナン・
ヒルカノス一世
［前134～104］
マッタティアス
（前134歿）
娘
6イェフダ・
アリストブロス
［前104～103］
7アレクサンドロス・
ヤンナイ
［前103～76］
8シュロムツィオン（サロメ）・
アレクサンドラ
［前76～67］
10ヒルカノス二世
［前67, 63～43］（前30歿）
9アリストブロス二世
［前67～63］（前49歿）
アレクサンドラ＝アレクサンドロス
（前28歿）
（前49歿）
11アンティゴノス・
マッタティヤ
［前43～37］（前18歿）
アレクサンドラ
アリストブロス三世
（前35歿）
マリアムネ＝12ヘロデ大王
（前29歿）
［前37～前４］
太字は支配者
□の数字は支配権継承順位
＝は婚姻関係
［　］内は在位年
アレクサンドロス
（前7歿）
アリストブロス
（前7歿）

ハスモン家系図

アンティオコス四世の歿後直ちに、紀元前一六四年のユダヤ教暦キスレヴ月に、イェフダは軍事的優勢を利用してイェルサレムに軍を進めた。城砦アクラを除く全イェルサレムを解放し、ギリシア・オリュンポス山の主神・天の支配者ゼウスの祭儀のすべては除き去られ、新しい祭壇を築き、そこに新しい祭具が運び込まれた。この月、キスレヴ月の二十五日に、アンティオコス四世によって汚されたイェルサレム神殿の「宮潔め《ハヌカー》」（ハヌカーはヘブライ語で「奉献」の意）が執り行なわれ、神殿祭儀はハスモン家側に委ねられた。

神殿が汚されてからこの日まで三年が経っていた。ハスモン家の人びとが神殿の再奉献式を執り行なったときに、小さな燭台《しょくだい》のなかには清浄な油が一日分しか残っていなかったのに、新しい油が到着するまで神の祝福により燭台の油が奇蹟的にも八日間燃え続けたという。

その後ユダヤ人は、この故事にあやかり、紀元前一六四年に、マッカビーのイェフダがイェルサレム神殿を異教徒から奪回して宮潔めを執り行なったことを記念して、毎年ハヌカーの祭り（宮潔めの祭り、燈火《とうか》の祭りとも）を祝うようになり現在に至っている。祭りはキスレヴ月二十五日〜テヴェート月二日（現行太陽暦の十一〜十二月）に行なわれる。

紀元前一四二年、イェルサレムに召集されたユダヤ人「大集会」は、イェフダの兄シモンに「大祭司・民族支配者・ユダヤ軍最高司令官」という称号を与えることを確認し、これらの職務が、「真の預言者が輩出するまで」世襲されることを宣言した（第一マカベア書一四27以下）。ユダヤ人は「ユダヤ人の王」は神のみであると考えていたので「王」という称号は用いなかった。かれの後継者たちはこの世襲称号を王号とした。シモンはユダヤ硬貨を鋳造して、主権の確立を表示した。ただし、これらの硬貨には「十誡」の第二誡にしたがってかれの肖像は刻まれていない。

こうして、南王国ユダ滅亡（前五八六年）以来、四百五十年余ののち、ユダヤ人は独立国家を恢復した（～前六三年）。紀元前六三年には、ユダヤは共和政ローマの将軍ポンペイウスをイェルサレムに迎え入れローマの属領となった。これを認めたのは弟アリストブロス二世と大祭司職を争ったヒルカノス二世（在位・前六三～四三）だった。ヒルカノス二世は「民族支配者・大祭司」の称号を許され、ユダヤ人コミュニティーの支配者であることは認められたが、共和政ローマに対する朝貢を義務づけられた。ユダヤ人は頑強に抵抗した。ハスモン朝は紀元前四〇～三七年の短期間再興したが、その後、ハスモン家の内紛に乗じて、「大王」の異名をもつことになるイドゥメア人属王ヘロデ（在位・前三七～前四）の支配を受けた。その支配は三分の一世紀に及んだ。

王国内ではユダヤ教団の二大党派《セクト》、サドカイ派とファリサイ派（パリサイ派とも）との間で争いが起こった。これら二つのグループは律法《トーラー》の解釈や日常生活の面で見解を異にしていた。両者の衝突はますます激しくなり、それは紀元前六三年の将軍ポンペイウスによる陥落前夜のイェルサレムと、紀元七〇年の滅亡前夜のイェルサレムの運命とに大きな影響を及ぼした。

サドカイ派、ファリサイ派、エッセネ派

サドカイ（派）の名称は、ソロモン時代にイェルサレム神殿に仕えた祭司ツァドクに由来する。ヘブライ語でツェデキーム（「ツァドク家の人びと」の意）。かれらは祭司ツァドク家の子孫とされているが、ユダヤ教団内部における一党派となったのはマッカビーの叛乱（前一六七年）以後である。サドカイ派は、成文律法の誡めを厳格に遵守し、神殿を生活の中心に置き、祭司階級を支持し、政治と宗教の最高指導者大祭司を承認していた。

ハスモン家時代からローマ時代にかけて勢力の消長はあったが、紀元七〇年のイェルサレム第二神殿の炎上潰滅とともに党派としての主要な役割を終え、代わって民衆の指導者だったファリサイ派が登場する。紀元九〇年のヤブネ（テルアヴィヴの南およそ二十キロの位置にあった海岸平野の町。同地にはユダヤ教の律法学者、ラビの学府やユダヤ教団の最高議会があったことで知られている）におけるユダヤ教団再建のプログラムを推進したのはかれらファリサイ派だった。

ファリサイ（派）の名称は「分離された者たち」を意味するヘブライ語（ペルーシーム）、アラム語、ギリシア語に由来する。かれらは何から分離されてそう呼ばれたのか。種々の説明がある。一般に受け容れられているのは、かれらが律法の厳格な遵守、とくに成文律法に誌されている祭司的浄《きよ》めを厳守することにおいて、清浄でない者、「地の民」から「みずからを分離する者たち」と呼ばれたとする説明である（M・ブラック）。この「ペルーシーム」という名称は、元来はハスモン朝のヨハナン・ヒルカノス一世（在位・前一三四〜一〇四）の議会から、分

離派として追放されたときにかれらにつけられた他称渾名であって、かれら自身は自分たちを「兄弟たち《ハベリーム》」と呼んでいた。

ファリサイ派は、政教分離を要求し、成文律法同様、口伝律法をも権威ある「父祖の伝承」として重視したため、神殿祭司よりは律法の講解者を尊敬し、政治的独立よりは律法の遵守を貴《とうと》しとした。またファリサイ派自身は「ペルーシーム」を同音異語の「解釈者」の意に解し、この名称は自分たちが律法の解釈者であることを表わしていると考えたともいわれている。

イエス時代のファリサイ派の成員の数はユダヤ人歴史家ヨセフスによればおよそ六千人とされるが、これは正規の成員の数であって、追従者を加えると二万五千人、うち二万人はイェルサレム在住者と推定される（『ユダヤ古代誌』一七2、一八1）。紀元七〇年の神殿炎上潰滅後はファリサイ派がラビのユダヤ教の祖となった。

またファリサイ人《びと》の他にゼロテ主義を代表する熱心党（ヘブライ語でカナイーム、ギリシア語でゼーロータイ。熱心党は暴力に訴えても律法《トーラー》を死守するという信念に基づいて、対ローマユダヤ大叛乱を引き起こした諸党派の自称）がいた。その他、死海西岸を拠点とした禁欲的なクムラーン宗教集団（エッセネ派もしくはエッセネ派に限りなく近い宗教集団）もあった。

死海北西岸のワーディー・クムラーン地区の洞窟で発見された巻物がエッセネ派と関わりがあることを指摘した最初の研究者は、イェルサレム・ヘブライ大学の考古学者E・L・スーケニーク（一八八九〜一九五三）だった。現在では、クムラーン文書の多くがエッセネ派もしくはエッセネ派に限りなく近い党派《セクト》の手に成る著作（写本）であることがほぼ確かとされている。

エッセネ派の起源は、紀元前二世紀後半のハスモン家時代にさかのぼる。かれらは第二神殿時代末期にもなお存続活動していた。その宗教集団の一部と目されるグループは、死海北西岸を拠点に誓約共同体として共同生活を営んでいた。

右のクムラーン文書のなかには「エッセネ（派）」という名称への言及はない。この名称は外部の者がつけた渾名であって、クムラーン宗教集団内部では使用されなかった。「エッセネ」という名称の語源は今なお不明である。セム語のギリシア語化したもの、すなわちシリア語のハサイヤー（「敬虔《けいけん》な人びと」の意）に由来するとも説明されている。とすれば、ユダヤ教禁止令（前一六七年）に抵抗して律法遵守を墨守していた人びと、ハスィディーム（「敬虔主義者たち」の意）が発展したとも解せる。かれらが世俗化したイェルサレムの神殿祭司に抗議してユダの荒野の死海（北西岸）のほとりに移り住んだことや、対ローマユダヤ大叛乱に参加したこともこの説を裏づけるように見える。しかし、セム系アラム語のイッスーン（「治癒者」の意）を語源とする説もある。

エッセネ派の歴史、組織、教義については、死海北西岸のクムラーン宗教集団の遺構や同所からの出土品、アレクサンドリアのギリシア系ディアスポラの代表的哲学者フィローン（前二〇～後五〇）、同時代の前出のユダヤ人歴史家ヨセフス、ローマの地誌学者大プリニウス（後二三～七九）による記述、それにクムラーン文書の記述からかなり詳しく再現することができる。

右の三者およびクムラーン文書の記述によれば、エッセネ派の教説の主な特徴はつぎの通りである。財産の共有、律法《トーラー》および預言書の学習、共同体内部の規律の遵守、沐浴《もくよく》による心身の清浄、日課の遵守、位階序列にしたがった共同の聖餐《せいさん》、安息日《あんそくび》の遵守、長上者への絶対的服従、共同体への新入団者に課せられる長期の試験期間、霊魂不滅信仰など。かれらエッセネ派は、ファリサイ派同様、死者の復活や最後の審判、天使や霊魂の存在、メシアの到来などを説いた。また自分たちの共同体のみを神の選民として、東方ペルシアのゾロアスター教（前七世紀）に由来する倫理的二元論的世界観をも取り入れた。

ちなみに、紀元前十一世紀、王国の成立を機に部族共同体の基礎が固まるにつれ、祭司によるヤハウェ宗教の形式化が行なわれるようになり、律法本来の精神が次第に失われていった。次いで統一王国の分裂に伴って預言者が現われ、祭司や異教のバアル宗教と闘ったのはこのためである。第二神殿再建後も、イェルサレムを中心とするユダヤ教の祭儀の形式化が行なわれ、律法至上主義に傾き、紀元一世紀に入ると律法学者の勢力が増し、また律法遵守の生活を通して神に近づこうとしたファリサイ派の発言権も強くなった。ユダヤ人イエスとその弟子たちの言行は、律法至上主義からの解放の動きであるとともに律法の再評価の動きでもあった。

こうしてユダヤ教は、紀元一世紀初頭から総主教《ハナスィ》イェフダが口伝律法「ミシュナー」の編纂を完了した紀元二〇〇年ころまで活動した律法教師《タンナイーム》たちのユダヤ教へと発展していく。

クムラーン宗教集団暦

ここで、死海北西岸のヒルベト・クムラーン（アラビア語で「クムラーンの廃墟」の意）を拠点として、みずからの信仰を守り抜いた紀元前三世紀〜紀元後一世紀のユダヤ教党派《セクト》のひとつ、クムラーン宗教集団の日常生活の背後にあった独自の暦（太陽暦）、それを支えた日時計について紹介しよう。

クムラーン宗教集団の蔵書は、ワーディー・クムラーン地区の十一の洞窟（発見の順序にしたがって一から十一まで番号が付されている）、およびその近郊から出土（一九四七〜六七年）した写本群に限られ、「ワーディー・クムラーン文書」もしくは「クムラーン文書」と呼ばれる。同宗教集団の蔵書は（旧約）聖書正典・同典外書《てんがいしょ》・註解書およびユダヤ教の一党派の宗教文書の二つに大別される。蔵書の筆写年代は、紀元前三世紀中葉から、クムラーン宗教集団のセンター（ヒルベト・クムラーン）がローマ軍の手に陥《おち》る紀元後六八年に及んでいる。

クムラーン宗教集団の目的は、律法《トーラー》をよく学び、これを厳格に守り実践し、己を真のイスラエルの民たらしめようと絶えず日課にしたがって勤行に励み、世の終末の到来を待ち望むことだった。暦は、かれらにとって、共同体の行事を行なうための必須《ひっす》のものだった。かれらは、日常生活を律するために、イェルサレム神殿で用いられていた伝統的なユダヤ教暦（太陰太陽暦）とは異なる、月日と曜日とが常に一致する独自の共同体暦（クムラーン暦。太陽暦）を用い、その一日は、早暁、東の方を向いた勤行から始まった。

真実の暦

クムラーン宗教集団の団員たちは、神が共同体の首長たちに宇宙の構造と律法の正しい解釈に関する秘密を啓示されたと信じていた。真実の暦と祝祭日を祝うための正確な日時への関心は、かれらの共同体にとって切実なものだった。

クムラーン宗教集団のカレンダー（筆者作成）

1月・4月・7月・10月

水	木	金	土	日	月	火	
1	2	3	4	5	6	7	（第１週）
8	9	10	11	12	13	14	（第２週）
15	16	17	18	19	20	21	（第３週）
22	23	24	25	26	27	28	（第４週）
29	30						（第５週）

2月・5月・8月・11月

水	木	金	土	日	月	火	
		1	2	3	4	5	（第５週続）
6	7	8	9	10	11	12	（第６週）
13	14	15	16	17	18	19	（第７週）
20	21	22	23	24	25	26	（第８週）
27	28	29	30				（第９週）

3月・6月・9月・12月

水	木	金	土	日	月	火	
				1	2	3	（第９週続）
4	5	6	7	8	9	10	（第10週）
11	12	13	14	15	16	17	（第11週）
18	19	20	21	22	23	24	（第12週）
25	26	27	28	29	30	31	（第13週）

一年を三百六十四日、地球が太陽の周囲を一公転する時間を一年とする太陽暦は、第四洞窟ほかから出土した写本に言及されている。これらはクムラーン宗教集団が一年三百六十四日から成る太陽暦を受け容れていたことを示している。

太陽暦の四季それぞれは、三十日、三十日、三十一日（三箇月ごとに一日の閏日《うるうび》）から成る三箇月、言い換えれば、三箇月は十三週で構成され、一年は五十二週になる。そして、かれらは啓示された目的を遂行するため、月日と曜日とが常に一致する独自の暦を用いた。例えば、新年の祭りを祝う一月朔日《ついたち》は、毎年、水曜日（第四日目）になるように工夫されていた。これは、太陽と月とが一週の第四日目（水曜日）に神によって創造されたという創世記一章14～19節を厳密に再現しようとした結果だった。新年、三箇月ごとの第一日、すなわち一月一日、四月一日、七月一日、十月一日は常に水曜日に当たる。つまり、特定の月日は毎年同日に当たることになる。太陽暦が用いられたことは、第十一洞窟出土の神殿の巻物（一三8～三〇2）の祭日暦に誌された犠牲のための規程によっても確認される。前頁の表「クムラーン宗教集団のカレンダー」はクムラーン文書から再編成したものである。ただし、閏日については、何ら言及はない。今後の研究に俟たなければならない。

クムラーン文書にも太陰暦が含まれていた。クムラーン宗教集団は太陽暦に加えて太陰暦を採用したのか。それとも、実際には他の党派のものだったのか。クムラーン宗教集団が同時に二つの暦を用い、これを互いに調整させる方法を次第に発達させたようにも見えるが、これらのことは依然として謎のままである。

重要な祝祭日

クムラーン暦のなかで人目を惹く祝祭は、七週《しちしゅう》の祭り、小麦の初穂の祭り、新（葡萄）酒の祭り、新（オリーヴ）油の祭りの三つの収穫祭である。それぞれは先行する祭りから明確に「第五十日目」とされ、初穂の束を揺り動かす揺祭《ようさい》、大麦の初穂の祭りで始まる。それは過越の祭りから第五十日目と定められたが、旧約聖書レビ記二三章15〜16節の「安息日の翌日、すなわち、初穂を携え奉納物とする日から数えはじめ、満七週間を経る。七週間を経た翌日まで、五十日を数えたならば、主《しゅ》（神）に新穀《しんこく》の献《ささ》げ物《もの》をささげる」との記述にしたがって、計算された。

クムラーン宗教集団にとって重要な祝祭日は、第三の月の第十五日に当たる七週の祭り（ギリシア語でペンテコステー〔「第五十日目の祭日」の意〕。五旬節《ごじゅんせつ》）の祝いだった。なぜなら、出エジプト記一九章1節によれば、イスラエルの民が流浪のなかにあってシナイ山麓に到着したのが、エジプト脱出後、つまり過越の祭りから五十日目、第三の月だったからである。かくしてシナイでの契約が毎年記念された。のちに契約更新祭は七週の祭りに祝われることになった。旧約聖書偽典《ぎてん》ヨベル書六章17節は、「年々の契約の更新のために年に一度この月の七週の祭りを行なうようにと天の板に定められ、書かれている」と誌している。この契約更新の祝いの儀礼はクムラーン宗教集団でも毎年、執り行なわれた（第一洞窟出土の共同体の規則一16〜二25）。

クムラーン宗教集団が紀元前二世紀もしくはそれ以降に、イェルサレム神殿で用いられていた暦とは異なる太陽暦を受け容れた結果、かれらは独自の周期に基づく祝祭日を守ることができた。換言すれば、かれらは他の党派《セクト》と共有した祝祭日を、同じ日には祝わなかったことになる。かれらは他の党派と袂《たもと》を分かち共同体独自のライフスタイルを確立していったのである。加えて、クムラーン宗教集団の分派主義的性格を示す他の証拠は、聖書に言及されていない他の党派が祝わなかった祭りをも、クムラーン宗教集団の律法解釈のなかから生み出された独自の祝祭日として祝ったことである。

クムラーン宗教集団の日時計
（A. Roitman, ed., *A Day of Qumran The Dead Sea Sect and its Scrolls*, 1997, p.18.）

日時計

クムラーン宗教集団が、自分たちの特別な祭りの日にちを定めるのにどのような情報や知識をもっていたか、これまでまったく不明だった。ところがつい近年、一九五四年に、ド・ヴォー司祭が、ヒルベト・クムラーンの第四次発掘調査の際に掘り起こした、いわゆる「石盤」がユニークな日時計だったことが判明した。「石盤」はその後、その用途が解明されないまま東イェルサレムのロックフェラー考古学博物館に保存されていた。四十年後、S・J・ハーンがその物体が「日時計」であることを解明した。その直後、U・グレスマーとM・アルバンが、その物体を用いて時間を測定し、一年の季節を決定する方法を再現するのに成功した（詳しくは、拙稿「クムラーン宗教集団の暦と日時計」『三笠宮殿下米寿記念論集』刀水書房・二〇〇四年を参照されたい）。

コラム　ユダヤ人

「イスラエル」という名称は、もともと古代イスラエルの部族同盟の名称だったものが、のちに唯一神ヤハウェ信仰に立脚した民族集団すなわちイスラエル（民族）の名称となったものである。「神《エール》が支配する」という謂《いい》である。これは神政政治の理念を示している。この呼称は、カナァンの局地的な部族同盟に対しても用いられ、元来は北方十部族同盟の呼称だった。古代のイスラエル人自身はみずからを「イスラエール（イスラエル人）」と称したが、他民族からは「イブリー（ヘブライ人）」と呼ばれた。イブリーは「進みゆく」「越えてゆく」などの意味をもつヘブライ語動詞イブルから転じて「エウフラテス河の向こう側から来た者」を意味するとされている。

その後、イスラエルという名は、民族全体に対する国民的な神聖な呼称として用いられ、北のイスラエル王国が滅亡（前七二一年）したのちも用いられ続けた。一方、ユダヤ（人）という呼称は、南のユダ王国成立（前九二八年）後生まれ、第二神殿時代（前六世紀末以降）にはいわゆる政治的・国民的呼称となった。ユダヤ人（ヘブライ語でイェフディー）は、旧約聖書において、本来は、イェフダー（ヤァコブとレアの第四子。ユダとも〔創世記二九35〕）の子孫に属する人びとを指した。イェフディーの音写は、ギリシア語ではイウーダイオス、ラテン語ではユーダエウス。

旧約聖書の伝えによると、古代イスラエル人の直系の子孫はユダヤ人である。ユダヤ人共同体は、ヤハウェ信仰を民族共同体存続の基本原理とする宗教的・民族的共同体（ユダヤ教団）であり、紀元前六世紀のバビロニア捕囚を通してはじめて成立し今日に至っている。したがって、少数者の宗教を守り抜いてきたユダヤ人は自分たちのみがヤハウェ宗教の正統な相続者であることを主張する。

人間集団を分類するには種々の方法がある。分類法の適否はそれを用いる目的によって異なる。ユダヤ人は、人間の肉体的特徴の共通性を基準とする形質人類学的な概念に属する「人種」、文化的伝統と歴史的な運命を共有する人間集団を指す「民族」の、いずれによっても分類できない集団である。現代イスラエルのユダヤ人が日常用いている言葉やかれらの身体的特徴は多種多様である。世界各地のユダヤ人集団の人体測定の結果は、集団相互間で、身長や体重、毛髪、皮膚、瞳《ひとみ》の色など、重要な身体的特徴が著しく異なっていることを明らかにした。このことは、かつて単一人種としてのユダヤ人なる人種が存在したことはないことを示している（R・ペタイ）。

イスラエル建国まもない一九五〇年七月に制定された、移民《オーレー》として父祖の地エレッ・イスラエル（ヘブライ語で「イスラエルの地」の意）に帰還するすべてのユダヤ人に市民権を与えるという「帰還法」第四B条によると、ユダヤ人とは「ユダヤ人の母親から生まれた者、またはユダヤ教に改宗した者で、他の宗教を信仰していない者」と定義されている。母系とユダヤ教を柱としたこの法律により、居住地を問わずいずこのユダヤ人もイスラエルの市民権を取得する権利が与えられている。

近代ヨーロッパでは、ユダヤ人の定義はしばしばかれら自身ではなく反ユダヤ主義者によって定められた。右の帰還法は、第一回ツィオニスト会議（一八九七年）で採択されたバーゼル綱領や、国際連盟が大英帝国に認めたパレスティナ委任統治規約第六条に表明されている願望を法文化したものである。

一方、これに対して、パレスティナ解放機構（ＰＬＯ）のパレスティナ国民憲章第五条（一九六四年五月三十一日採択、於・東イェルサレム。一九六五年七月十七日修正、於・カイロ）は「パレスティナ人」をつぎのように定義している。「パレスティナ人とは、一九四七年までパレスティナに居住していたアラブ住民で、その後この土地を退去させられた者であるか、あるいはそこに留まった者であるかは問わない。また一九四七年以降、パレスティナ内外で、パレスティナ人を父親として生まれた者は、すべてパレスティナ人である」（滝川義人訳）と。

ヘブライ大学教授のバトシェバ・ケレム女史は、二〇〇〇年に研究成果を発表し、「ユダヤ人に特有の遺伝子は存在しない。一番近い遺伝子配列の傾向をもっているのはパレスティナ人である」と報告している。

ユダヤ人自身は、ユダヤ人コミュニティーを特定の宗教すなわちユダヤ教、歴史、文化遺産を共有する集団、と自己規定する。しかし、現実には、ユダヤ教から他に改宗したにもかかわらず、他者からはユダヤ人あるいはユダヤ系として扱われる例が多い。ただし、ユダヤ教においては、他に改宗したユダヤ人はユダヤ人ではなくなる。ユダヤ人とは「ユダヤ教を基軸としながら、人種、民族、生まれ育った土地などの枠組みを超えた宗教的・民族的共同体の構成員」を言う。このことはトーラーやタルムードの掟にしたがうことを意味する。

ユダヤ人は、バビロニア捕囚（前六世紀）やイェルサレム第二神殿の破壊（後七〇年）を機に、各地に追放離散の余儀なきに至り、異郷の地で生活するうちに、地域別にユダヤ人コミュニティーを形成していった。その代表がアシュケナーズィー系（中央および東ヨーロッパ系のユダヤ人）とスファラディー系（スペイン系のユダヤ人）。ほかにもアフリカ、中東（イエメンを含む）などにこの二つの範疇に入らない集団が形成された。人口の上からは、十八世紀まではアシュケナーズィー系がスファラディー系よりも多く、第二次世界大戦直前はアシュケナーズィー系が世界のユダヤ人人口の約九〇%を占めていた。現在もユダヤ人人口の半数以上はアシュケナーズィー系だが、イスラエルではスファラディー系とアフリカ・中東系が多い。

ちなみに、七世紀から十一世紀にかけて、ヴォルガ河・ドン河下流域、北カフカース、アゾフ海岸クルイム（クリミア）半島、カスピ海沿岸草原を拠点にテュルク系遊牧民国家、ハザール王国（六七九年に樹立）が存在した。ハザール人の宗教はトルコ系遊牧民のそれと同じシャーマニズムだったが、九世紀に当時拡まっていたユダヤ教、キリスト教、イスラームのうち、ユダヤ教を国教に採用したことで知られている（詳しくは、S・A・プリェートニェヴァ著・城田俊訳『ハザール　謎の帝国』新潮社・一九九六年）。K・A・ブロックは、現存のアシュケナーズィー系ユダヤ人の形成の過程は複雑だが、その二五%程度がハザール人の流れを汲むのではないかと推定している（『ハザールのユダヤ人』二〇〇二年、二八一〜二八三頁）。今後の研究が俟たれる。

現代では、ヘブライを言語名、ユダヤを民族名、イスラエルを国名（民族の別称としても使われる）として使い分けをする場合が多い。したがって、イスラエル人には、イスラエルの国籍をもつユダヤ人を基幹とし、アラブ人（イスラーム教徒、キリスト教徒）、ドゥルーズ族（シリアでシーア派イスマーイール派から派生した一派）、カフカース語族などが含まれる。

イエスの誕生と裁判

敬虔な家庭に生まれ育ち、幼い時から（旧約）聖書に親しんだユダヤ人イエス（前四ころ〜後三〇ころ）の言行は新約聖書冒頭のマルコ（七〇年代著作成立）、マタイ（七〇年代中葉以降。八〇年代とも）、ルカ（八〇年代）、ヨハネ（九〇年代）の四つの福音書にそれぞれの立場から特有の思想に基づいて記録されている。福音とはギリシア語のユーアンゲリオンの訳で、「嘉《よろこ》ばしい音信《おとずれ》」「吉報」を意味する。

ナザレのイエスが十字架につけられ、墓に収められたが、三日目に天使を通じて弟子たちにかれが復活したという音信が伝えられ、新しい神の国がかれによって始まりつつある、と福音書はいう。

イエスはギリシア語でイェースース、ヘブライ語のイェホーシューアー（「ヤハは救い」の意）ないしその短縮形イェーシューアーのギリシア語形。イエスに与えられた尊称キリストはギリシア語ではクリストス、「油を注がれた者」「救世主」を意味するヘブライ語のマシアッハ（メシア）のギリシア語訳で、元来は王ないし大祭司に対して用いられた称号である。旧約聖書、新約聖書それぞれに用いられたヘブライ語、アラム語、ギリシア語は当時の庶民の日常語だった。

福音書の最初の三つの書を比較すると、記述の内容・順序、教説の方法ともに大同小異類似——相違している箇所ももちろんある——しているため「共観《きょうかん》福音書」と呼ばれている。四番目のヨハネ福音書は他の福音書にない多くの詳細な記述を含み、他と多くの点で異なっている。両者はまったく別の福音書のようにも見えるが、前者は主に史実に、後者はいわゆる神学思想的要素に貫かれている。全体として、イエスは神の子であるという後代の正統信仰の立場からイエスの言行がまとめられている。

マタイ福音書二章1節以下によれば、「イエスはヘロデ大王の治世（在位・前三七〜前四）にユダヤの町ベトレヘムで生まれ」、かつヘロデの幼児殺害の命令を逃れてエジプトに降《くだ》った、とあり、またルカ福音書にも、ローマ皇帝アウグストゥス（在位・前二七〜後一四）の治世に全ローマ帝国の人口調査の勅令が出て、父ヨセフと母マリアがイェルサレムに上《のぼ》るときにユダヤのベトレヘムでイエスが生まれた、と誌されている。

他方、福音書はしばしばナザレをイエスの故郷と語っている。この北方のガリラヤの町ナザレこそがイエスの生まれ故郷にもっともふさわしい場所である。イエスの家族と親戚《しんせき》についても確かなことはほとんど判らない（マルコ福音書六3、マタイ福音書一三55）。

われわれが手にしている各々の福音書にはイエスが語った語録の一部が含まれている。福音書の各々の著者はナザレ人《びと》イエスを前提にした固有の思想をもっていて、その思想に基づく復活信仰を媒介に、イエスの語録が編集されている。

イエスの生涯に関する伝承（四福音書ほか）は同時代の他の人物に較べて比較的信頼に足るといわれているが、イエスの誕生に関する記録は今日われわれ歴史家の用いる意味での厳密な史料批判に耐え得るものではない。われわれは、イエスの誕生は少なくとも紀元前四年、もしくはそれ以前であったとする現代の年代学の成果を認めている。ちなみに、ローマの庇護のもとに属州ユダヤ王として在位したヘロデがユダヤ教の過越の祭りの前（前四年の春）にイェリコ（現在のテル・エッスルターン）で死歿《しぼつ》したことが確認されている。

ついでながら、一九一〇年代に始まる福音書のいわゆる様式史的研究によって、四福音書の記述のいずれからもイエスの教説は語り得ても、その生涯を史的に再構成することは不可能と考えられるようになった。イエスの生涯について言えるもっとも確実なことは、かれが属州ユダヤにおける叛逆者《はんぎやくしや》としてローマの属州長官ポンティウス・ピラトゥス（在任・後二六～三六）によって紀元後三〇年ころイェルサレムで磔刑《たつけい》に処せられたことのみである。このことは福音書にもそれぞれ、また二世紀はじめに書かれたローマ帝政時代の歴史家タキトゥス（五六ころ～一二〇ころ）の『年代記』にも言明されている。加えて、右の様式史研究の延長線上で、福音書の研究に編集史的方法が導入されている。

復活信仰は聖書読者にとって一種の躓《つまず》きの石であるが、罪ある者のために十字架上に死し墓に収められ三日目に甦《よみがえ》ったイエスの行動はそれぞれ異なった立場から福音書に描かれている。

近年は、福音書研究の伸展に伴って、福音書の記述を基本史料として史的イエスの生涯を安易に描き出すことはできなくなっている。文献学的操作には研究者の主観が優先されやすいからである。以下、イエスの最晩年に筆を運ぼう。

ピラトゥスの審問・判決

かつてソクラテス（前四六九ころ～三九九）の裁判がアテナイ市民による陪審裁判の形式をとったのに対し、イエスの裁判は、皇帝属州ユダヤにおいて最高法院とローマの属州長官（騎士階級）との複式裁判の方式をとったようにも解されている。とすれば、ここにイエスの裁判の複雑さがあったのではないか。

イエスの裁判に関する公式記録は、われわれの手許《てもと》には残っていない。当時のローマ側にはイエスの当該事件に関する公式記録があったのかもしれない。

ルカ福音書二三章によると、民衆の訴えを聞いた長官ピラトゥスは、ユダヤ人イエスがヘロデ・アンティパスの領内ガリラヤの者だと知ると、イエスをヘロデ・アンティパスのもとへ送り届けたが、ヘロデ・アンティパスはイエスを長官ピラトゥスのもとへ送り返した。そのときヘロデ・アンティパスも過越の祭りのため長官ピラトゥスと同様にイェルサレムに来ていて、おそらくハスモン家の宮殿に滞在していたはずである。そこはヘロデ家の都詣《みやこもう》での際の宿舎だったからである。東地中海沿岸のカイサリアからイェルサレムに来ていた長官ピラトゥスは、職責上町の西側のヘロデの宮殿もしくは神殿の北のアントニア要塞に駐在していた。このときの長官ピラトゥスのイェルサレム駐在の主な任務は、過越の祭りの巡礼の期間中神殿を警備監督することだった。長官ピラトゥスは大祭司をはじめ最高法院の役人や民衆を呼び集めてつぎのように言った。「お前たちはこのひとを民衆をあやまらせる者だと言って引いてきたので、このわたしがお前たちの目の前で取り調べたが、訴えの廉《かど》では、このひとに何の罪も認められなかった。ヘロデもそうらしい。送り返したのだから。たしかにこのひとは、何ひとつ死罪に当たることをしていない。だから鞭《むち》打った上、赦《ゆる》すことにする」と（ルカ福音書二三13〜16・塚本虎二訳）。民衆はただ「十字架につけろ、それを十字架につけろ」とどなり続けた。長官ピラトゥスはかれらの願いをかなえることに決定して、暴動と殺人との廉で牢《ろう》に入れられていた者を願い通りに赦し、イエスはかれらの思うままにさせた。

長官ピラトゥスは、通常、私的裁判を（アントニア）要塞の「裁判の間」で執り行ない、公的裁判は「内庭《うちにわ》」で公開で執り行なっていた。やがて死刑の宣告が下されたのち、長官の兵士たちはイエスを官邸の庭に引いて行って、紫の衣を着せ、茨《いばら》の冠をかぶせ、「ユダヤ人の王、万歳！」と叫んで、喝采《かっさい》した。それから葦《あし》の棒で頭《こうべ》を叩《たた》き、唾《つば》をかけ、ひざまずいて合掌した。こうしてなぶったのち、衣を脱がせてもとの着物を着せた。

それからイエスは官邸からゴルゴタ（ギリシア語。アラム語のグルゴーレットに由来。「頭蓋《ずがい》骨《こつ》」「髑髏《しゃれこうべ》」の意。当時城外にあった石切り場。現在の聖墳墓教会聖堂内）へ連行された。ゴルゴタは「都の近く」（ヨハネ福音書一九20）、「門の外」（ヘブライ人への手紙一三12）、「第二城壁の外側」すなわち「イエスの死後数年後に建てられた第三城壁の内側」にあった。つまり北側城壁、第三城壁を建てたときに囲い込まれたことになる。そのときアレクサンドロスとルフォスとの父シモンというキレネ人《びと》が野良から通りかかったので、兵卒はかれを捕らえてイエスの十字架を背負わせ、イエスのあとから担いで行かせた。イエスにはもう十字架を背負う力がなかったからである。髑髏という所に来ると、そこでイエスはローマの慣習にしたがい兵卒らによって十字架に磔《はりつけ》にされ息を引き取った。またピラトゥスから送り届けられた罪ある者とともに十字架につけられた二人の罪人をも、ひとりを右に、ひとりを左に十字架につけた。イエスが苦しみのなかから語ったと福音書が伝えている言葉は、後世「十字架上の七つの言葉」と呼ばれている（ルカ福音書二三34、他）。

次いで福音書はこう伝えている。周りにいたローマの兵士たちは、イエスを十字架につけて、イエスが着ていた着物を籤《くじ》で分け合った。民衆は立って見つめていた（マルコ福音書一五24、他）。人の死の直後や中陰《ちゅういん》明けに屍《しかばね》の衣の一部を分け貰《もら》う習慣は古今東西の習俗に見られる（井本英一）。イエスの亡骸《なきがら》は亜麻布に包まれユダヤの町アリマタヤ出身のヨセフが所有していた、岩に穿《うが》った、まだだれも葬られたことのない、近くの墓に葬られた、と（マルコ福音書一五、マタイ福音書二七、ルカ福音書二三、ヨハネ福音書一九）。マグダラのマリアたちが墓にイエスの遺体がないのを直接知ったのは安息日の翌朝だった。享年三十四（三十七とも）。使徒言行録一章によると、最後に、イエスは使徒たちが見ているうちにオリーヴ山から天に上げられた、と伝えられている。

コラム　ヴィア・ドロローサ

イエスが十字架を背負って歩いた、長官ピラトゥスの官邸からゴルゴタの丘までの約五百メートルの道程《みちのり》を、ヴィア・ドロローサ（「十字架の道行き」とも。ラテン語で「悲しみの道」の意）と呼んでいる。街路は途中でZ形に屈曲して西に延びている。この道程は、イエスが告発された官邸がヘロデの宮殿ではなくアントニア要塞だったというキリスト教徒の堅い信念に基づいている。イエス時代の街路は現在の地表よりも約三メートル下にあったが、道筋は現在のそれとほぼ同じである。ヴィア・ドロローサに沿うステーション（「留《りゅう》」「祈禱所」とも）は、十三世紀末以後、フランチェスコ修道会（同修道会は別名「小さな兄弟会」とも）の修道士たちによって案内されるようになり、巡礼者の関心を惹くに至った。十六世紀末までには、官邸からカルヴァリ（「髑髏」を意味するラテン語）に向かったイエスと結びつけられた場所が沿道に沿って確立されていた。またヴィア・ドロローサという呼称が用いられ、十字架のステーション伝承が発展したのは、オスマン帝国時代、十六世紀中葉～後半のことで、キリスト教徒の巡礼に負っている。

ステーションは十四あり、その十四の名が、巡礼記録に現われるのが十六世紀後半、ただしステーションの場所は現在のそれと同じではない。出来事とそれを記念する場所は時代によって異なっていた。十九世紀中葉までは、現在指定されている各ステーションに統一されていなかったからである。いずれにせよ、キリスト教徒のイエスの十字架の苦難・贖《あがな》いに対する篤《あつ》い信仰心が、十四のステーションをつくり上げたのではないか。

十四の出来事のうち九つは福音書の記述に由来するもので、五つ（第三、第四、第六、第七、第九）はキリスト教会側の伝承によっている。最初の二つの出来事はアントニア要塞、つぎの七つはヴィア・ドロローサの沿道、最後の五つはローマ皇帝コンスタンティヌス大帝（在位・三〇六～三三七）の命によって建てられた聖墳墓教会聖堂のなかにそれぞれ位置づけられている。

現在は、毎週金曜日午後三時から約一時間にわたって、フランチェスコ修道会の修道士たちによって、実物大とされる十字架を担いでこの道程を行進する儀礼が執り行なわれている。加えて、毎年春の聖金曜日（グッドフライデー）には、世界各地から巡礼者たちが加わり、沿道は賑《にぎ》わいを呈し立錐《りっすい》の余地もない。

現在の聖墳墓教会聖堂は、ビザンツ帝国時代、十字軍時代、次いで十九世紀に建立された複合建造物で、ローマ・カトリック教会ラテン典礼派、ギリシア正教（会）（東方正教会）、アルメニア使徒教会（東方教会）、エチオピア・コプト教会（東方教会）、シリア教会（東方教会）の五つの教派が聖堂内の帰属場所を管理し、それぞれの聖堂としている。東西キリスト教会の生きた姿を伝えている。

原始キリスト教団の成立

紀元六年、帝政ローマは、ヘロデの跡を継いだ無能な息子アルケラオス（在位・前四～後六）を追放したのち、ユダヤを帝国の属州に編入して、長官を任命した。越えて紀元三〇年ころ、さきに述べたように第五代長官ポンティウス・ピラトゥスは、在任中、国家叛逆罪の容疑で引き出されたユダヤ人イエスを不承不承十字架刑に処した。

次いでイエスの弟子たちによって北方のガリラヤとイェルサレムを拠点に信仰共同体、原始キリスト教団が結成された。ファリサイ人として律法《トーラー》を学び、回心してイエスをメシア（救世主）と信じた使徒パウロ（生歿年不詳。ローマの属州キリキア州タルソス生まれ）は、ひとが救われるのは神からの一方的な恩恵によるという福音を地中海世界に広く伝えた。かれはユダヤ人の律法至上遵守主義の束縛を否定することによって、ユダヤ人コミュニティーの外にキリスト者の群れ、キリスト教会をつくった。イエスの福音は、ローマ帝国各地、アナトリア（小アジア）、ギリシア、ローマへ浸透していった。律法至上主義からの解放だった。

ちなみに、世襲のローマ市民権をもっていた生粋のユダヤ人パウロの思想の史的背景は当時のユダヤ教の律法とヘレニズム思想とに規定されていたが、かれの思想はかれに先立つ原始キリスト教団のイエス・キリストの死と復活信仰から出発している思想の流れのなかで捉えなければならない。

キリスト教は、四世紀はじめ、ディオクレティアヌス帝退位後の混乱を収拾したコンスタンティヌス大帝によって信教の自由が公認（三一三年のミラノ勅令）され、大帝みずからも病の床にあって受洗、帰依して帝権の神聖化を図り、三八〇年にはローマ帝国の国教となった。ただし、キリスト教自体はローマ帝国の統治原理とはならなかった。大帝の功績は、三三〇年、みずからの名にちなんで新都コンスタンティノープル（大帝の遷都まではビザンティウム、現在のイスタンブル）を完成し、行政改革・幣制改革・軍制改革を推進し、中世一千年のビザンツ帝国（ビザンツの名は首都の旧名にちなんで呼ばれたものである）の基礎を固めたことである。別言すれば、新都の建設によってローマ帝国の重心は東方に移され、テオドシウス帝（在位・三七九〜三九五）の死後、帝国は東ローマ帝国と西ローマ帝国とに分かれ、前者は一四五三年まで続き、後者は、四七六年、ゲルマンの傭兵隊長オドアケルに滅ぼされた。

第５章　対ローマユダヤ叛乱

——紀元後66〜74年／132〜135年

マッサダの北斜面に設けられたヘロデの三層の宮殿　ギリシア・ローマ世界の驚異的な建築のひとつ（A. Millard, *Trésors des Temps Bibliques*, 1986, p.177.）

第一叛乱・第二叛乱

紀元前後一世紀のローマ帝国支配下のパレスティナは、宗教的にも社会的にも激動の時代だった。

ローマ人総督による長年の圧政・支配に対してユダヤ人民衆の不満は徐々に昂《たか》まり、次第に対ローマ独立運動へとエスカレートしていった。その独立抗戦（対ローマユダヤ叛乱）は紀元第一世紀後半（六六～七四年／第一叛乱）と紀元第二世紀前半（一三二～一三五年／第二叛乱）の二度に及んだ。いずれも世界帝国ローマを向こうに回しての果敢な抗戦だったが、厳しく制圧され、その目的を達成できず、イェルサレム第二神殿の炎上・破壊と市街の陥落、祖国喪失と離散を決定づけることとなった。

叛乱の基本史料

対ローマユダヤ第一叛乱（大叛乱とも）については、当時の唯一の記録、ユダヤ人歴史家フラウィウス・ヨセフス（後三七／三八～一〇〇以後。ヨセフス・ベンマッタティヤ、ヨセフス・フラウィウスとも）の『ユダヤ戦記』（全七巻）、『ユダヤ古代誌』（全二十巻／第十四～第二十巻）に詳しく伝えられている。いずれも紀元一世紀の最後の四半世紀にギリシア語で書かれ、前者は紀元八〇年代のはじめに完成、後者は紀元九三／九四年ころに完成した。帝政ローマに対するユダヤ人の叛乱は、ローマ側の年代記では、他地域の原住民のそれと同様、特異なものではなかった。注目すべきは、立場の相違は別として、ひとりの歴史家がその経緯を細大漏らさず調べ上げて書き遺すに値すると見なし、それを書き遺した事実である。

ヨセフスの『自伝』（『ユダヤ古代誌』の附録。九六年ころ完成）によれば、かれの家系はイェルサレムの由緒あるサドカイ派の祭司家一族の出身でハスモン家にさかのぼる。幼年時代にはサドカイ派の祭司家一族の子弟として教育を受け、紀元六六年の対ローマ大叛乱勃発《ぼっぱつ》とともに参戦、戦略上の最重要地点、パレスティナ北方の上《かみ》・下《しも》ガリラヤとガリラヤ湖東側のガマラの指揮を託され、同地の砦と軍隊の補強に努めたが、総司令官ウェスパシアヌス（後九～七九）の率いる軍団に敗れ、投降した。紀元七〇年のイェルサレム陥落後、ウェスパシアヌス帝の長男ティトゥス（三九～八一）に同行してローマへ行き、七一年から三十余年同地にとどまり、最初はウェスパシアヌス（在位・六九～七九）とティトゥス（在位・七九～八一）の庇護を、のちにはドミティアヌス（在位・八一～九六）、ネルヴァ（在位・九六～九八）、そしてトラヤヌス帝（在位・九八～一一七）の庇護のもとに叛乱の経緯と同時代誌を書き遺した。これらは当時の出来事の大要を伝えてはいるが、親ローマの立場から書かれている。かれは同胞ユダヤ人からは裏切り者として蔑視《べっし》され、ローマ側からはユダヤ人であるがゆえに見下された。しかしユダヤ人の名誉の弁護者として未来永劫《えいごう》記憶されるに違いない。

右のヨセフスの著作は、主としてギリシア語を解するローマ人読者層を対象に書かれたものである。ヨセフスが『ユダヤ戦記』に挿入した演説文や第一叛乱のマッサダ籠城者・犠牲者の数などについての史料批判は、秦剛平の訳者解説（『ユダヤ戦記』3・二七一頁以下・ちくま学芸文庫・二〇〇二年）を参照されたい。本項は、右の『ユダヤ戦記』第七巻とイガエル・ヤディンの『マッサダ報告書　一九六三～六五年』（全六巻・一九八三～九九年）および田丸徳善訳『マサダ――ヘロデスの宮殿と熱心党最後の拠点』（山本書店・一九七五年）に負っている。他方、我が国における対ローマユダヤ第一叛乱の研究は、ほぼ同時代の歴史研究の精緻《せいち》豊富さにもかかわらず、僅かである。第二次世界大戦後の相沢文蔵、秀村欣二、新見宏等による熱心党を中心とした研究、杉田六一の概観的研究が嚆矢《こうし》である。

紀元七四年、第一叛乱は終結した。イェルサレム陥落後もなおマッサダ要塞に立てこもり、徹底抗戦を続けたかれら愛国者、信仰の自由の戦士たちは、対ローマユダヤ第一叛乱で散った最後の戦士たちであり、その自決は民族の叛乱にふさわしいエピローグだった。

ヨセフスが『ユダヤ戦記』第七巻に書き遺したマッサダ要塞についての記述の一部は歴史的事実だったことがイガエル・ヤディンの発掘調査によって確認されたが、ヨセフスの挙げる数――例えば、籠城者がローマ軍に抵抗した年数、叛乱の犠牲者男女九百六十人など――には誇張はなかったであろうか。

ヘレニズム・ローマ時代の貴重な歴史史料のひとつであるヨセフスの著作のなかから歴史の真実を掬《すく》い取り、それを批判的に語り継ぐのが二十一世紀の課題である。

このほか、ローマ帝政時代の歴史家タキトゥス（後五六ころ～一二〇ころ）の『年代記』『同時代史』、同時代の伝記作家スエトニウス（後七〇ころ～一三〇以後）の『ローマ皇帝列伝』にも当時の貴重な情報が一部伝えられている。

第二叛乱については、さきの大叛乱のときのような同時代の記録が残っていない。ローマの歴史家ディオ・カッシウス（一六四ころ～二二九以降）の著作『ローマ史』（第十七巻、第三十六～第五十四巻が現存、他は断片）、口伝律法の集大成タルムード、ユダの荒野の洞窟群から発見された文書《もんじょ》および考古遺物などから情報を拾い集めなければならない。

第一叛乱の概要

紀元六年、皇帝アウグストゥス（在位・前二七～後一四）はヘロデの子アルケラオスをユダヤ、イドゥメア、サマリアの「民族支配者《エトナルケス》」の地位から追放し、その領土をローマの直轄領に編入、同地を皇帝の派遣する総督の支配下に置いた。これは一部のユダヤ人民衆の希望に添った措置でもあった。総督の支配は、紀元四四年以降、属州ユダヤ全土に及んだ。

総督は、カイサリアやセバステなどヘレニズム都市で兵士を徴募、かれらをイェルサレムをはじめとする要衝に駐屯配置し、人口調査に基づいた徴税組織によって重い租税を徴収した。

これに対して、ガリラヤのイェフダとファリサイ派のツァドクが抵抗運動を起こした。

一方、ユダヤの内政を執行したイェルサレムの議会《サンヘドリン》では貴族階級のサドカイ派とともにファリサイ派の律法学者が議席を占めた。政治的・行動的なグループ熱心党（ヘブライ語でカナイーム、ギリシア語でゼーロータイ）も登場した。熱心党は統一された党派ではなく、大叛乱を惹き起こした行動的諸党派の自称だった。

紀元六六年、前ユダヤ総督フロールス（在任・六四～六五）がイェルサレム神殿の宝物庫から十七タラントを掠奪したことに端を発し、熱心党の指導のもとに蹶起《けっき》したイェルサレムの住民がフロールスを追放し、大祭司の子エレアザル・ベンハナニヤ（？～七〇）の提案にしたがい、これまでイェルサレム神殿でささげられてきたローマ皇帝の健康を祈願する犠牲が中止された。これが叛乱の直接の合図となった。

当初、叛乱者たちは勝利を収め、イェルサレムに統治機関を樹立し、硬貨を鋳造した。そして国土を七つの軍管区に分け、それぞれに指揮官を置いた。後に歴史家となった祭司マッタティアの子ヨセフスは北方のガリラヤ地区の指揮官に任ぜられた。

皇帝ネロ（在位・五四～六八）は、事の重大なことを悟って、もっとも有能な将軍ウェスパシアヌスらを三師団とともにユダヤに派遣した。六九年末に将軍ウェスパシアヌスが帝位に即くと、七〇年春に、嗣子ティトゥスにイェルサレム征服の任務が委ねられた。

紀元七〇年、イェルサレムはティトゥスの軍団に占領され、神殿は炎上、完全に破壊された。

ユダヤ人は破壊された第二神殿をもはや再建することはできなかった。

ヘロディオンとマカエロスの両砦は、ティトゥスに後事を託されたユダヤ総督ルキリウス・バッススの手によって攻略されてしまった。しかし、堅固な要塞マッサダは、エレアザル・ベンヤイルの指揮のもとに七〇年から七四年までスィカリ党（短剣党）の最後の残党によって防衛・死守された。叛乱軍の最後の者たちはここで死を迎えた。

マッサダ要塞は、死海の西岸に向かって約三百九十メートル余の急斜面をなして周囲の深い峡谷から聳え立つ岩山の上に建てられている、全周を岩山に囲まれ、周囲から孤立した岩山で、凄絶《せいぜつ》かつ壮大な美しさをもった景観を示す場所であるが、同時にユダヤの歴史におけるもっとも劇的な挿話を秘める遺蹟でもある。マッサダ要塞は当時狼煙《のろし》台としても使われたはずである。

一九六三〜六四年／一九六四〜六五年のイガエル・ヤディンによるここマッサダ要塞の本格的な発掘調査によって、数々の遺構のほか、自決したユダヤ人たちの遺骨や女性の毛髪、革のサンダルなどが確認されている。このほか同地から貴重な写本群が発見されている。これらは要塞が第一叛乱最後の抵抗を試みた熱心党員に占領された当時のものだった。もっとも重要な写本は、ヘブライ語によるベンシラの知恵の写本で、紀元前七五年ころ、旧約聖書外典の成立から約百年後に書かれたものである。詩篇、レビ記、創世記の写本断片、それに安息日《あんそくび》の犠牲のための歌の巻物（写本）なども発見されている。この安息日の犠牲のための歌は、マッサダ出土の断片のほか、ワーディー・クムラーン第四洞窟から八つの断片、第十一洞窟からひとつの断片が出土している。マッサダの籠城者たちは右の洞窟で発見されたものと同じ蔵書の一部（写本）を所持していたことになるが、かれらがクムラーン宗教集団の団員であったか否かは不明である。いずれにせよ、クムラーン宗教集団の蔵書の多くは第二神殿時代のユダヤ人コミュニティーの共通の財産ではなかったたか。クムラーン宗教集団の蔵書は、ローマ軍によるヒルベト・クムラーン・センター破壊（後六八年。ヒルベト・クムラーンはアラビア語で「クムラーンの廃墟」の意）直前に近くの洞窟に運び込まれ、収蔵されたもの以外は何も残らなかった。その後のことは一切不明。ある者はローマ軍の迫害に斃《たお》れ、ある者は改宗してユダヤ教分派のイエス派の群れに投じ、またある者は蔵書の一部をもってマッサダ要塞に逃れたのであろうか。

コラム　死海西岸

死海西岸の丘陵は東岸に較べて段丘が多く、後背部の荒野とともに、西岸にはワーディー（涸谷）を除いて死海に流れる河川がない。ただ、二つの泉がある。ひとつは北西部のヒルベト・クムラーン近郊のアインフェシュカで、クムラーン宗教集団の水源だったに違いない。もうひとつは、西岸のほぼ中央部に位置するエンゲディ（「小山羊《こやぎ》の泉」の意。「ダビデの滝」とも）で、ここにダビデがサウル王の嫉妬《しっと》から逃れ、乙女に愛をささやいたと伝えられているぶどう園がある。エンゲディの南十六キロの地点に要塞マッサダがある。

マッサダの山頂は海抜約四十九メートル、水面からの比高は約四百五十メートル、山頂部は平坦《へいたん》で、食糧貯蔵庫や巨大な貯水洞が残っている。南北約六百メートル、東西はその中央で約三百メートル。貯水洞は地下水道によって結ばれ、近郊のワーディーとも繫がるようになっていた。地質学的には固い石灰岩と苦灰岩とから成り、植被は皆無に近い（小堀巖）。

議会と学府の再編

紀元七〇年のローマ軍によるイェルサレム第二神殿の破壊・滅亡とともに、ユダヤ人コミュニティーは、ユダヤ教学の中心地を、イェルサレムからテルアヴィヴの南およそ二十キロの位置にあった海岸平野の町ヤブネ近郊に移し、同地に律法学者、ラビの学府（律法《トーラー》研究の教学院）と最高議会《サンヘドリン》を設置した。

ユダヤ地方から追放された離散ユダヤ人は、同地で紀元六四年ころから九〇年ころまでに、次いで一一八年ころに繰り返し開かれたラビの会議においてユダヤ教の経典としてのいわゆる聖書全体の範囲が決定された際に、経典聖書（キリスト教徒の旧約聖書）を完結した。紀元一世紀末から二世紀にかけてのこの時期はイスラエル四千年史のなかで重要な分岐点となっている。

神殿の破壊とともに、イェルサレムを中心とするユダヤ人コミュニティーは事実上消滅、祭司団とサドカイ派はユダヤ人コミュニティーに対する影響力を失った。次いで、ファリサイ派賢者の代表でヒッレル学派出身のヨハナン・ベンザッカイ（生歿年不詳）は熱心党員に見守られて棺《ひつぎ》に入り、死者を装ってイェルサレムから脱出、ヤブネに行き、議会と学府を再編した。

この議会が全ユダヤ人コミュニティーの最高機関となったのである。

やがてヨハナンは、議会の総主教にダビデ家の後裔と称するヒッレル家のガマリエル二世が着任する道を開き、みずからヤブネを去った。紀元九六年、ネルウァがローマ皇帝となり、フラウィウス家の支配が終焉《しゅうえん》すると、当局は総主教ガマリエル二世をユダヤ人コミュニティーの首長として正式に承認した。ガマリエル二世以後、五世紀にビザンツ帝国がこの総主教職を廃止するまでの期間、ユダヤ人コミュニティーの最高指導者としての「総主教」は「王」に匹敵する権威を与えられていた。

第二叛乱の勃発

紀元第二世紀、ネルウァ帝の養子となり、帝位を継いだトラヤヌス帝時代の叛乱（一一五～一一六年。詳細不明）を経て、ハドリアヌス帝（在位・一一七～一三八）がイェルサレムに異教の神殿を含むローマの植民市の建設計画を発表したのを機に、神殿再建の希望を絶たれたユダヤ人による対ローマユダヤ第二叛乱（一三二～一三五年）が勃発した。

シメオン・バルコホバ（「星の子」の意）に率いられた叛乱軍は、結局イェルサレム南西のベタルに追いつめられ、一三五年夏、ベタルの城壁は破られ、バルコホバは戦死し、律法学者ラビ・アキヴァもローマ軍に捕らえられて虐殺され、三年半に及んだ第二叛乱は終結した。

ユダヤ人の伝えによると、ベタルの陥落は、第一神殿と第二神殿が破壊された日と同日のユダヤ教暦のアヴ月の九日であったと信じられている。叛乱の結末は、六十五年前の大叛乱のときよりもさらに悲惨だった。叛乱鎮圧後、ハドリアヌス帝は、ヤブネの議会を解散させ、ユダヤ教を徹底的に弾圧し、すべて死刑によって禁じた。多くのユダヤ人はラビ・アキヴァに倣って命懸けで禁令を破って殉教の死を選んだ。

ついでながら、ハドリアヌス帝治下の対ローマユダヤ第二叛乱の指導者バルコホバ（バルコシバとも）が第二叛乱期のユダヤの硬貨に刻まれた「イスラエルの王シメオン」と同一人物であること、およびかれの正式の称号は「イスラエルの王コスィバの子シメオン」であったことが明らかになった。「メシア」と見なされたこの「シメオン」はハスモン家の末裔であったかもしれない（M・アヴィヨナ）。硬貨は当時を映す貴重な鏡である。

祖国を追われたユダヤ人がその後独立を恢復したのは、千八百年余後の一九四八年五月だった。

アエリア・カピトリーナの建設

属州ユダヤはその名称を「パレスティナ」に変更され、ローマ帝国のシリア州の一部に編入された。トラヤヌス帝のあと帝位を継いだハドリアヌス帝は、さきのイェルサレムの再建計画案通り（後一二九年）、廃墟となったイェルサレムの神殿の丘にユピテル（ゼウス）神殿をもつローマ植民市「アエリア・カピトリーナ」を、帝政ローマ軍団の設計にしたがって建設した。

そしてユピテル神殿の前に騎馬姿のかれ自身の彫像を立てた。キリスト教徒側の伝承によると、かれはゴルゴタ跡にウェヌス（ヴィーナス）神殿を建造した。

「アエリア・カピトリーナ」は、ハドリアヌス帝自身の家族名アエリウスとローマ市の守護神名ユピテル・カピトリヌスの組み合わせである。ハドリアヌス帝はこの偽名「アエリア・カピトリーナ」によってイェルサレムの名称と記憶とを地上から根絶しようとしたのである。

叛乱鎮圧後、ハドリアヌス帝はユダヤ人を徹底的に弾圧した。キリスト教に改宗したユダヤ人すらイェルサレムへの立ち入りは禁止された。ただし、異邦人キリスト教徒は自由に立ち入ることが許されていた。しかし、多数のユダヤ人は命懸けでこの禁令を破って殉教の死を選んだ。先頭に立ったのが、さきに言及した律法学者ラビ・アキヴァをはじめとする指導者たちだった。

右の神殿の建造に伴って、ユダヤ人はこの町に立ち入ることを死刑によって禁じられた。その二百年後、四世紀になって、ようやくこの禁令は一部解かれ、ユダヤ人は、当局から、一年に一日だけユダヤ教暦のアヴ月の九日（太陽暦の七〜八月）に、神殿の破壊を歎くため、神殿の丘を取り囲む城壁の西側の石壁の前に集まることが許された。次いで五世紀に、ビザンツ皇帝テオドシウス二世（在位・四〇八〜四五〇）の皇太后エウドキア（四〇一ころ〜四六〇ころ）の執り成しで、禁令は廃止され、ユダヤ人は再びイェルサレムに住むことができるようになったが、多くのユダヤ人は離散の地にとどまった。

成文聖書の成立

最終的に成文聖書がユダヤ教の経典と認められたのは、紀元一四〇年、北方のガリラヤのウシャで行なわれたラビの会議においてであった。爾来《じらい》、離散ユダヤ人は二千年の間、成文聖書《タナッフ》と口伝律法とに基づいてユダヤ人コミュニティーをかたくなに守り続け、現在に至っている。

右の経典聖書結集会議開催の直接の要因は、つぎの二点に要約される。ひとつは紀元前三世紀から紀元一世紀にかけて翻訳された七十人訳によって、イエスがメシア（「受膏者《じゅこうしゃ》」「油を注がれた者」の意）であったことを証明しようとするキリスト教徒と論争するためと、もうひとつは律法学者たちが信仰と実践が聖書の一言一句に基づくという認識から、ヘブライ語聖書の本文《テクスト》と啓示の完結した書である経典とを厳密に決定する必要を感じていたことがそれである。

いずれにせよ、ユダヤ人コミュニティーは、イェルサレム神殿に代わって、ここにコミュニティーの経典として結集された聖書を所有することになったのである。他方、キリスト教会の経典化は、西方で四世紀（三九七年のカルタゴにおける公会議）に、東方ではさらに遅れて七世紀に行なわれた。

第6章　ビザンツ帝国時代から初期ムスリム時代へ
——324～1099年

岩のドーム（撮影・石黒健治）

ビザンツ時代の時期区分

東ローマ帝国は、首都の旧名ビザンティウム（現在のイスタンブル）にちなんでビザンツ帝国（ビザンティン帝国とも）と呼ばれ、つぎの三つの時期に区分される。(1)初期ビザンツ時代（四〜六世紀）、(2)中期ビザンツ時代（七〜十三世紀）、(3)後期ビザンツ時代（十三世紀以降〜一四五三年）。コンスタンティヌス大帝がボスポラス海峡に臨む第二のローマ、コンスタンティノープルの開都式をあげた三三〇年、もしくはキリスト教を国教とし異教を禁圧したテオドシウス帝が歿し、ローマ帝国が東西に分裂した三九五年が国家の開始点とされ、一四五三年、オスマン帝国に首都を占領されて帝国は滅亡した。

ビザンツ帝国のパレスティナ支配は、サーサーン朝ペルシア軍の侵入によって六一四年に一時中断され、その後恢復されたが、イスラーム教徒の征服によって終結した。

初期ビザンツ時代（四〜六世紀）のイェルサレムに関する情報源のひとつはキリスト教徒聖地巡礼者の記録であり、もうひとつは六世紀のメデバ・モザイク地図である。

ビザンツ帝国時代のイェルサレムにおける建築活動（主に教会堂の建造）は四世紀の第二・四半期に始まり六世紀まで続いた。その活動は三期に区分される。コンスタンティヌス大帝とその子リキニウス二世の時代（四世紀）、エウドキア皇后の時代（五世紀中葉）、ユスティニアヌス大帝の時代（六世紀）がそれである。

母后ヘレナのイェルサレム訪問

軍人皇帝ディオクレティアヌス（在位・二八四〜三〇五）は、兵卒から身を起こし、ニコメディアで帝位に即くや、内乱・外寇《がいこう》に対し広大な帝国領の統治強化に努め、四分統治制を採用、二人の正帝と二人の副帝にこれら四地域を分割統治させ、国内や辺境の叛乱を収束、帝国を統一して東ローマ帝国の基礎を確立した。みずからは、今日の中東に当たる東部地域の支配者になった。新首府は、三三〇年にコンスタンティヌス大帝によって完成し、コンスタンティノープルとして、一四五三年にオスマン帝国に占領されるまでビザンツ文化の中心だった。ディオクレティアヌス帝の退位とともに、各地域の支配者との間に争いが起こり、父帝の死をうけ三〇六年、ヨークで即位したコンスタンティヌス大帝はこれを収拾し、三一三年、キリスト教徒迫害を中止させ、信教の自由を認め、キリスト教会に支援物資を送り届けた。町の名は「アエリア・カピトリーナ」から「イェルサレム」に改められ、キリスト教の聖都とされた。三二四年、ビザンティウムなどで政敵リキニウスを倒し、全ローマ帝国を統一した（在位・三〇六／三二四〜三三七）。併せてかれはイェルサレムを直接支配した。

三二五年、コンスタンティヌス大帝は、東西に跨《またが》る帝国全土の主教たちの要請に基づいて、異端派アリウスをめぐる論争を議するため、ビザンティウム近郊のニケア（現在のイズニク）において、キリスト教会最初の公会議を開催した（アリウス派を異端とし、アタナシウス派を正統とした）。同公会議には大帝の母后《ぼこう》ヘレナ（二五〇ころ～三三〇ころ）、アエリア・カピトリーナ（イェルサレム）の主教マカリオスなどが出席していた。マカリオス主教はヘレナ皇太后に謁見、イエスが足跡をしるしたイェルサレムが荒廃しているさまを詳しく報告した。高齢のヘレナは、これに心を動かされ、イェルサレム訪問を決意、ニケア教会公会議開催の翌年、三二六年、皇帝の祝福を受け、法的権威と基金とを与えられてイェルサレムへ旅立った。ヘレナ皇太后と一行のイェルサレム到来は新しい時代を劃した。

ヘレナ皇太后とマカリオス主教は、イエスが地上で過ごした最期の日々に起こった出来事と関わりのあるゆかりの場所を訪ね回り、感動に震えながらその場所をひとつひとつ確認した。かれらはイエスの磔刑と関係のある聖遺物も発見したという。そしてイエスが葬られた墓を記念する聖墳墓教会聖堂を建立した。場所はゴルゴタの丘の近くだった（五世紀のギリシアの教会史家ソクラテスや同教会史家ソゾメノスの伝による）。

ビザンツ帝国時代のイェルサレムは、今や、町の精神的役割、その宗教的地位、その地勢、キリスト教徒に関係するすべてに新たな野望を抱く新しい主《あるじ》、キリスト教徒の支配下に入った。この時代の特徴は建築事業の昂揚《こうよう》にあり、その壮大さに重点が置かれた。

その後の二百五十年の間に、イェルサレムはビザンツ帝国とサーサーン朝ペルシアとの勢力拮抗《きっこう》の地となり、同地で城壁や教会堂の改築・新築工事がさかんに行なわれ、聖都イェルサレムは変容した。

コラム　パレスティナ最古の地図――メデバ・モザイク地図

ビザンツ帝国時代の情報源によって明らかになった事柄のひとつは、帝政ローマ時代のイェルサレムの地勢的概観がビザンツ帝国時代まで続いたということである。しかしながら、イェルサレムが帝政ローマ時代の城壁を越えて南北に再び拡がるときがやってきた。

現存するパレスティナ最古の地図のひとつにメデバ・モザイク地図がある。この地図は、一八八四年、死海北東岸、モーセ終焉の地ネボ山（標高八百二十メートル）近郊の現在のヨルダン領メデバ（マデバとも）で発見されたギリシア正教の教会堂の床にモザイクで描かれていた。六世紀後半（五六〇〜五六五年ころとも）、ビザンツ皇帝ユスティニアヌス大帝（在位・五二七〜五六五）の治世末期の作で、現在判っている目で確かめ得るパレスティナ最古の鳥瞰図《ちょうかんず》である。

メデバは肥沃な平原の中央にある低い丘の上に位置し、長方形の防壁に囲まれていて、現在では七つの門の跡が残されている。この防壁のなかから十の教会堂跡が発見された。モザイク地図はメデバの北門近くの防壁内に建っていた教会堂の床に描かれていたもので、この床はギリシア正教の新しい（聖ジョージ教会の）教会堂の土台が築かれたときに発見され、その研究が開始されたのは一八九六年からである。地図全体の大きさはおおよそ二十二×七メートルあった。現在イェルサレムのイスラエル地質調査所では、一枚の地図として復原縮小したものを頒布している。
メデバ・モザイク地図は東を上にしていて、その中央は二隻の船が浮かぶ死海である。ちなみに、パレスティナの自然の境界は、北はレバノン山脈、南は乾燥不毛の地ネゲヴ、東は広大な沙漠、西は大海《たいかい》（地中海）に劃されている。

　この絵地図には百五十九の地名（ギリシア語）が記述されていて、これらの地名の考証により、地図はローマ時代の道路地図に基づいていることが判明した。当時のイェルサレムが楕円形《だえんけい》の城壁で囲まれた町として描かれ、その上にギリシア語で「聖都イェルサレム」と誌されている。ビザンツ帝国時代の栄光のイェルサレムを中心としたパレスティナ絵地図である。

北はビュブロス（ゲバル）、ハマト、ダマスカスから、南はエジプトのノアモン（テーベ。現在のルクソール）まで、西の地中海から東のケナラ、ボズラ、ラバト、アンモン、ペトラまでを含んでいる。縮尺は均等ではない。重要な地域は他の地域より大きく描かれ、地図はおおむね一万五千分の一に作製されているが、イェルサレムの縮尺は約千六百五十分の一となっている。彩りは多色で、動物や植物なども描かれ、赤・黄・緑・青・鳶《とび》・菫《すみれ》・灰・白（順不同）など多種の大理石片を用い、全体で約二百五十万個の嵌《は》め込み石が使用されている。仮に一時間に二百個仕上げたとすれば、一万二千五百時間を要した計算になる。工匠が三人組で一日十一時間働いて優に一年以上の歳月をかけて作製したことになる。この精巧な地図は、工匠たちのパレスティナに対する熱い思いの結晶として工芸史上高く評価されている。

６世紀のモザイク床に描かれたイェルサレム（最古のパレスティナ地図メデバ・モザイク地図の一部）　①エウドキアの館、②聖墳墓教会聖堂、③ユスティニアヌス大帝が建てた聖マリア・ノヴァ教会聖堂（*Encyclopaedia Judaica*, Vol.9, 1971, p.1543.）

図から判るように、イェルサレムはツィオン山を囲むようにビザンツ皇帝テオドシウス二世（在位・四〇八～四五〇）の后エウドキア（四〇一ころ～四六〇ころ）が五世紀に延長築造した城壁に囲まれ、エウドキアの宮殿（館《やかた》）、聖墳墓教会聖堂、ユスティニアヌス大帝が建立した聖マリア・ノヴァ教会堂、ツィオン山上の教会堂などが描かれている。五世紀中葉に皇后エウドキア（四三七～四三九年にはじめてイェルサレムを訪問。四六〇年以降同地に逗留《とうりゅう》）は、ツィオン山とオフェルの二つの丘の南端を町に加えて、紀元七〇年のローマ軍によるイェルサレム破壊以前の広さに復原した。イェルサレムには帝政ローマ時代からの導水設備が広範に及び、城壁内外にかなりの数の貯水槽と貯水池があった。

町を分割しているのは、かつてローマ皇帝ハドリアヌス（在位・一一七～一三八）が建設した南北に通じる道路である。道路の南側には列柱が立ち並び、列柱は聖墳墓教会聖堂入口の両側にも立っている。今日のダマスカス門が地図の北端に見えている。そして、西の城門ヤッフォ門のすぐ近くにヘロデ大王（在位・前三七〜前四）が宮殿を防衛するために建立した三つの塔のうち二つが描かれている。そのひとつ、ヘロデの親友の名にちなんだヒッピクスの塔の礎石は現在ダビデの塔と呼ばれている塔に保存されている。

メデバ・モザイク地図から明らかなように、ビザンツ帝国時代のイェルサレムの都市計画は帝政ローマ時代の町の輪郭にしたがっていた。ビザンツ帝国時代のイェルサレムの推定人口は四万〜六万人と言われている。

ペルシア軍の来襲

六一四年、サーサーン朝末期の君主ホスロー（コスロエース）二世（在位・五九一〜六二八）のもとに再生したペルシア軍が皇帝ユスティニアヌスの迫害に対する不満分子ガリラヤのユダヤ人の援《たす》けを得てパレスティナを蹂躙《じゅうりん》し、二十日間の包囲ののちイェルサレムを占領した。次いでキリスト教徒のほとんどが殺害され、聖墳墓教会聖堂をはじめ教会堂や修道院はことごとく破壊された。総主教ザカリアスと数千のキリスト教徒はヘレナ皇太后が発見したと伝えられる十字架とともにペルシアに捕らえ移された。

その後、六二九年、ビザンツ皇帝イラクリオス一世（カルタゴ総督の子。在位・六一〇〜六四一）がイェルサレムを奪還、パレスティナは一時ビザンツ人の手に戻った。総主教ザカリアスと十字架はイェルサレムに戻され、破壊された建造物の大部分は以前のキリスト教的特質を恢復しようとしていたビザンツ皇帝と総主教との努力により再建された。しかし、僅か八年で、イェルサレムはムスリム（イスラーム教徒）の支配下に入ることになる。

ビザンツ帝国時代のイェルサレムは、同時代に建てられた壮麗な教会堂や修道院を通して見る限り、キリスト教会の繁栄の時代だったように見える。しかし、それはキリスト教会内部のイエス・キリストの人格の神的要素と人的要素との関係をめぐっての内紛の時代でもあった。

預言者ムハンマドの出現

ビザンツ皇帝イラクリオス一世がイェルサレムをペルシア軍の手から奪い返したころ、セム的唯一神教の系譜を継ぐ預言者ムハンマド（「数多く誉《ほ》め讃《たた》えられる者」の意。ムハンマド・イブン・アブドゥッラー・イブン・アブドゥルムッタリブとも。五七〇年ころ～六三二）は信徒の一団とアラビア半島西部アルヒジャーズの都市マッカ（メッカ）からアルマディーナ（メディナ。古名ヤスリブ）へ移住し（六二二年）、アルマディーナを中心とする教団国家を建設していた。預言者ムハンマドの死の翌日、かれの旧友アブー・バクルがイスラーム教団国家の初代正統カリフに選出され（在位・六三二～六三四）、かれは軍団をアラビア半島各地に派遣して反イスラーム勢力を討ち破り、半島全域に及ぶイスラーム教徒の支配を確立した。カリフは、アラビア語ではハリーファ、元来は「後継者」または「代理人」の意で、預言者ムハンマド歿後の初期イスラーム教団国家の最高権威者を指す。

イスラームの使徒パウロとも称されるイスラーム教徒の最高指導者第二代正統カリフ・ウマル・イブン・ハッターブ（在位・六三四〜六四四）は、イスラーム教団国家の組織化に全力を傾注、六三八年、シリアに向かい、途次《みちすがら》イェルサレムを包囲した。

聖都イェルサレムを再び戦渦に巻き込んではならないと考えていたギリシア正教のイェルサレム総主教ソフロニオス（在位・六三四〜六三八）は、正統カリフ・ウマルに書簡を送り、無条件降伏を申し出た。イェルサレムは平和裡《へいわり》に征服された。この申し出に対する宗教指導者正統カリフ・ウマルの見識ある態度は後世の歴史家から高く評価されている。正統カリフ・ウマルは、キリスト教徒に対し信教の自由を認め、他方ユダヤ人がイェルサレムに帰還することを許した。こうしてムスリムのイェルサレム支配が始まったのである。

正統カリフ以後

初期ムスリム時代は、六三八年の第二代正統カリフ・ウマルの軍勢によるイェルサレム征服（七世紀）から始まり、十一世紀末の第一回十字軍によるイェルサレム攻略で終結した。正統カリフ・ウマルの治世は四百六十年に及ぶムスリム（ムスリムとは「〔神に〕絶対的に服従する者」が原意。女性のイスラーム教徒はムスリマ。出自を問わずすべてのイスラーム教徒を指す）支配の開始を劃した。

時の経過とともに支配者の間に王朝の交替が起こった。これらの王朝の交替でイェルサレムの運命も変転した。

正統カリフ時代（六三二～六六一年）、ウマイヤ家のムアーウィア一世がダマスカスを首都として建設したイスラーム史上初の世襲王朝、ウマイヤ朝時代（六六一～七五〇年）ののち、アッバース家のアブー・サッファーフが初代カリフとなったアッバース朝（七四九～九六九年。首都は八三六～八九二年のサーマッラー遷都時代を除いてバグダード）と続いた。この時代の歴代カリフによる支配期は他の宗教に寛容な勢力のおかげで、信教の自由が許され、平和な繁栄の時代が続いた。十一世紀にはイェルサレムの旧市街に宗教別の居住区が形成され、またヨーロッパからの巡礼が許され、イェルサレムには巡礼者が来訪しはじめた。

その後、シーア派の一分派イスマーイール派が北アフリカに建てたファーティマ朝（九〇九／九六九～一一七一年）時代は衰頽の一途を辿った。続くルーム・セルジューク朝トルコの征服はさらにひどい混乱と混沌《こんとん》とを惹き起こし、最後にイェルサレムは、一〇九九年、第一回十字軍によって征服された。

預言者ムハンマドがイェルサレムから天界に旅立ったとされたため、イェルサレムはムスリムにとってマッカ、アルマディーナに次ぐ重要な聖地となった。かつて預言者ムハンマドは、マッカを都市のなかの都市と誉め讃え、アルマディーナを芳香の地と呼び、イェルサレムをオリーヴの樹の如《ごと》しと形容したという。

初期ムスリム時代のイェルサレムについての一次史料から知り得る情報は僅かしかない。イェルサレムを自分たちの作品の題材として選んだ当時の作家はほとんどいなかったが、数少ないなかでもつぎの二人は言及に値する。十世紀末にイェルサレムに住んでいたイェルサレム生まれのムスリム地誌学者アルマクディスィー（九四六～九九〇ころ）と、一〇四七年にイェルサレムを訪問したペルシア人詩人・旅行家ナーシル・ホスロー（一〇〇三～六一）。この時代も引き続きキリスト教徒巡礼者たちはイェルサレムを訪問し、巡礼中に見聞したことを書き遺しているが、当時のイェルサレムに関するわれわれの知見の大部分はのちの十字軍時代の記述に依拠している。

正統カリフ・ウマル・イブン・ハッターブのイェルサレム入城

六三八年、一戦も交えずイェルサレムに入城した第二代正統カリフ・ウマルが心配りをしたことは、ムスリムにとって永遠に聖なる都イェルサレムを破壊しないようにすることだった。正統カリフ・ウマルは教会堂を接収することをせず、ムスリムが教会堂を使用することを禁ずる勅書をギリシア正教のイェルサレム総主教ソフロニオスに与えた。その後、六七〇年に聖墳墓教会聖堂を訪れたアルクルフス（生歿年不詳）は、この聖堂の見取図を書き遺している（パリ国立図書館蔵）。

中世のムスリム側の伝承によると、イェルサレム占領直後、同地に入城した正統カリフ・ウマルは、総主教ソフロニオスに、かねて関心を抱いていた神殿の丘に案内するように頼んだ。総主教は一瞬困惑したという。キリスト教徒が神殿の丘を汚物とごみの捨て場にしていたからである。正統カリフ・ウマルが強く要求したため、かれら一行をそこへ案内した。

ビザンツの支配者たちはイェルサレム各地に壮麗な教会堂を建てておきながら、なぜ神殿の丘を荒れるにまかせ瓦礫《がれき》の山としておいたのだろうか。思うに、キリスト教を国教としキリストの地上における代理者と自任してきたビザンツの支配者たちは、神殿の丘を廃墟のままにしておくことによってユダヤ人とイェルサレムとの関係を断ち切ろうとしたのではなかろうか。イエスがユダヤ人だったことを忘れたのであろうか。

正統カリフ・ウマルは、神殿の丘を掃き浄め、かつて神殿が建っていた場所にムスリムの礼拝堂を建立するよう命じ、木造のモスクを建てた（六三八年）。実際、六七〇年にイェルサレムを訪れたあるキリスト教徒巡礼者は、神殿の丘、つまり帝政ローマ時代の神殿跡に、三千人もの信徒を収容できる方形の木造の大建造物をムスリムが建立した、と書き遺している。他の記録によると、ユダヤ人もまた神殿の丘に何らかの権利を与えられ、丘を掃き浄めた、と。

今日神殿の丘に建つ壮大な黄金色の屋根を戴く円天井《ドーム》の建造物は、しばしばかれの名前にちなんで「ウマル・モスク」と呼ばれてきたが、実際にはかれが建設したものではない。正しい名称は、「岩のドーム」あるいは「ドームのモスク」である。

別のムスリム側の伝承は、聖墳墓教会聖堂の近くに建っているウマル・モスク（岩のドーム）の建築について語っている。正統カリフ・ウマルがイェルサレムに到着したとき、総主教ソフロニオスは、名誉の印《しるし》に正統カリフ・ウマルが聖墳墓教会聖堂で礼拝を行なうことを進言したが、かれは「もし余がここで祈りをささげれば、余にしたがう者が教会堂をモスクに替えてしまうだろう」と言ってその申し出を断り、代わりにその近くで祈りをささげ、このことを記念して聖墳墓教会聖堂のちょうど真東にモスクが建てられたという。「ウマル・モスク」と呼ばれているのがそれである。モスクの語源はアラビア語でマスジド、「平伏《ひれふ》して礼拝する場所」の意である。

岩のドーム

岩のドームは、実際はモスクというよりもむしろ一種の集中式記念建造物と呼ぶにふさわしい。ウマイヤ朝第五代カリフ・アブドゥルマリク（在位・六八五〜七〇五）の治世に、アブドゥルマリクがビザンツ出身の建築家と、シリアおよびコンスタンティノープル出身のキリスト教徒工匠に建てさせた建造物だった。かれもまた市壁とその城門の修復に気を配り、イェルサレムに総督官邸を建てたが、その位置は未確認である。

その後、ビザンツ・キリスト教の栄光をしのぐ建造物、岩のドームは地震その他で何度も補修され、無数の装飾が付け加えられたが、現在建っているこの壮麗な黄金色の円天井《ドーム》をもつ八角形の大モスクは、六九一年に完成した。この建造物の内外の修復は、アッバース朝の第七代カリフ・アルマアムーン（在位・八一三〜八三三）によってなされて以来、何度も修復されたが、基本的にはもとの形をとどめて現在に至っている。初期ムスリム時代を代表する建造物そのままである。このモスクは、ムスリムが「アルハラム・アッシャリーフ」（アラビア語で「崇高なる聖所」の意）と改名した神殿の丘の一番高い場所に建っていて、幅の広い階段によって東西南北四方から近づくことができる。

岩のドームは、神殿の丘の中央やや西寄りの不規則な長方形の基台の上に建てられている。岩のドームの下部が八角形、上部が円屋根、入口は四つあり、東西南北にひとつずつ大理石のアーチになって開いている。堂宇に入るためには宗教、国籍、身分を問わずだれでもモスクの入口の泉水で身を浄めて履き物を脱いで入らなければならない。

堂宇の一辺の長さは二十一メートル、周囲は百六十七メートル、高さ九・五メートル、その上に直径二十・四メートル、高さ二十・五メートルのドームが載っている。岩のドームのプランは、集中式プランをもつ近くの聖墳墓教会聖堂の殉教記念聖堂のそれと同じで、その優美さはそれよりもはるかに勝っている。近年では、岩のドームのプランと、ベトレヘムの降誕教会聖堂（三二五年建立）や、聖墳墓教会聖堂の殉教記念聖堂のそれとの比較研究から、両者の類縁関係が確認されている。殉教記念聖堂、岩のドームともに二重の側廊を備えていて、各々洞《ほら》穴《あな》を地下にもつ聖なる岩を囲っている。

ユダヤ人の伝承によると、岩のドームの堂宇中央の巨岩は、父祖アブラハムがその子イツハクを犠牲としてささげようとした祭壇であり、ソロモンの神殿および第二神殿はこの巨岩を中心に建てられた。またかつてイエスが親しくその庭を歩いたヘロデの神殿もここに建っていた。ムスリムにとっては、この巨岩は預言者ムハンマドが天界飛翔《ミウラージュ》へ旅立った聖なる場所を意味している。その内部には、一方では磔刑後三日目に復活したと信じられているイエスの足跡《あしあと》が、他方では天界へ旅立ったときの預言者ムハンマドの足跡が残されている。

岩のドームの変遷

岩のドームは一〇一六年に地震によって破損した。六年後に修復工事が行なわれたが、一〇六七年に再び地震がイェルサレムを襲った。巨岩に亀裂《きれつ》が入ったが、建造物のひどい破損は免れた。次章で述べる十字軍時代（一〇九九〜一一八七年）には、岩のドームは「主《しゅ》の神殿」（ラテン語でテンプル・ドミニ）という名に改められ、キリスト教会聖堂に改装され、堂宇には彫像聖画などが持ち込まれ、ドームの頂上には黄金の十字架が高々と立てられた。

その後、一一八七年にアイユーブ朝の創始者サラーフッディン（ヨーロッパ世界ではサラディン。在位・一一六九〜九三）がイェルサレムを征服すると、かれは十字軍が占領していた痕跡《こんせき》すべてを取り除き、町の幾つかの建造物を破壊したが、概して教会堂は残した。

次いで十四〜十五世紀にカイロに拠点を置いたマムルーク朝が付け加えた主要な工事は、今日まで残っている大理石の説教壇と銅製の扉の覆いだった。十六世紀に入ると、オスマン帝国の第十代スルタン・スレイマン一世（在位・一五二〇～六六）が大改築を行なった。一五六一年、ドームの窓を金で描いた花模様のステンド・グラスに替えたり、外壁を部分的に、ペルシアのタイル生産地カーシャーンに特別注文して取り寄せたものか、カーシャーン出身の職人がイェルサレムにやってきて焼いたものかは定かでないが、優雅な青磁色のカーシャーン・タイルで葺《ふ》き替えた。窓の上端の胴には、装飾的な雄渾《ゆうこん》なアラビア文字でアルクルアーンの章句が書きつらねられている。現在のタイルは、大部分、十九世紀の模造タイルである。ドームを覆っていた灰色の鉛板は、数年がかりで金メッキのアルミニウム板に葺き替えられ、一九六四年に完成した。

　イェルサレムの景観を象徴する岩のドームは、一九九四年四月、三十年振りに、一年余にわたる屋根の葺き替えなどの改修工事を終え、景観に一層の輝きを与え「新装黄金のドーム」として復活した。改修には二十四金の金箔《きんぱく》が使われ、使用された金の量は八十キロ、時価百五十万ドルに相当する。今回の改修には、サウディアラビア王国の第五代国王ファハド・イブン・アブドゥルアズィーズ（初代国王の皇子。在位・一九八二～二〇〇五）が、その二年前の一九九二年に湾岸戦争でイラク寄りの姿勢を見せたヨルダン・ハーシム王国のフサイン・イブン・タラール国王（在位・一九五三～九九。初代国王アブドゥッラー・イブン・フサインの孫）にこのドーム改修のために一千万ドルの寄附を申し出た。これに対して、聖域「アルハラム・アッシャリーフ」（神殿の丘）の守護者を自任してきたフサイン国王は、改修資金として、イギリスに所有していた資産を売り払って、八百五十万ドルの資金を工面して、首都アンマンにある修復委員会事務局に寄附したといわれている。宗教・民族の対立に絡む流血の歴史を見守ってきた岩のドームは、再生を機に、東西イェルサレムの平和の懸け橋となれるだろうか。

アルアクサー・モスク

神殿の丘で岩のドームと対をなすのがアルアクサー・モスクである。アルアクサー・モスクという名は、アルクルアーン第一七夜の旅の章の「僻遠《へきえん》の地の礼拝堂（イェルサレムの神殿）」に由来し、イェルサレムは預言者ムハンマドが夢のなかで辿り着いて昇天した場所とされている。

神殿の丘の南西端に建っている銀のドームとしてイスラーム教徒に親しまれているアルアクサー・モスクの建設者は、長い間、岩のドームの建設者と同じウマイヤ朝第五代カリフ・アブドゥルマリクといわれてきた。しかし、現在では、このモスクの建設者はかれの息子、八世紀の第六代カリフ・アルワリード一世（在位・七〇五〜七一五）であったと考えられている。七〇五〜七〇九年ころ（七一五年とも。我が国では七一〇年に元明《げんめい》天皇が藤原京から平城京へ遷都）に創建。だがここでもその建築に関する情報はすこぶる僅かである。モスク東側の数本の列柱の他は、八世紀の建造物の遺構は何も残っていない。

アルアクサー・モスクが建っている場所は、元来は、五三六年、ビザンツ皇帝ユスティニアヌス大帝（在位・五二七〜五六五）が聖母マリアを崇敬して建立したバシリカのあった場所とされている。モスクの建造物の扉は、最初、銀と金で覆われていたが、その後、八世紀以後の大地震――七四七年、七七四年、一〇三三年――によって破壊され、何回か修復工事が行なわれた。扉を覆っていた銀と金は最初の修復工事の財源として用いたといわれている。しかし、もっとも重要な改築は、一〇三四／三五年にファーティマ朝の第七代カリフ・アッザーヒル（在位・一〇二一〜三六）が行なったそれだった。五百人のイスラーム教徒を収容できる現在の長方形の礼拝堂（奥行七十九メートル、幅五十四メートル）の北側の七つの扉は、かれの工事で、破壊された家屋や教会堂の石柱や柱頭などを用いて改修したものである。

次いで十字軍の到着とともに、アルアクサー・モスクは、教会堂および聖ヨハネ騎士団の宿舎、引き続いて同騎士団の本部となった。かれらは、ここをかつて神殿の真南に建っていたソロモンの宮殿跡と考え、「ソロモンの宮殿」（ラテン語でパラティウム・ソロモニス）と呼び、一一八七年にサラーフッディーンがイェルサレムを征服するまで管理した。そしてモスクの地下にある円天井の部屋を厩舎《きゅうしゃ》に用いた。そこは現在も残っていて、「ソロモンの厩舎」と呼ばれている。ここはかつてヘロデが神苑《しんえん》の南東部を支えるために建設したものである。

今日のアルアクサー・モスクは、マムルーク朝時代の一三四五〜五〇年に再建され、次いで前世紀のイギリス委任統治時代に改築された建造物で、一九四三年に完成した。正面入口の西側の壁に取り付けられた大理石の飾り板に、モスクの修復や装飾のために献金したムスリムの支配者と皇族の名前、それにエジプトのムハンマド・アリー朝の最後の国王ファールーク一世（在位・一九三六～五二）を讃える碑文が刻み付けられている。一九四六年、またもや地震に見舞われ、その基壇が破壊され、以来建造物は絶えず修復を繰り返してきた。現在の建造物には修復された当時のあらゆる建築様式が混合している。全体の構成は、ウマイヤ朝第六代カリフ・アルワリード一世によって首都ダマスカスに建造された現存最古の大モスク、ウマイヤ・モスク（七〇六～七一五年に創建）のそれに類似している。

ヨルダン・ハーシム王国のフサイン・イブン・タラール前国王の祖父アブドゥッラー・イブン・フサイン国王（在位・一九四六～五一）が、一九五一年七月二十日にアラブ人過激派によって殺害されたのは、このモスクの入口だった。当時は、アジア、アフリカの各地で反植民地主義・反帝国主義運動の勃興期で、民族独立運動が昂揚していた。イスラエルと単独で和平交渉を進めようとしていたアブドゥッラー国王はパレスティナ人の裏切り者として殺害されたと報じられた。また一九六九年八月二十九日、オーストラリアからやってきた（オランダ系とも）狂信者キリスト教徒の放火により、十二世紀のレバノン杉の説教壇や樹齢一千年余といわれてきた古木などが焼失した。

ちなみに、岩のドームはイェルサレムの代表的イスラーム建造物ではあるが、今日、敬虔なイスラーム教徒は黄金の岩のドームよりも簡素なアルアクサー・モスクをこよなく重んじているように見える。

コラム　セム的一神教の成立

ユダヤ教、キリスト教、イスラーム（教）の成立について言及しておこう。

ユダヤ人の名を冠せられる宗教的・民族共同体、ユダヤ教団は、紀元前六世紀のバビロニア捕囚を通して成立し今日に至っている。ユダヤ教はバビロニア捕囚以前のヤハウェ信仰を民族共同体存続の基本原理とし、国土を奪われて以来、周囲の社会変動に対応しながら民族共同体のみを中心に発展してきた宗教である。ユダヤ人は自分たちのみがヤハウェ宗教の正統な相続者であることを主張する。

次いで、紀元一世紀にユダヤ教を母胎としてその律法主義や民族主義的独善主義を批判し、神の絶対愛による魂の救済を説いたイエス（前四ころ〜後三〇ころ）をメシアすなわちキリスト（救世主）とする信仰が生まれ、信仰共同体、原始キリスト教団が成立した。イエスの弟子たちに指導されたこの教団は、やがてローマの属州アナトリア・キリキア州のタルソ出身のユダヤ人パウロ（生歿年不詳。一世紀に活躍。伝えによれば、ネロ帝のキリスト教徒迫害によって処刑されたという）が各地の信徒の群れに送った書簡によれば、「異邦人の使徒」として全人格を傾けてヘレニズム・ローマ世界にイエスの福音を宣《の》べ伝えたことによって発展した。かれの書簡は初代キリスト教会の教義の形成に大きな影響を及ぼした。

七世紀に入ると預言者ムハンマド（五七〇ころ～六三二）が出現し、四十歳ころ（六一〇年）、マッカ郊外のヒラー山（現在はヌール山とも）の洞窟で瞑想《めいそう》中、突然異常な体験をし、天使ジブリール（聖書のガブリエル）を通して神アッラーの啓示を受け、教団国家を建設、これがイスラームの始まりである。啓示宗教としてのイスラームは、厳密には一神教の教義に立脚したもので、それに先立つ二つの啓示宗教、ユダヤ教およびキリスト教と同じ系列に属し、本質的に同じである。ユダヤ教、キリスト教、イスラームの三者は同根の宗教である。

イスラーム（正しくはアルイスラーム）においては神は唯一にして絶対のアッラーである。アッラーは唯一神を指すアラビア語であるから、神といえばアッラーだけである。イスラームとは「アッラーの教えに帰依すること」で、聖典アルクルアーンの教えにしたがうことである。信徒をムスリム／ムスリマというが、これは「アッラーの教えに帰依した者」の意で、「預言者ムハンマドを敬愛し、聖典としてのアルクルアーンを尊ぶ者」と定義される（小杉泰）。アッラーの語源は、アラビア語で神を表わすイラーフに定冠詞のアルが付いてアッラーとなった、といわれる。アッラーは唯一神そのものを指す。アラビア語ではユダヤ教、キリスト教の聖書における神もアッラーと呼んでいる。ユダヤ教、キリスト教の神ヤハウェもイスラームの神アッラーも同根の神である。

イスラームは、さきに言及したように、その根源から沙漠の民《たみ》、遊牧民の宗教ではなく、沙漠のなかの都市マッカを背景に誕生した商人の宗教であった。

第７章　十字軍時代

——1099～1187年

上・ボードゥアン１世の戴冠（1100年）
左・第１回十字軍のイェルサレム入城（1099年）

狭義・広義の十字軍

十二世紀の大半、イェルサレムを統治したのが十字軍だった。日本では平安時代後期から鎌倉時代に当たる。

我が国ではヨーロッパ側からの一般読者向けの十字軍史は、翻訳を含め多数刊行されている。一方、アラブ側からの十字軍史は、レバノンの著名なジャーナリスト、アミン・マアルーフ（一九四九〜）がフランス語で書いた『アラブが見た十字軍』（初版一九八三年。牟田口義郎・新川雅子訳・リブロポート・一九八六年／改訳決定版・ちくま学芸文庫・二〇〇一年）のみである。著者はまる二年をかけて関連史料を収集の末、当時の年代記作者・歴史家・目撃者約二十人の記録を渉猟し、激動の二世紀の歴史を手際よくまとめている。キーワードは、フランク、次いで侵略者・不信心者・蛮族であり、十字軍やヨーロッパなる語は出てこない。ヨーロッパ成立以前の出来事だったからではないか。「日本人にとってまさに衝撃の一書、眼から鱗《うろこ》」（歴史家猿谷要評）と受け止められた。本章は、右のA・マアルーフの労作反十字軍史と橋口倫介の労作（翻訳を含む）に多くを負っている。

第一回十字軍遠征（一〇九六〜九九）から九百余年。その評価は賛否両論に分かれている。

前後するが、一〇〇九年、キリスト教徒の聖地巡礼禁止に加えて、全教会堂と全シナゴーグに対する破壊令を発布したファーティマ朝第六代カリフ・アルハーキム（在位・九九六〜一〇二一）の命令の犠牲となった聖墳墓教会聖堂は、一〇四七年にビザンツ皇帝の介入で修復された。ファーティマ朝はシーア派の一派イスマーイール派が建てた王朝で、エジプトを含む北アフリカを支配領域とした。同時に、九七二年に拠点をチュニジアからカイロに遷し、シリアやアラビアにも支配を拡げ、文化・芸術・学問の分野でもイスラーム史上に輝く時代を築いた。アルハーキムの治世は、キリスト教徒、ユダヤ教徒に対する迫害、スンナ派に対する敵対的政策、当時の社会習慣に対する規制、多数の処刑執行など暴虐な治世として知られている。

他方かれは諸学の教育・研究機関を創設、学芸の保護者でもあった。治世末期には、アルハーキムを神と同一視するグループが現われ、ここからドゥルーズ派が生まれた。アルハーキムの死後、かれらはシリア地方で布教活動を展開、近年ではレバノン、シリア、イスラエルに約百万の信徒が居住している。かれらはムワッヒドゥーン（「唯一神信徒」の意）と自称してきた。

イェルサレムは、一〇七五年に、ルーム・セルジューク朝によって征服され、同地は一〇九八年までその支配が続いた。一年後、第一回十字軍はイェルサレムへキリスト教徒を送り届けた。

十字軍とは、ビザンツ皇帝アレクシオス一世（在位・一〇八一〜一一一八）からの来援要請により、一〇九五年十一月、中部フランスのクレルモンで開催された教会会議でローマ教皇ウルバヌス二世（在位・一〇八八〜九九）により宣せられた遠征（一〇九六〜九九年）以来十三世紀末まで数次にわたった軍事遠征で、セルジューク朝やビザンツ帝国領アナトリアに侵入したルーム・セルジューク朝（一〇七五〜一三〇八年）などトルコ系諸族によって、キリストの聖墳墓への大規模な巡礼の往来が遮断されていると西方キリスト教国が認識し、大きな衝撃を受けたため、西ヨーロッパ・キリスト教徒が聖地イェルサレム奪還を目標にムスリムに対して中東を舞台に展開した一連の断続的軍事遠征を指す。一〇九六年の第一回遠征以来、第二回、第三回と遠征を重ね、一二七〇年のフランス王ルイ九世のチュニスでの挫折《ざせつ》による最終回（第七回ないし第八回と数える）に至るまで繰り返された軍事遠征で、十二〜十三世紀の二世紀間に当たる。これは狭義の十字軍と呼ばれる。これに対して、広義の十字軍は、中世のローマ・カトリック教会またはその公認支持を得た世俗君主が異教徒や異端に対して布教や護教の目的で起こした軍事遠征（十二〜十三世紀）を指す。これら十字軍はヨーロッパ世界を拡張した。

キリスト教徒武装集団「フランク人」と公会議議事録等

十字軍運動の発端は、一〇七一年にイェルサレムを占領したセルジューク朝によるキリスト教徒住民および巡礼者への迫害にあったとされているが、セルジューク朝やルーム・セルジューク朝が異教徒に対して著しく逸脱した政策をとった事実は東西の史料の上からは認められていない（佐藤次高、他）。十字軍が東方に侵入したとき、十字軍戦士はムスリムから「フランク

〔人〕」と呼ばれていた。これはかつてフランク王国が西欧世界の代名詞だったことの反映で、元来は当時のムスリムは十字軍の真の目的を理解できず、西方から来住したキリスト教徒武装集団を、十字軍ではなく、漠然と「フランク〔人〕」と呼んだことに由来する（「フランク人」は、第一回十字軍以後、西欧からレヴァント〔聖地を含む〕へ住みついた人びとおよびその子孫を指すようになり、ヨーロッパでもイスラーム圏でもこの呼び名が用いられた）。

今日、十字軍時代のパレスティナについては他のいかなる時代よりも詳しく判っている。これは当時から伝わっている厖大な公会議議事録をはじめ、豊富な文献史料および考古史料のおかげである。加えて、法律・商業に関する文書《もんじょ》、巡礼者の記録と報告書、巡礼者によって後続の巡礼者のために描かれた地図が残存している。近年、十字軍時代――例えばイェルサレムや北方のベトシャンなど――の遺跡の発掘調査が伸展し、新たな出土品がこの時代のパレスティナに関するわれわれの知見を増大してきた。

城外退去命令

一〇九九年の初夏のある日、イェルサレム城内に住むキリスト教徒は、その前年にファーティマ朝のカリフからイェルサレム総督に任ぜられて着任したイフティハール・アルダウラから、突然、城外退去を命ぜられた。ビザンツ帝国の首都コンスタンティノープルを出発した十字軍がイェルサレムへ向かったとの情報を受け取ったムスリム軍指導者たちが、籠城軍兵士キリスト教徒と十字軍戦士との協力を恐れたからである。

同年六月、イェルサレムは、千五百の騎士と二万の歩兵とを含む三万余の十字軍に包囲された。コンスタンティノープル集結当時の軍団の兵力の総数は、騎士四千二百ないし四千五百、歩卒約三万（S・ランシマンの推算）。うち完全装備の戦闘員の実数は全体の五分の一程度、他は半武装の兵卒まがいの隊員と老人、婦女、子どもだった。これに対する防衛軍はエジプト軍兵士を主体とする籠城軍二万五千。守りは堅かった。

一箇月以上に及ぶ包囲攻防戦ののち、一〇九九年七月十五日、金曜日（ヒジュラ暦四九二年シャアバーン月第二十二日）、十字軍は遂にイェルサレムの北東端の拠点、「鸛《こうのとり》の櫓《やぐら》」の突撃突破に成功し、イェルサレムは十字軍の手に落ちた。包囲軍は四つないし五つの部隊に分かれていた。十字軍によるイェルサレム奪還は、イスラーム世界と西洋との間に以後長きにわたって続く敵対関係の発端となった。

現在のイスラーム教徒地区、ゴドフロア地区で突破が図られた。侵略者たちは突入地点に大きな十字架を高々と打ち立て、城内に雪崩《なだ》れ込み、キリスト教徒以外の住民を老若男女を問わず大量に殺害した。ユダヤ人の多くはシナゴーグ（会堂）に集められ火炙《ひあぶ》りにされた。脱出を試みた者は近くの路地で止《とど》めを刺され、他は焼き殺された。一方、イスラーム教徒のなかには虐殺された者もいたが、数日後にイェルサレムを離れ東地中海沿岸寄りのアシュケロンやシリアのダマスカスへ行くことを許された者もいた。アシュケロンとダマスカスは当時イスラーム教徒の支配下にあったからである。

かろうじて城外に脱出できた者は、多額の身代金を支払うことができた籠城軍の司令官とその衛兵だけだった。かつて六三八年にイェルサレムを征服して同地に入城した第二代正統カリフ・ウマルの、キリスト教徒やユダヤ人に対する寛大な態度とは対照的だった。

西方ローマ・カトリック教会の一部の代表

騎士道精神を体したはずの多数の諸侯・騎士の率いた十字軍は、イスラーム教徒およびユダヤ人に加えて同宗のキリスト教徒、土着のキリスト教徒、およびその聖職者をも弾圧追放した。かれら同宗の徒は、ギリシア正教、エチオピア教会、コプト教会、アルメニア教会、シリア教会、その他東方諸教会に属していた。東方教会と、十字軍遠征の主唱者、西方ラテン系ローマ・カトリック教会の頭首ローマ教皇との間には勢力争いが続いていた。イェルサレムからの追放弾圧はこれらの争いと無関係ではなかった。したがって、十字軍兵士は、当時の西方ローマ・カトリック教会の一部を代表してはいたが、ヨーロッパ・キリスト教世界全体の代表ではなかった。

イェルサレム初代国王

イェルサレム占領後、バス・ロレーヌ公ゴドフロア・ド・ブイヨンが民政と軍政を兼ねたイェルサレムの統治者に推されたが、これを辞退し、みずからは「聖墳墓の守護者」とのみ称し、この称号に甘んじた。翌一一〇〇年七月、イェルサレムで病歿した。次いで後継者としてゴドフロアの弟ボードゥアン一世（一〇五八〜一一一八）がイェルサレム王を自称し、初代国王となった。かれはエジプト遠征の帰途に歿した。

町を防衛したイスラーム教徒とユダヤ人の虐殺に次いでかれらが町に戻って定住することを禁ずる法令が出され、十二世紀のイェルサレムの住民のほとんどがキリスト教徒によって占められた。イェルサレムの全域が実質的にはヨーロッパ人の町となった。新しい移住者の共通語はフランス語で、少数民族はそれぞれ出身地別の地区に分かれて住むようになった。

十二世紀のイェルサレム

十二世紀当時のイェルサレム市街の光景は、一一七五年ころ、南ドイツから巡礼の旅にのぼり、艱難辛苦《かんなんしんく》を重ねた末イェルサレムに辿り着き、キリストの聖墳墓の前にぬかずくことに成功したドイツ人巡礼司祭ヴュルツブルクのヨハネスの見聞記録に詳しい。

十字軍時代のイェルサレムはまず第一に十字軍の宗教上の主要な中心だった。このことが町の特徴や物理的な形を決定づけた。

イェルサレムの地所の一部は教皇の選出権をもつラテン大司教にも分け与えられ、かれらは自分の教区をあてがわれた。この教区は現在のキリスト教徒居住地区の大部分を占めていた。

そしてキリスト教宗教集団にはさまざまな権利が与えられ、事実上十字軍中央政府から独立していた。かれら宗教集団はそれぞれ国の内外にかなりの地所を所有していたが、イェルサレムにも宗教集団管理下の地所があった。

例えば、十字軍時代に設立された三大宗教騎士団のうち、聖ヨハネ騎士団（ホスピタル騎士団）は聖墳墓教会聖堂の南に自治区をもっていた。テンプル騎士団（聖堂騎士団）は神殿の丘を統轄していた。テンプル騎士団の名はこれに由来する。ドイツ騎士団（テュートン騎士団）は今日のユダヤ人居住地区を占領した。また聖ラザロ修道会もあった。同修道会は小さな修道会で、現在のノートル・ダム修道院地区に当たるハンセン病患者居留地区にあって、地区内の患者居留地区、修道院、教会聖堂を管理していた。その修道会士はハンセン病患者の治療に専念した。そしてこれらの宗教集団はそれぞれの地区に幅広い自治権をもっていた。

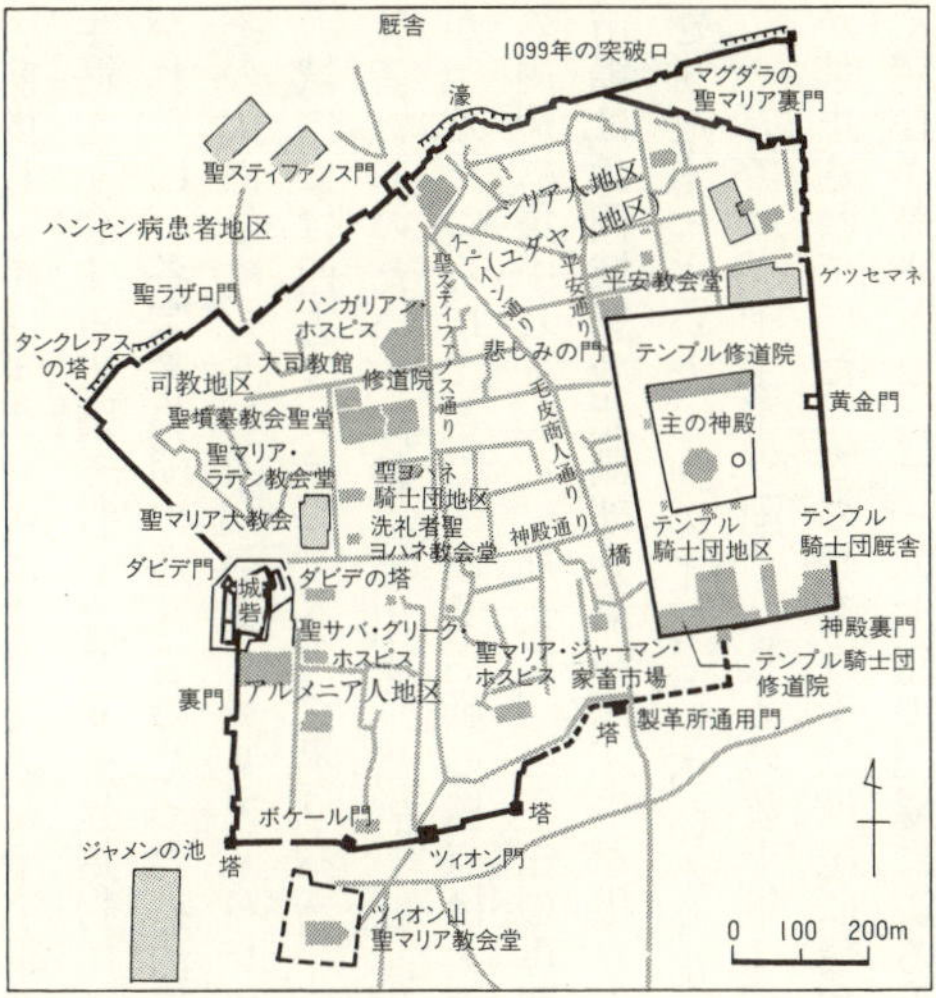

十字軍時代のイェルサレム

前後してイェルサレムにやってきた十字軍戦士や巡礼者たちは、イエスやその家族やかれの生涯を記念する史蹟《しせき》や教会堂や記念建造物によって顕彰された場所をくまなく訪ねた。そしてかれらは、各宗教集団の巡礼者のための宿泊施設《ホスピス》（宿坊）を拠点に地元住民と接触をもった。その大部分はシリア人、つまりシリア・パレスティナ出身の土着のキリスト教徒だった。

城内には西方人（ラテン人）と東方人（シリア人）のために別々の市場《いちば》が存在していた。巡礼者たちのための両替屋の出店（露店）、日常の信仰生活に関わる品々や土産物などを商う店が至るところにできた。商業活動の拠点は大部分町の中心部に、すなわちさまざまな市場とその周辺に集中していた。加えて、二、三の専門市場が他の地区に散在していた。例えば、穀物市場は西側城壁の北側部分沿いに、牛を扱う市場は南壁の近くで、たくさんの毛皮商人の工房を併せもっていた。他の工房もいろいろな街路沿いにあった（詳しくは、D・バハト、第八章）。

一方では、十字軍支配のはじめの数十年は、条令によって、ユダヤ人が城内に立ち入ることが禁止されていた。この禁令は十二世紀に緩和され、海外の少数のユダヤ人やその家族の訪問や定住が許された。一一六七年の記録によると、当時たくさんのユダヤ人がイェルサレムにいて、ダビデの塔の周辺に住み、染織業を営んでいた。

十二世紀後半、おそらく一一五九年もしくは一一六七年直後にイェルサレムを訪問した中世最大の旅行家のひとり、スペイン系ユダヤ人哲学者トゥデラのベンヤミン（通称ラビ・ベンヤミン。ベンヨナとも。十二世紀〔生歿年不詳〕）が見聞録を残している。

イェルサレムは三つの城壁で堅固に防備された小さな町だった。染織工房は一年ごとに賃借りされる。染織の独占権をイェルサレムのユダヤ人は王から買い取る。二百人のユダヤ人がダビデの塔の下《しも》の町角に住んでいる。……

当時イェルサレムで染織業に従事していたユダヤ人の数は判らないが、染織業は当時のパレスティナに残っていた数少ないユダヤ人コミュニティーの主要な産業だった。やがて染織業に従事していたユダヤ人工匠は、次第に再び町に受け容れられるようになった。ラビ・ベンヤミンから約五十年後にイェルサレムを訪ねた旅行者、旧西ドイツ南東部のレーゲンスブルク、ラティスボナのラビ・ペタヒヤはつぎのように伝えている。

染織職人のレブ・アブラハムがそこにいる唯《ただ》ひとりのユダヤ人だった。そこに留まって仕事の許可を得るためにかれは王に重税を支払う。……

テンプル騎士団の拠点

フランク軍によるイェルサレム占領後の神殿の丘はテンプル騎士団に引き継がれ、先任者ムスリム同様、十字軍にとっても特別重要な場所となった。第6章で言及したように、神殿の丘の南西部に位置する、ウマイヤ朝時代に建造されたアルアクサー・モスクは修復され、「ソロモンの神殿」と改名され、テンプル騎士団の宗教上の中心となった。地下室はその厩舎に改装された。以後、改築・補修を重ねたが、当時の建築様式はそのまま今日まで伝わっている。

岩のドームは「主《しゅ》の神殿」に替えられた。テンプル騎士団はこの壮大な建造物の構造を変えることは控え、建造物内部の中央の巨岩（聖石）に沿って金属製の手摺《てす》りを付け足したにすぎない。この柵《さく》は、一九四八～六七年に東イェルサレムがヨルダン軍によって占領されている間にかれらによって取り外されるまでそのまま残っていた。

イェルサレムでもっとも重要な聖堂は聖墳墓教会聖堂だった。このバシリカ聖堂は、イェルサレム占領五十周年記念の一一四九年に拡張され、奉献された。

一方、十字軍時代のダビデ通りと聖墳墓教会聖堂との間にあったムリスタン広場に目を転じてみよう。ムリスタンとはクルド・ペルシア語で「病院」を意味する。

十字軍の病院は十字軍傷病兵の加療を目的とした施設だった。病院は傷病兵の肉体の傷を癒《いや》すことができても、土着の同宗のキリスト教徒の心の傷を癒すことはできなかったのではないか。なぜなら「かれら土着の東方系のキリスト教徒は、同宗の客とラテン文化よりも、永い間共存共棲《きょうせい》してきたイスラーム文化に一層の近親感を覚えたことであろうから」（池田裕）。

一一八七年、アルメニア・クルド人出身、アイユーブ朝の創始者サラーフッディーン（在位・一一六九～九三）がイェルサレムを占領・奪取したとき、かれの部下は病院を引き続き使用した。のちにこの地区は廃《すた》れ、放置され、一八六九年に一部ドイツ人に与えられ、かれらは聖マリア・ラテン教会の敷地に贖《あがな》い主《ぬし》ルター教会聖堂を建立した。そしてムリスタン西地区の所有権は、一九〇五年にここに商業地区をつくり上げたギリシア人へ委譲され、現在に至っている。

十字軍の後代への影響

十字軍運動は一〇九六年に始まり、一二九一年のアッコー陥落をもってひとまず終結した。その理想は消滅した。とくに第四回以降は当初の聖地恢復の理念が失われ、所期の目的は達せられなかった。ビザンツ人はその痛手から遂に立ち直ることができなかった。聖地喪失は十字軍そのものの終焉を意味した。

十字軍の歴史的重要性は「キリストの戦士」たちによる軍事遠征（イェルサレム王国建国・一〇九九～一一八七年／一二二九〔無血開城〕～四四年）の失敗にもかかわらず、後代への影響にある。つぎの諸点が挙げられている（橋口倫介）。

政治的には遠征の失敗により教皇の権威が揺らぎはじめ、諸侯・騎士が没落し、各国の王権が伸張した。社会的には遠征の補給と輸送に従事したイタリア海港諸都市が発達し、これに伴ってヴェネツィアが繁栄、地中海貿易を独占するに至った。文化的にはビザンツやイスラームの進んだ学芸が西欧に流入し、ルネサンスのひとつの契機となった。西は十字軍遠征を通して東から多くを学んだ。ともあれ、十字軍遠征の重要性は、中世から近世への転機をなしたこと、加えて十五世紀から十六世紀にかけての地球的規模での「大航海時代」への発展を生む前提となったことである。世界の中心は決定的に西へ移っていく。

十字軍の来寇に次いで、ロシア、東欧、西欧各地の離散ユダヤ人に対する迫害が始まる。一一四七年にはフランスのユダヤ人が、一一八九年にはイギリスのユダヤ人が多数虐殺された。次いでキリスト教徒とユダヤ人との共存が厳しく禁止され、ゲットーへの道が準備された。一二九〇年から一四九七年にかけて、ユダヤ人をイギリス、フランス、スペイン、ポルトガルなどから追放したのはヨーロッパ・キリスト教徒だった。スファラディー系（スペイン系）ユダヤ人は、北アフリカ・イタリア・バルカン半島・トルコ・パレスティナに離散移住を余儀なくされた（十五世紀〜）。またユダヤ人は、ヨーロッパの他の地域において、多くの同胞をキリスト教徒から隔離して強制的にゲットー（十六〜十九世紀）に押し込め抑圧したのもキリスト教徒だったことを忘れてはいない。とくにスペインでの異端審問がさかんだった時期にユダヤ人の多くが抑圧された。ヨーロッパにおける反ユダヤ主義《アンティ・セミティズム》はナチスによるユダヤ人大量殺戮《さつりく》によって最高潮に達した（一九四三〜四五年）。この六百万もの大量殺戮の全貌が明らかになったのは第二次世界大戦終結後のことだった。

第8章
アイユーブ朝からマムルーク朝へ
——1187〜1517年

サラーフッディーン（サラディン）
（佐藤次高著『マムルーク』1991年，75頁）

イェルサレム奪取

本章では、一一八七年のアイユーブ朝（エジプト、シリア、ペルシア湾岸の一部、イエメンなどを支配したスンナ派王朝）の創始者サラーフッディーン（サラディンとも。在位・一一六九～九三）によるイェルサレム奪取から、一五一七年のオスマン帝国によるイェルサレム征服までの一端を瞥見《べっけん》する。

セルジューク朝のアタベク王朝の一派ザンギー朝（一一二七～一二五一年）に仕えたクルド人のサラーフッディーンは、一一六九年、ファーティマ朝の宰相に任命されてエジプトに主権を確立した（アイユーブ朝。一一六九～一二五〇年。首都カイロ）。一一七一年にはイスマーイール派のカリフを廃してスンナ派の支配体制を復活し、イスラーム世界統一のためにアッバース朝のカリフの宗主権を認めてみずから「勝利の王」と称した。

ガリラヤ湖西方のヒッティーンの丘で行なわれたムスリム軍と十字軍との決戦（一一八七年七月、サラーフッディーン軍の圧倒的勝利に終わる）の後、イェルサレムは、サラーフッディーンによって奪取、神殿の丘の所有を恢復、イスラームの聖所は復原された。その間、一二二九年から四四年までの十五年間、再び第六回十字軍を率いた神聖ローマ皇帝フリードリヒ二世

（在位・一二二五～五〇）のキリスト教徒側の支配下に戻ったが、一二四四年、イェルサレムはアイユーブ朝の傭兵および中央アジア出身の遊牧民の一隊に占領され、エジプトの支配下に戻り、キリスト教徒のイェルサレム支配は終わった。

次いで一二五〇年、トルコ人を主体とするスンナ派のマムルーク朝（一二五〇～一五一七年。首都カイロ）が支配権を掌握した。以後二百六十七年にわたってスルタン（スンナ派の政治権力者）によって統治された。

マムルークとはアラビア語で「所有された者」の意で、マムルーク人は、黒人奴隷兵に対して、トルコ人、チェルケス人、モンゴル人、スラヴ人、ギリシア人、クルド人などのいわゆる白人奴隷兵を指すことが多い。グラームとも言う。マムルーク朝では支配階級層の奴隷軍人に対する呼称となった。マムルーク人自身は総じて他の宗教に対して寛容だった。キリスト教徒とユダヤ人は人頭税を払い、ユダヤ人は黄色のターバンを、キリスト教徒は赤色のターバンを着用するよう衣服に関する規制を受けたが、信教の自由は許されていた。

ヴィア・ドロローサの終着地点に建っている聖墳墓教会聖堂はムスリムによって引き継がれ、当初キリスト教徒がそこに参詣することは禁じられていたが、その後その禁は解かれた。ムスリムがキリスト教徒の巡礼行を観光産業に利用するようになったからである。

聖墳墓教会聖堂の近くにあったラテン大司教館は「ハーンカー・サラフィーヤ」とも呼ばれ、ここはイスラーム神秘主義教団に属する修道者の修道場となった。

ダビデの塔の破壊と再建

ツィオン山で発見された碑文のひとつは、アイユーブ朝に次ぐマムルーク朝の支配者たちが十三世紀を通してイェルサレムの城壁を補強したことを伝えている。しかし、一二一九年、アイユーブ朝のシリア・ダマスカスの支配者アルマレク・ムアザム・イーサーがイェルサレムの城砦の破壊を命じた。この命を受けて、イェルサレムを取り囲む防禦壁のなかでも幾世代にもわたって住民が誇りとしていたヤッフォ門の砦「ダビデの塔」が破壊された。イェルサレムに忠誠心をもつ人びとはこの防禦壁の破壊をいたく憂え悲しんだに違いない。

それから約百年後の一三一〇年ころ、前期マムルーク朝最盛期のスルタン・アルナースィル・ムハンマド・イブン・カラーウーン（在位・一二九三～九四、一二九九～一三〇九、一三一〇～四一）がその砦を再建したが、以来この砦は二、三の増築を除いてまったく修復されていない。他方、城壁は荒れるにまかされていたが、一五三六～三九年にオスマン帝国の第十代スルタン・スレイマン一世（在位・一五二〇～六六）によってようやく修復された。

マムルーク朝支配のはじめ、イェルサレムはダマスカスを拠点とするシリア地方の一部にすぎなかった。ムスリムの建造物がダマスカスの支配者の命令で建てられたのもこのころだった。一方、キリスト教会の建造物は次第に老朽化した。補修の許可を得るためには多額の賄賂《わいろ》が必要だったからである。その上幾つかの教会堂はモスクに改変使用された。また荒廃したまま放置されていた城壁をマムルーク人は再建した。ヴェネツィア人マリノ・サヌートが作成してローマ教皇ヨハンネス二十二世（在位・一三一六〜三四）に提出した「聖地の恢復と維持に関する十字軍のための秘密文書」のなかにある一三二一年の地図によれば、城壁がツィオン山を囲んでいた。マムルーク人はヘロデの宮殿跡に城砦を建てた。

またこの時代には綿商人などの市場《いちば》、公衆浴場、病院、公共噴水塔などが次つぎに建てられた。現在の神殿の丘の西側に通じる門の出入口の脇《わき》にある大理石の石板のアラビア語と英語の説明によると、ここ綿商人市場は、「スルタン・（アルナースィル・）ムハンマド・イブン・カラーウーンの治世、ヒジュラ暦七三二年、西暦一三三一年にシリア副総督タンキズ・アルナースィルによって再建され、ヒジュラ暦一三九四年、西暦一九七四年にイェルサレム・ワクフ省によって修復された」という。

一三七六年になると、イェルサレムの地位は向上し、イェルサレム総督はマムルーク朝の首都カイロから直接任命された。支配者たちは、神殿の丘の建造物を修復・改装もしくは新たに建設するのを常とした。例えば、シリア・ダマスカスの支配者タンキズは、イェルサレムの南方、ユダ丘陵高地にあるソロモンの池の水を神殿の丘の二つのモスクの間に建っている飲料水設備に運ぶ手配りをした。また後期マムルーク朝第二十一代スルタン・カーイトバーイ（在位・一四六八〜九六）は、神殿の丘近辺の寄宿制の宗教学校マドラサはもちろん、神殿の丘にも壮大な公共噴水塔、つまり神殿の丘にあるもっとも見事な建造物のひとつを造った。この噴水塔は、一四八三年以来神殿の丘を美しく飾ってきた。

ラビ・モシェ・ベンナフマン

一二六七年、当時のカバラー学者（カバラーは「伝承によって受け継がれたもの」の意で、ユダヤ神秘主義。ユダヤ教神秘主義学者）でもっとも優れた法規学者《ハラハー》のひとり、スペイン出身のラビ・モシェ・ベンナフマン（ナフマニデスとも。一一九四ころ〜一二七〇）がイェルサレムに到着した。かれは同地にユダヤ教学の拠点を設立してイェルサレムのユダヤ人コミュニティーを再生させたことで知られている。かれが再建したシナゴーグは以後かれの名で呼ばれた。

十四世紀には、ヘブライ語による最初のパレスティナの地理書を著したスペイン出身のエストリ・ハ・パルヒ（一二八〇〜一三五五ころ）がイェルサレムに居を定めた。キリスト教徒巡礼者たちがその紀行文のなかで、イェルサレムを案内してくれたのがユダヤ人で、かれらユダヤ人はイェルサレムの史蹟と歴史上かつ宗教上関心のある場所に通じていることで有名だった、とわざわざ述べている。エストリ・ハ・パルヒもそのなかに含まれていたことであろう。

その後も多くの巡礼者がイェルサレムを訪れたが、特筆すべきは、一四八八年初頭、イタリアからイェルサレムへやってきたラビ・オバディア・デ・ベルティノが、イェルサレムに定住して極貧に苦しむユダヤ人を助け、イェルサレムのユダヤ人コミュニティーを再生させたことだった。かれによると、ユダヤ人家族約二百のうち極貧階層七十家族がイェルサレムに住んでいたという。またかれは同胞ユダヤ人の信仰深い生活態度に深い感銘を受けたことを語っている。かれは口伝律法ミシュナーに関する大きな註解書の著者としても広く知られている。

マムルーク朝支配の二百五十年の間に、飢饉、旱魃《かんばつ》、疫病、地震などの災害がパレスティナを襲った。十四世紀前半に全ヨーロッパを襲った黒死病はパレスティナにも上陸した。一三七三年の冬には豪雨で三百棟《むね》以上の家屋がイェルサレムで倒壊した。加えてマムルーク朝支配の最後の二世紀は、絶えず続いた宗教コミュニティー間の争いと、ツィオン山とその地所支配をめぐる確執で明け暮れた。マムルーク朝支配のはじめにイェルサレムの人口は四万人と推定されているが、マムルーク朝時代の末期の人口は一万人に減少した。

マムルーク朝は、一五一六年、シリアのマルジュ・ダービクの戦いでオスマン朝第九代スルタン・セリム一世（在位・一五一二～二〇）に敗れてシリアを失った。同年末には、マムルーク人によるイェルサレム支配はオスマン・トルコ人によって一掃され、同年十二月三十日に、征服を記念してスルタン・セリム一世がイェルサレムに入城、同地は軍事力を誇るオスマン朝の一部となった。翌年一五一七年、カイロはオスマン朝に占領されてマムルーク朝は滅亡した。

イブン・ジュバイルとイブン・バットゥータ

アルアンダルス（イベリア半島）バレンシア生まれのアラブ人イブン・ジュバイル（一一四五～一二一七）は、マッカ巡礼旅行記を遺している。その『旅行記』のなかで、サラーフッディーンによるイェルサレム奪取の三年前（一一八四年）、地中海沿岸の町スールで乗船した大型船には、ムスリムの他にイェルサレムへの巡礼者と呼ばれる二千人を下らないほどの多数のキリスト教徒が乗っていたことを伝えている。また、北部モロッコのタンジール生まれで、十四世紀前半の当時のイスラーム世界のほぼ全域を遍歴した大旅行家イブン・バットゥータ（一三〇四～六八／七七とも）は、その『大旅行記』第一巻第二章のなかで、一三二五年にマッカ巡礼の旅に故郷を出発して、翌一三二六年七月にイェルサレムを訪ね、岩のドームがある聖域ハラム・アッシャリーフとこの町に住む学者や高徳な人びとについてまとまった貴重な記述を遺している。これらの旅行記は当時のパレスティナを知る上ですこぶる貴重である。

コラム　聖墳墓教会聖堂入口の鍵

聖墳墓教会聖堂の入口の大切な鍵《かぎ》は、十二世紀に十字軍を破ってイェルサレム奪取を成し遂げたアイユーブ朝の初代君主サラーフッディーン以来、同聖堂をイスラーム教徒が荒らさないように、また五つの教派教会（ローマ・カトリック教会、ギリシア正教、アルメニア使徒教会、エチオピア・コプト教会、シリア教会）がその所有権をめぐって争わないようにとの理由から、現在も同じ番人の眷《けん》族《ぞく》に属するアラブ人イスラーム教徒が確《しか》と預かっている。そのために同じ血筋を引くイスラーム教徒の少年が朝夕この名誉ある門番を勤めている。ちなみに、聖堂の屋上にはコプト教会の修道士が住んでいる。ここはかれら修道士にとってイエスの生涯を瞑想《めいそう》する神聖な修練道場でもある。

第9章　オスマン帝国時代

――1517～1917年

ベトレヘムの降誕教会聖堂と聖堂前広場のクリスマス・イヴ

（撮影・石黒健治）

オスマン帝国興亡史

オスマン帝国の成立、発展、衰頽の一端を紙幅の許す範囲で一瞥してみよう。

十二〜十三世紀にアナトリア(小アジア)地方を統治していたトルコ系のイスラーム王朝、ルーム・セルジューク朝の一派はモンゴル軍の侵攻を受け、国力を恢復し得ないまま、十四世紀初頭に滅ぼされた。

他方では、同じトルコ族のなかから、十三世紀末、中央アジアからアナトリアに移住した、ビザンツ都市ブルサ(アナトリア北西部。古名プルサ)にほど近いソユトを拠点としたトルコ系小侯国のイスラーム戦士のリーダー、オスマン一世(在位・一二九九〜一三二六)を祖とするオスマン朝がアナトリアに勃興した。同一世の率いるムスリム・トルコ系集団がオスマン帝国の源流である。以後六百年余の間、支配王朝として生き続けたオスマン王家はほとんど何の挑戦をも受けることがなかった。オスマン帝国は、トルコ革命によって滅亡するまで六百年余にわたってアナトリアを拠点にイランとモロッコを除く中近東全域、つまり西アジア、バルカン、黒海北岸、カフカース、北アフリカの過半を支配し、この間《かん》、同地域の大半を四百年にわたって外国の侵略から守り、世界史上輝かしい足跡を残した。

オスマンという呼称には人種的意味はない。侯国の始祖オスマン一世に由来する王朝名である。オスマン一世にしたがった人びとは、種族的な意味では、オグズの名で知られるトルコ族の一分枝で、その多くは中央アジアの草原からイスラーム世界に早くから移住していた。一三二六年、第二代スルタン・オルハン（在位・一三二六～六〇）がブルサを征服し、同地を首都と定め、君侯国とした。次いでニケア、ニコメディアなどのビザンツ帝国の要都を征服、一三五四年以降は、アナトリアからバルカン半島に進出したが、アナトリアでは、一四〇二年、第四代スルタン・バヤズィト一世（在位・一三八九～一四〇二）は、同地に侵攻したトルコ・モンゴル系のティムールの軍にアンカラで敗れた。

第七代スルタン・メフメト二世（在位・一四四四～四五、一四五一～八一）の治世はオスマン国家からオスマン帝国への移行の最後の時期に当たる。かれは、一四五三年に、コンスタンティノープルを陥れてビザンツ帝国を滅ぼし、首都をアドリアノープル（現在のエディルネ）からここに遷し、イスタンブルと改名、国内各地からトルコ人、ギリシア人、アルメニア人などイスラーム教徒やキリスト教徒、ユダヤ人を移住させて首都建設に着手し、君主専制的・中央集権的帝国体制を整えていった。かくして、コンスタンティノープルはイスタンブルとなり、同地はオスマン帝国の首都となって、アナトリアとバルカン領土とを結びつけ、ブルサやエディルネにはできなかった役割を果たした。その結果、十六世紀中葉には首都イスタンブルの人口は推定五十万に達し、当時のヨーロッパ最大の都市となった。この間、オスマン帝国の版図はさらに拡大し、十五世紀にはアナトリアとバルカンの大部分の地域を平定した。

「ビザンティオン」(前七世紀〜)、「コンスタンティノポリス(コンスタンティノープル)」(後四世紀〜)、「イスタンブル」(十五世紀〜)の三つの名で知られるこの町は旧大陸における交通・軍事・通商上の要衝に位置し、史上他に類例のない三つの大帝国の帝都だった。ちなみに、「戦略的要地コンスタンティノープルを制するものは世界を制する」といわれてきた。アジアとヨーロッパとの接点に位置しているイスタンブルの街は、アジア岸にのぼる日の出とヨーロッパ岸に沈む日没をともに見ることのできる世界でただひとつの街である。

十六世紀に入ると、シリアの領有をめぐって、エジプト・マムルーク朝(一二五〇〜一五一七年)と対立、一五一七年に第九代スルタン・セリム一世(在位・一五一二〜二〇)がマムルーク朝を倒してエジプト、シリアを併合して、さらにアルヒジャーズのマッカ、アルマディーナ両聖都の保護権をも掌握、加えて北アフリカを併合、オスマン朝は名実ともに二大陸に跨《またが》るスンナ派イスラーム国家の盟主となった。

オスマン朝のスルタンは、同時に、アラブの建設したアッバース朝(七五〇〜一二五八年)最後のカリフから称号を受け継ぎ、カリフとしての資格を獲得した(ただしスルタン・カリフ制が出てくるのは十八世紀後半とされている)。ここにオスマン帝国の支配者(スルタン)は、同時に、イスラーム共同体内で多数を占めるスンナ派ムスリムの指導者、首長カリフの地位を掌中にしたのである。この出来事は、スンナ派イスラームの統一を恢復するとともに、イランにおいてサファヴィー朝（一五〇一～一七三六年。神秘主義教団の教主の家系を戴く王朝）がシーア派政権として確立する契機ともなった。

こうしてオスマン王家によって継承されたスルタンは、以後、イスラーム法に基づく政治を行ない、中央集権的行政組織を整えた。続くオスマン朝最盛期に四十六年にわたって在位した第十代スルタン・スレイマン一世（在位・一五二〇～六六。トルコでは「立法者」、ヨーロッパでは「壮麗なる者」と称された）は、父帝セリム一世のシリア、エジプト攻略に次いで、西方ヨーロッパへの攻勢を展開して、ウィーン包囲を敢行（一五二九年）、ヨーロッパ諸国を脅かし、一方、地中海では、ロドス島を聖ヨハネ騎士団から奪い（一五二二年）、同騎士団をマルタ島へ追いやり、アドリア海のプレヴェザ沖の海戦ではスペイン、ヴェネツィア、ローマ教皇の連合艦隊を破り（一五三八年）、またテュニジア、アルジェリアを併合し、東方ではバグダード、バスラに支配権を確立した（一五三四年）。このようにして、オスマン帝国は地中海、黒海、紅海、ペルシア湾に跨る制海権を掌握して、ヨーロッパ諸国の東方貿易に脅威を与え、アジアへの新航路の発見を促す端緒を切り拓《ひら》いた。ここにアジア、ヨーロッパ、北アフリカ沿岸部に跨る大版図を支配したオスマン帝国は、十六世紀中葉、スレイマン一世の治下で最盛期を迎えたのである。

その版図は、アナトリアとバルカンとを中核に、現在のイランとモロッコを除く中東全域に及んだ。この時代はまた大宰相、イスラーム法学者、詩人、建築家など、軍事、政治、法律、文学、芸術、建築などの分野で活躍した人びとが輩出した時代でもあった。時はまさにオスマン朝が豊かに文明開化した時期だった。

オスマン帝国がイスラーム世界の擁護者としてその後長期間にわたって存続し得た要因は、近年の研究によれば、民族も宗教も異にする人びとをひとつの政治社会のなかに包みこむ開かれたゆるやかな統合と共存のシステムに加えて、その強靭《きょうじん》かつ柔軟な支配の組織がオスマン帝国という枠組みのなかで見事に機能したことによる、とされている（鈴木薫）。またトルコ語のもつ柔軟性も、その一端を説明する手がかりとはならないであろうか。

しかし、十五世紀末にスペイン・ポルトガル両国によっていわゆる「大航海時代」が開幕されると、ヨーロッパ世界は新しい時代を迎え、地中海貿易の衰頽がオスマン帝国内部を次第に揺るがしはじめた。スレイマン一世は、ハンガリーのシゲトバルを包囲中に歿し、イスタンブルのスレイマニイェ・モスクの裏手の墓所に葬られた。続く年月は、オスマン帝国にとって、国力を涸《こ》渇《かつ》させる戦争が間断なく続いた時期となった。

一五七一年十月、ギリシアのコリント湾内のレパントの海戦でスペイン・ヴェネツィア連合艦隊に敗れ、越えて十七世紀以後、オスマン帝国の繁栄を支えてきた諸制度が崩壊し、東西国際貿易路が地中海からインド洋、大西洋経由に転換すると、大帝国は衰頽しはじめた。

十七世紀には体制の老衰化により衰頽の一途を辿り、十八世紀に入ると、ロシアの南下襲来に苦しめられ、領土は削られ、従属民は離叛し、帝国の統治機関の活動は停止寸前の状態に陥った。
十八世紀後半以後は、ヨーロッパの技術を導入して一連の改革を試みたが成果は得られず、列強の支配と被支配民族の独立運動とが契機となって衰頽への道を辿っていく。

コラム　東方問題

東方問題とは、国際政治史の分野において、オスマン帝国の衰頽に伴って起こったその領域内の諸民族の独立運動と、ヨーロッパ列強によるバルカン、中東への進出と干渉によって十八世紀から十九世紀にかけて生じた一連の国際政治上の紛争を指すヨーロッパ側の呼称である。

東方問題はつぎのおよそ五期に分かれる（山内昌之）。第一期は一六九九年のオスマン帝国とオーストリア、ポーランド、ヴェネツィアとの間でドナウ河畔のカルロヴィッツで結ばれた講和条約によるハンガリーやクロアチアなどのオーストリアへの割譲から始まる。第二期はナポレオンのエジプト侵攻から開始。第三期は一八二〇〜三〇年代のムハンマド・アリー朝とオスマン帝国とのシリアをめぐる抗争期。第四期は聖地イェルサレムの管理権から発したクリミア戦争（一八五三〜五六年）を中心とした時期。第五期は露土戦争（十八〜十九世紀にわたりロシアがトルコを攻撃した戦争）とベルリン会議（一八七七〜七八年／一八八四〜八五年）を中心とした時期。

一六九九年にカルロヴィッツでオスマン帝国とオーストリア、ポーランド、ヴェネツィアとの間で結ばれた講和条約を機に、オスマン帝国の優位が崩れ、衰頽の一途を辿っていった。十九世紀に入ると、その領土は、その支配下の諸民族の独立運動と西欧列強との利害が交錯し、列強の抗争の場となり、東方問題の舞台となった。日本は開国から明治維新への激動の時代を迎えていた。

十九世紀の国際関係

十九世紀に入ると、オスマン帝国が派遣したアルバニア軍の指揮官ムハンマド・アリーは、ナポレオン・ボナパルト麾下《きか》のフランス軍による占領（一七九八～一八〇一年）後の混乱に乗じてエジプト人の支持を得てエジプト総督（在位・一八〇五～四八）に推戴され、ムハンマド・アリー朝（一八〇五～一九五三年）を開いて独立した。またバルカン諸国もロシア、イギリス、フランスなどの支援によってオスマン帝国から政治的独立を達成した。十九世紀後半、スラヴ系諸民族の蜂起をめぐって起こった露土戦争（一八七七～七八年）に敗れ、ベルリン条約によってヨーロッパ側領土の半分以上を失うことになったオスマン帝国の経済は、以後、ヨーロッパ諸国に支配され、国内では青年将校の主導による民族主義的な立憲革命が起こった。

ドイツはビスマルク時代にオーストリア、イタリアとともに秘密軍事同盟（三国同盟、一八八二～一九一五年）を結んでフランス孤立策をとっていたが、新帝ヴィルヘルム二世の親政が始まると、ロシアとフランスはこれに対抗して露仏同盟を結んで（一八九一～九四年に成立した秘密条約）、ドイツを包囲した。その後、ドイツは近東に関心を向け、アナトリア鉄道の敷設権を獲得し、一八九九年には、オスマン帝国からバグダード鉄道の敷設権を獲得して、ベルリン、ビザンティウム（イスタンブル）、バグダードの三要都を鉄道で結んでペルシア湾に進出しようとする三B政策を推進し、イギリスの三C（ケープタウン、カイロ、カルカッタ）政策に対抗した。また、ドイツが海軍力を増強してイギリスの世界政策を脅かすようになったのもこのころである。

十九世紀末の十年余は、シリア・パレスティナの領有権益をめぐってイギリスとフランスとの角逐《かくちく》の時代だった。また同時に東地中海沿岸域に至る鉄道建設計画をめぐって英・仏・独列強が激しく競り合い、争いはいよいよ苛烈《かれつ》となった。

コラム　ステイタス・クオ

聖地イェルサレムの管理権は、古くからローマ・カトリック教会とギリシア正教との間で争われてきた。一八五〇年には、ギリシア正教の聖堂修復工事独占権を見直す事件が起こった。ベトレヘムの降誕教会聖堂からイエス生誕の場所を指し示す銀の星が行方不明になったのがそれである。この事件を契機にフランスの後援を受けたローマ・カトリック教会が権利の保護恢復を図った。各教派が古い文書《もんじょ》を引き合いに権利を主張し、それをめぐってヨーロッパ各国が活潑な外交活動を展開した。このとき、イェルサレムの聖墳墓教会やベトレヘムの降誕教会などの幾つかの教会の教派間で合意に達したのが「ステイタス・クオ」である。

「ステイタス・クオ」とはラテン語で「そのままの状態」「現在の状態」「現状維持」という謂《いい》であ

る。言い換えれば、聖堂内のどこをどの教派が所有しているか、あるいは管理しているかという合意を尊重し、お互いに現状を破らないという合意である。聖蹟に関する教派間の争いは、一八五二年にイスタンブルのスルタンが発布した勅令によって落着した。こうして各教派の聖堂内における権利（管理権）は一八五二年以降現在に至るまで、このステイタス・クオ（現状維持令）に基づいている。

帝政ロシアはオスマン帝国領を侵して南下を繰り返し、一八五三年に戦端を開き（～五六年）、クリミア（ロシア名クルイム）戦争に敗れて南下政策はいったん挫折したが、イェルサレムにおけるロシアの影響力に変化はなかった。十九世紀後半に巨大なロシア人地区がイェルサレム城外に設立された。

次いでバルカン半島のオスマン帝国支配下のスラヴ系ボスニア・ヘルツェゴヴィナで起こった民衆蜂起をきっかけに、それを支援する帝政ロシアと、オスマン帝国との間に露土戦争（一八七七～七八年）が起こった。この結果、帝政ロシアのバルカン進出が実現しそうに見えたが、ビスマルク（一八一五～九八）の提唱でベルリン会議（一八七八年）が開かれ、列強の利害が調停された。この会議で調印されたベルリン条約第六十二条には、「各教会に関するステイタス・クオを尊重する」とあり、ここにステイタス・クオが国際条約ではじめて言及されたのである。第一次世界大戦後の一九二二年以降、イェルサレムを含むパレスティナの委任統治権を確保したイギリスもこのステイタス・クオを尊重踏襲した。

ついでながら、一八六三年にイェルサレムに市政が布《し》かれ、一八七七年にオスマン帝国最初の地方自治体法が成立した。投票権や市長職は、行政的取り決めにより、オスマン帝国の市民だけに限られ、一九六七年まで、イェルサレムでは市長はムスリム・アラブ人であることが慣例となった。さきのベルリン会議後、オスマン帝国全土に信教の自由と住民の平等が確認され、ユダヤ人もキリスト教徒もムスリムと同等に活動できるようになり、史上はじめて非ムスリムが市議会議員に加わったことは特筆さるべきことである。

コラム　電信・鉄道の開通

十九世紀後半になると、イェルサレムの外観も徐々に変わり、人口も急増した。

一八六五年にはイェルサレムに電信線が敷設され、イスタンブルやカイロ経由でヨーロッパの諸都市と電報による交信が可能になった。三年後の一八六八年（明治元年）には地中海沿岸のヤッフォとイェルサレムとの間（約六十キロ）に馬車道が開通し、一八七五年からは定期馬車便が毎日運行されるようになった。丘陵地帯にあるイェルサレムまでの所要時間は十二時間もかかったという。

一八九二年には鉄道が開通した。これはイェルサレム生まれのユダヤ人ヨセフ・ナボンがオスマン帝国の認可を得てフランスの会社と協力して敷設したもので、ヤッフォ—イェルサレム間を四時間足らずで結んだ（現在は一日一往復運行、所要時間約二時間）。特筆すべきはこれがシリア・パレスティナ地方で最初に開通した鉄道だったことである。明治三十九年（一九〇六年）五月にエジプト・ポートサイドからヤッフォ経由でイェルサレム巡礼に上った、明治の文豪徳冨蘆花《とくとみろか》（一八六八〜一九二七）が乗った汽車はこれだった。

オスマン帝国末期、一九〇〇年から一九〇八年にかけて、マッカ巡礼者のために、ダマスカスとアラビア半島西岸部のアルヒジャーズ地方とを結ぶ全長千三百二十キロに及ぶアルヒジャーズ鉄道（通称巡礼鉄道とも）が建設され、アルマディーナまで部分開通したが、終着予定駅マッカまで延伸されることなく、アンマンより南方の部分は、第一次世界大戦中にアラブ叛乱軍によって破壊された。

一方、街路は秩序正しく整理された。石で舗装され（一八六四〜六五年）、次いでガス灯が設置された（一八六八年）。そして市街の至るところに上下水道管が敷設された。これまで街路で歩行者の妨げとなっていた駱駝《らくだ》は町から締め出された。十九世紀中葉に始まったヨーロッパ人による建設事業が急速に促進されたのもこのころで、さらに多くの教会堂や巡礼者用宿泊施設《ホスピス》（宿坊）が、郵便局や銀行や病院やホテル同様、建てられた。

旧市街のヤッフォ門の砦は防衛のための陸軍部隊基地および本部として用いられた。城門は、警備上の理由から、トルコ人守備兵が夕暮れに閉め、朝それを開け、無用の者の出入りは禁じられていた。

一八七五年にヘロデ門が再開され、一八八九年には新門が旧市街の北西端に設置された。この新門は、現在もニューゲートとして知られている。これは、旧市街の外側にあるノートル・ダム修道院および領事館、聖堂、病院、巡礼者用宿泊施設などを含む巨大なロシア人地区、旧市街の聖墳墓教会聖堂およびキリスト教徒居住地区との間に直接出入りできるルートを開くためのものだった。

一八六〇年代、ユダヤ人の急増とともに、かれらはイェルサレム城外に住宅地区を造成しはじめた。かれらに先行したのがロシア人キリスト教徒で、ロシア人地区である（一八六〇年に竣工）。しかし、キリスト教徒はこのときまで市壁を越える場合、宿泊所と宗教的・教育的施設に制限していた。ところがユダヤ人は城壁外に独自の住宅地区を新たに造り、イェルサレムの成長・発展に貢献したのである。これに続いて、ヘロデ門北に造成されたイスラーム教徒地区、またアメリカン・コロニーやジャーマン・コロニーなどのように、幾つかのキリスト教徒居住地区が造成された。

ユダヤ人は、城外に土地購入の認可を得て土地を入手できたところには、どこにでも住宅を建設した。一方、キリスト教徒はできるだけ聖書の歴史ゆかりの場所の近くに定住しようと努めた。城外におけるユダヤ人の定住形態を決定づけたものは、旧市街のユダヤ人コミュニティーの相互の扶助博愛精神だった。ユダヤ人居住地区が、城外のナブルス通りとヤッフォ通りとの間に、それにヤッフォ通り南西にできた。このユダヤ人住宅地区はやがて新市街の中心となり、今やイェルサレムの中心地は新市街（西イェルサレム）へと移っている。しかるに、イェルサレムの特別な歴史的・宗教的・文化的特質は失われることなく、往《い》にし方《へ》から現在に至るまで変わっていない。

第一次世界大戦勃発

バルカンで緊迫した情勢が続いていた一九一四年六月二十八日、軍事祝典列席のためオーストリアのボスニア・ヘルツェゴヴィナ州の州都サライェヴォを訪問していたオーストリア帝位継承者フランツ・フェルディナント夫妻が、スラヴ人解放を目的とした秘密結社に属していたセルビア系の一青年に狙撃《そげき》され、即死した。六月二十八日は以後、現在に至るまでセルビア人にとって宿命の日となっている。

一箇月後の一九一四年七月二十八日、オーストリア・ハンガリーはドイツの支持を受けてセルビアに宣戦布告、セルビアはその同盟国であり保護国だったロシアに訴えたため、ロシアは、翌二十九日、南部戦線に部分的な動員を行なった。翌々日の三十一日、ロシアは総動員令を発令した。翌八月には、ドイツ、オーストリア・ハンガリーの同盟国とロシア、フランス、イギリス、日本などの連合国（協商国）との世界戦争に突入した。日本は日英同盟を名目に参戦した（八月二十三日）。その後、トルコ、ブルガリアが同盟国側について参戦、イタリアは中立ののち、翌一九一五年、連合国とロンドンで秘密条約を結んで、三国同盟（ドイツ、オーストリア、イタリア）を離れて連合国側について宣戦布告した（五月）。こうして、サライェヴォ事件を導火線として戦争は世界的規模の国際戦争に拡大した。四年余り続いた第一次世界大戦はドイツの休戦条約調印とともに終結した（一九一八年十一月十一日）。

第一次世界大戦でトルコがドイツ側について参戦したので、イギリスは、エジプトを保護国

（一九一四年十二月）とし、またトルコ領内のアラブ人の協力を得るため戦後にアラブの独立を支持する約束をした（一九一五年七月〜一九一六年三月）。一方、ユダヤ人からの協力を得るため、ユダヤ人の民族郷土パレスティナへの帰還・建国を約束した（一九一七年十一月）。これらはのちの中東紛争の原因となった。イギリスの約束については次章で述べる。

大戦により大きな打撃を受けたオスマン帝国は、一九二〇年八月十日、パリ西郊のセーヴルにおいて連合国との間で講和条約（セーヴル条約）を結んだ。領土はほぼアナトリア半島だけとなり、財政も国土も外国に管理されることになった。

この条約は一九二〇年四月、イタリアのサン・レモで開かれた連合国側の会議での最終案が基礎となった。その内容の骨子は以下の通り。トルコに対して、アラブ地域に対する主権の放棄、領土の連合国への割譲、ダーダネルス・ボスポラス両海峡の開放、連合国による財政管理とカピチュレーション（オスマン朝をはじめとするイスラーム世界の君主が主にヨーロッパ諸国に与えた通商上の特権。語源的にはラテン語のカピトゥラに由来）の復活などを認めさせる屈辱的な内容だった。

メソポタミア、パレスティナはイギリスの、シリアはフランスの委任統治領となり、キプロス島はイギリスに割譲された。

オスマン帝国は第一次世界大戦に参加して敗れた。このとき名将ムスタファ・ケマル（一八八一〜一九三八）は、トルコ国民党を率いて立ち上がり、侵攻したギリシア軍を退け、一九二二年十一月、スルタン制廃止法案を採択してオスマン帝国を滅亡させ、翌一九二三年七月二十四日、連合国との間にローザンヌ条約（セーヴル条約の主要部分の廃棄・改訂）を締結してトルコの独立を確保、同年十月二十九日、アンカラを首都にトルコ共和国を宣言、ムスタファ・ケマルみずからが初代大統領（在任・一九二三～三八。一九三四年には大国民会議よりアタテュルク〔父なるトルコ人〕の称号を贈られる）となった。大統領となったかれは、政教分離を行ない、文字のローマ字化による文字改革や婦人解放などを行なって近代化を推進した。

第10章　ツィオニズム運動の開始

スイスのバーゼルの橋の上にたたずむテオドール・ヘルツェル　イスラエル発行の生誕百年記念切手（*Encyclopaedia Judaica*, Vol.4, p.131.）

ツィオニズムとは

ツィオニズム（ヘブライ語読み。シオニズム、ザイオニズムとも）はヘブライ語の「ツィオン」（「要害」の意）に由来する。はじめはイェルサレムの南東丘、キドロン峡谷とベンヒンノム峡谷との間に隆起している丘が「ツィオン」と呼ばれた。「ツィオン」はのちに全イェルサレムを指す名称となり、やがてイェルサレムの雅名・別名として用いられるようになった。広義には父祖の地「エレツ・イスラエル」（ヘブライ語で「イスラエルの地」の意）そのものを指す語でもある。ツィオンはイェルサレム旧市街の南西端に位置する「ツィオンの丘」を指したという伝承は、四世紀以降のキリスト教会側の伝承によるもので、同地に立てられた「ツィオンの教会聖堂」に由来している。

ユダヤ人にとって、ツィオニズムは、「ツィオンに帰ろう、父祖の地エレツ・イスラエル／パレスティナに帰ろう」という謂で、帰還運動は十九世紀後半にロシア、東欧、中欧で起こり、ユダヤ人がツィオンに対して古来抱いてきた民族主義的愛着・信仰の継続である。言い換えると、ユダヤ人の民族国家を父祖の地エレツ・イスラエルに樹立して民族の復興と存続とを図ろうとする国際ユダヤ民族解放運動で、ユダヤ人はそれを目標としてきた。この政治的な理念と行動に支えられた国際連帯運動の推進者および父祖の地エレッ・イスラエルに帰還する者は「ツィオニスト」と呼ばれている。

「土地なき民《たみ》に、民なき土地を」が建国運動の正当性を確保するためのキャッチフレーズだった。換言すれば、「土地なき民ユダヤ人に、ひとの住んでいない（パレスティナの）土地を与えよ」との謂である。

古来、パレスティナは「民なき国土」ではなかった。歴史的には少数のユダヤ人、キリスト教徒、イスラーム教徒が長年にわたって共存してきた土地だった。ちなみに、ツィオニストのパレスティナへの移住（移民）が始まった一八九〇年のイェルサレムの推定人口は四万二千人、宗教コミュニティー別人口は、ユダヤ人が二万五千人、イスラーム教徒が九千人、キリスト教徒が八千人、国勢調査が行なわれた一九二二年のユダヤ人人口はスファラディーム、アシュケナーズィームを含めて三万四千三百人だった。

パレスティナ・アラブ人はツィオニズム運動の正当性を否定し続けてきた。

「ツィオニズム」の呼称は、建国運動を国際的連帯運動として具体化した、建国の父テオドール・ヘルツェル（後述）の盟友ナータン・ビルンバウム（一八六四〜一九三七）の命名による（一八九〇年）。かれは、一八八〇年代にツィオニスト諸派がカトヴィツェ（現在のポーランド南部、クラクフの北西約七十キロ）で結成した祖国帰還運動ホヴェヴェイ・ツィオン（ヘブライ語で「ツィオンを愛する者たち」の意）運動（ツィオン愛慕運動とも。活動は一八九〇年からパレスティナで開始）などとは一線を劃した政治運動とイデオロギーの必要性を提唱、ユダヤ民族主義政党の結成を呼び掛けた。

さて、建国運動というと、その発端から建国のための土地がある、国土となるべき土地が用意されているというのが一般の慣《なら》わしである。ユダヤ人の場合はどうだったのか。かれらは国際社会が認めてくれるような土地や物的資源をもっていなかった。かれらの民族的遺産は（旧約）聖書のみだった。ここにユダヤ人の建国運動の特殊性があった。建国運動にとっては、ユダヤ人がオスマン帝国治下の父祖の地に帰還し、同地に住み、いかに国造りをするかが最大の課題だった。「ユダヤ人の場合は、離散の地で政治的平等の権利を勝ち取ろうとする考えと、離散民の再結合による解放を勝ち取ろうとする考えの二つに大別される。後者を選ぶとき、まず離散の地で迫害に苦しむ同胞を組織しなければならなかった」（滝川義人）。

民族の復興と存続を図るには、まず宗主国オスマン帝国の了解を得なければならなかったのである。

アンティ・セミティズム

一八五〇年代から七〇年代にかけて、イギリス（一八五八年）、ロシア（一八五九年）、イタリア（一八七〇年）、ドイツ（一八七一年）、スイス（一八七四年）でユダヤ人の解放が行なわれた。このとき、ヨーロッパ人自由主義者とユダヤ人啓蒙主義者《マスキリーム》は、西ヨーロッパにおけるユダヤ人の同化を可能にする法的枠組みが完成したことで、西ヨーロッパにおけるユダヤ人問題はひとまず解決したと考えた。しかし、その後の国際情勢は楽観を許さなかった。ヨーロッパ社会にユダヤ人の存在を拒否するヨーロッパ人が出現していたからである。

かれらは、一八七〇年代後半に、似非《えせ》科学を援用した理論に基づいて「アンティ・セミティズム」（アンティ・ゼミティスム／反ユダヤ主義）と呼ばれる政治活動を開始した。後年ナチス（一九三二年の総選挙で第一党に）を生み、六十年後にはアドルフ・ヒトラー（総統在任・一九三四〜四五）のユダヤ人絶滅作戦にまで発展した。

アンティ・ゼミティスムという語は、一八七五年（一八七九年とも）にドイツ人ジャーナリスト、ヴィルヘルム・マル（一八一八〜一九〇四）が造語したもので、新しい決定論的な反ユダヤ主義の理念が反映していた。ただし、一八六五年には、『国家事典』のなかで、「反ユダヤ主義的《アンティ・ゼミーティッシュ》」という言葉が使われていた。当時すでにその用語に見合うような現象ないし運動が生まれていたことを示している（伊藤定良、第四章）。

この反ユダヤ主義は人種差別論と呼ばれ、その思想の直接の起源は、フランス革命およびナポレオン戦争後のヨーロッパの国際秩序の再建を図って開催されたヨーロッパ諸国の国際会議、ウィーン会議（一八一四年九月〜一五年六月）後、プロイセンを中心として起こったドイツ国家主義にさかのぼる。

右のように、西ヨーロッパ諸国でユダヤ人の解放が進行していた十八世紀末から十九世紀にかけてのロシアに目を転じてみよう。

ロシアではユダヤ人差別制限法令が次つぎと施行された。例えば、一七九一年に旧ポーランド領を主体とする定住境界が定められ、ユダヤ人がロシア本土に入ることが禁じられたことをはじめ、一八〇四年、一八二七年、一八四一年の法令がそれである。一八五〇年代末になると、近代化の要求が高まるなかで、富裕な商人、高等教育機関の卒業生、有能な職人などユダヤ人が定住境界の外に居住することが許されるようになった。それも束《つか》の間《ま》、スラヴ国粋主義による集団的ユダヤ人排撃が始まった。次いで、一八八一年に、ゼムストヴォ（一八六四年につくられたロシアの地方自治機関）、司法、軍制、教育などの改革を推進してロシアの近代化に貢献した、ロシア皇帝アレクサンドル二世（在位・一八五五〜八一）が立憲制を求めるナロードニキ（ロシア語で「人文主義者」の意。人民の意思派に発展）のテロリストの爆弾で殺害された。ユダヤ人はスケープゴート（身代わりの山羊《やぎ》）にされ、時代は逆戻りしはじめた。

翌一八八二年に、再びユダヤ人の村落居住を禁止する法令が制定された。希望を失ったユダヤ人に残された選択肢は、革命に参加して帝政ロシアを打倒するか、国外に移住するかの二つにひとつだった。前者のなかからはレフ・ダヴィドヴィチ・トロツキー（一八七九〜一九四〇。ユダヤ人を両親としてエリザヴェートグラード近郊に生まれる。ロシアの革命家）のような革命家が現われ、後者は、二十世紀初頭から第二次世界大戦前夜まで（一九〇八〜一九三八年六月）、約百十四万人のユダヤ人がロシア、東欧などから北アメリカへ移住した（『アメリカ・ユダヤ年鑑』第四十一巻・一九三九～四〇年刊）。しかし、ロシア革命にも北アメリカ移住にも参加しなかった少数の（ロシア系）ユダヤ人が父祖の地エレツ・イスラエル／パレスティナへ帰還して第三の道、ツィオニズム運動に加わった（石田友雄、第四章）。

テオドール・ヘルツェル

近代ツィオニズム運動の政治的理念は、十三世紀のユダヤ教神秘主義が生み出した終末的願望に支えられたメシアニズムの系譜にさかのぼる。終末に到来するメシアが、離散ユダヤ人を世界中から糾合して、父祖の地パレスティナにユダヤ人の民族国家を再興するというのがそれである。このメシアニズムを政治的行動に置き換えたものをツィオニズム運動の出発点とした。

運動の政治的理念と行動は、フランスの自由・平等の心酔者だったオーストリア・ハンガリー帝国の一方の首都ブダペシュト生まれのユダヤ人新聞記者テオドール・ヘルツェル（一八六〇～一九〇四）が一八九六年二月にウィーンでドイツ語で発表した『ユダヤ人国家《デア・ユーデンシュタート》——ユダヤ人問題の現代的解決の試み』（八六頁）を基点としている。

当時は、第一次世界大戦前で、オーストリア・ハンガリー帝国では民族間の激しい衝突が渦巻いていて、ユダヤ人に対する迫害が続き、ヨーロッパ文化への同化運動が昂まってユダヤ人は苦境に立たされていた。南ロシアに狂暴なアンティ・セミティズムが起こった直後でもあった。

ヘルツェルは、一八六〇年、ヨーロッパ文化に同化したユダヤ人の家庭に生まれた。父親は運送業で成功し、テオドールが小学校に通うころには、ハンガリー銀行の重役も勤めていた。やがてかれは首都ウィーンの大学で勉強し、法律家になる準備をしていたが、途中でジャーナリズムの道に転じ、世間に名の通った気鋭の劇作家として同地で仕事をするようになった。

時のひととなったかれは、イギリスの『ザ・タイムズ』(一七八五年創刊)、フランスの『ル・フィガロ』(一八五四年創刊。ドレーフュス事件ではドレーフュス大佐を擁護してフランス陸軍と対決)と並んでドイツ語圏の知識人の間で多く読まれていたウィーンの代表的新聞『ノイエ・フライエ・プレッセ』(新自由新聞。一八六四年創刊)に紀行文をはじめとする話題の人物や新刊書、政治などの記事を書くようになって、優れたフランス語の能力を買われ、一八九一年、三十歳のとき、同紙のパリ通信員としてフランスに赴いた。

ヘルツェルはパリ生活の三年目の秋、一八九四年に、フランスで起こった売国疑獄事件、ドレーフュス事件(アルザス州生まれのユダヤ系フランス人陸軍参謀本部附砲兵隊大尉アルフレッド・ドレーフュス〔一八五九〜一九三五〕がフランス陸軍の機密書類をドイツ軍へ売り渡したとされる事件で、人種差別による反ユダヤ主義陰謀スパイ事件)の取材に従事し、ユダヤ人に対する憎悪、偏見、併せて反独感情をつぶさに体験した。

一八九五年一月五日、ドレーフュスに対する免黜《めんちゅつ》が行なわれた。凍《い》てつく寒さのなか、ヘルツェルはドレーフュスの位階剝奪《はくだつ》式に臨席、「わたしは無実だ」と繰り返し叫びながら同僚の士官たちの前を曳《ひ》かれていくドレーフュスへの「売国奴を殺せ！　ユダヤ人を殺せ！」との群衆の怒号を自分の耳で聞き、大きな衝撃を受けた。

この事件がヘルツェルの琴線に触れ、これを機に、かれは「ユダヤ人問題の解決」について深く思いめぐらすようになった。その結果、ユダヤ人に対する憎悪は一過性の現象ではなく、ユダヤ人が異郷の地に離散している限り、決して安住の地を持ち得ない、同化ユダヤ人は外圧によってみずからの意思に反して国家建設を強いられている、ユダヤ人国家樹立以外にアンティ・セミティズムを解消することはできない、との結論に到達した。かれは、フランスでの体験を踏まえ、オーストリア・ドイツ文化を受け容れハンガリー国民たることを自覚した同化ユダヤ人からツィオニストに転向して、ユダヤ人問題解決の分析に着手した。ちょうど、一八九〇年代に入ると、オーストリア・ハンガリー政界・思想界にアンティ・セミティズムの声が急速に昂まり、東ヨーロッパにおいてもユダヤ人に対する迫害が続発していたことが、かれをツィオニズム運動に向かわせるもうひとつの契

フランスのアンティ・セミティストが描いたドレーフュスの戯画。「恐怖の博物館」「売国奴」とある（H. H. Ben-Sasson ed., *A History of the Jewish People*, pl.54.）

機となった。

『ユダヤ人国家』は、ユダヤ系ロシア人でオデッサ（黒海沿岸の港湾都市）の医師、ユダヤ啓《けい》蒙《もう》主義運動家レオン・ピンスケルの冊子『自力解放論――ロシア系ユダヤ人の部族仲間への勧告』（一八八二年。ドイツ語。三二頁。ユダヤ人国家設立の提案）に依拠したといわれているが、ヘルツェルがパリ駐在時代にほぼ一年をかけて親しい友人たちとの熱心な対論を経て執筆したユダヤ人国家再建の青写真、近代ツィオニズム宣言の書だった。このなかで、かれはツィオニストとしての実践本領を語り、「ユダヤ人国家が再建されない限り、ユダヤ人問題の真の解決はあり得ない」と訴えている。『ユダヤ人国家』は瞬く間にヨーロッパ諸語に翻訳され、広く読まれたが、全体的に見ると、読者の大部分はかれを夢想家と見なしていた。しかし、支持する声もあり、大いに論議を呼んだ。『ユダヤ人国家』が我が国で最初に抄訳・紹介されたのは一九六一年だったが、先年その全訳が出版された（佐藤康正訳『ユダヤ人国家――ユダヤ人問題の現代的解決の試み』法政大学出版局・一九九一年）。なお日本語で書かれたツィオニズムについての学術論文は矢内原忠雄（一八九三～一九六一）のそれ（一九二三年）が嚆矢である。

ドレーフュス大尉は、軍法会議で位階剝奪と終身禁錮《きんこ》・流刑（仏領ギアナの悪魔島）に処せられたが、二年後の一八九六年に真犯人が明らかになった。その後、再審請求運動が起こされ、文豪エミール・ゾラ（一八四〇～一九〇二）が「余は糾弾する――共和国大統領へ与うるの書」（一八九八年一月十三日）をG・クレマンソーの日刊紙『オーロール』（曙）に発表したのが契機となって、この運動はドレーフュス個人を超えて、社会的・政治的大事件として国論を二分した。人権と民主的共和政を守ろうとする左翼、進歩的共和派と、軍部、反共和政の右翼、カトリック教会、反ユダヤ主義者との闘争に大発展し、前者が勝利を収め、ドレーフュスは一八九九年に釈放、一九〇六年に無実が証明されて特赦、正式に復権、レジオン・ドヌール勲章が授与された。その後、かれは、第一次世界大戦では、五十五歳の齢《よわい》を押して砲兵中佐としてパリ防衛に参戦し、国家に忠誠を尽くした。一九三五年七月十二日、軍法会議により悪魔島へ送られ、青春を失ったドレーフュスは世間から忘れられたままでパリで歿した。ドレーフュス事件後、フランスにおける組織的なアンティ・セミティズム運動は衰頽に向かった。ちなみに、ドレーフュス事件を契機に書かれた後世に残る書は、『ユダヤ人国家』と「余は糾弾する」(当日の『オーロール』紙は二十万部を完売)の二著である。

ツィオニスト会議開催

天性のカリスマ的指導者としての資質と卓越した組織力を兼ね備えたヘルツェルは、『ユダヤ人国家』を発表した翌一八九七年八月二十九〜三十一日に、スイスのバーゼルにディアスポラを代表する二百四人の代議員を集め、第一回ツィオニスト会議開催に成功した。

それまでにもロシアでは、一八九七年以前からさまざまな形でユダヤ人のパレスティナへの入植を目標とするツィオニズム運動が展開されていたが、第一回ツィオニスト会議は、ヘルツェルの呼び掛けで全ヨーロッパ的な規模でツィオニストが結集し、国際的に統一された政治体制としてのユダヤ代務機関を形づくったという点で、ツィオニズム運動の歴史のなかで転機を劃するものだった。この会議において、かれは、帝政ロシアで行なわれたユダヤ人に対する組織的な掠奪や虐殺に対処するため、パレスティナにユダヤ人の民族郷土を設立するために世界ツィオニスト機構の設立を提唱した。そして政治的ツィオニズムの基本綱領「バーゼル計画」が採択され、ここにツィオニズム運動が正式に組織化された。

この運動の目的は、「ユダヤ人の安全な避難地となり、民族の自決権を行使し、その文明文化を再興できる祖国を恢復する」ことにあった。その手段として、ユダヤ人農業労働者および工業労働者のパレスティナ入植促進、国際ネットワークの組織化、ユダヤ人の民族主義感情の醸成強化、さらに必要に応じて関係政府諸機関の支持獲得などに主眼が置かれた。ヘルツェル自身は当初、民族郷土の建設地としてパレスティナだけでなくアルゼンチンを挙げていたことが注目される。

この運動の本部はヘルツェルが週刊誌『ディ・ヴェルト』(世界)を発行していたウィーンに置かれた。次いで、この運動に対して共鳴が得られたのはイギリスにおいてのみだったため、ロンドンにこの運動の財務諸機関が設立された。

ツィオニスト会議は、その後一八九八年八月二十八〜三十一日(於・バーゼル。第二回)、一八九九年八月十五〜十八日(於・バーゼル。第三回)、一九〇〇年八月十三〜十六日(於・ロンドン。第四回）、一九〇一年十二月二十六～三十日（於・バーゼル。第五回）に開催された。

一九〇三年八月二十三～二十八日、バーゼルで開催された第六回ツィオニスト会議では、パレスティナはユダヤ人にとって究極の目的地か否かが東西ヨーロッパの代表者の間で激しい論争の的となった。ヘルツェルはイギリスのウガンダ計画案に賛成の主張を述べた。これに対してロシアの代表はヘルツェルを激しく攻撃した。これは東西ヨーロッパの闘いとなった。西側を代表するのはドイツ、オーストリア、イギリス、フランスで、東側はポーランド、ロシアの連合だった。この会議は「叫ぶ会議」とも呼ばれた。そしてイギリスの保守党内閣の植民地相ジョーゼフ・チェンバレン（一八三六～一九一四）が提案した中部アフリカの東、イギリスの保護領ウガンダ高地案が投票にかけられ、賛成二百九十五、反対百七十八、棄権九十八となって可決された。チェンバレンの提案は、イギリスの保護領ウガンダのグアスギシュまたはウアシンギシュ平原のなかの一万五千平方キロの土地をユダヤ人に譲渡し、イギリスの保護下にユダヤ人国家を建設するというものだった。その土地全部がウガンダのなかにあったわけではないが、この計画は「ウガンダ計画案」と呼ばれるようになった。

ロシア出身の代表団は会議の直後会場から退出した。幾つかの代表団もそれに続いた。かれらは、ツィオニズム活動の唯一の拠点としてパレスティナに固執し、パレスティナとその隣接地以外へのどんな入植をも拒否した。ヘルツェルは即刻退出者たちと非公式に折衝を重ね、最終ゴールはパレスティナであると約束せざるを得なかった。最後には父祖の地パレスティナにユダヤ人国家を建設するための道を開いたことになる。

それからまもなく、ウガンダ計画案に反対のメナヘム・ベンモシェ・ウスィシュキン（ツィオニスト機構の理事のひとり）はハリコフ（現在のウクライナ）に支持者を集めて協議会を開き、ウガンダ計画案の取り止《とや》めを要求した。

ヘルツェルは健康上の理由で遂にバーゼルを去った。かれの健康状態はその後数週間で急速に悪化した。

引き続いて、ヘルツェルは、一九〇四年四月、ウィーンでツィオニスト行動委員会を招集、二時間の討論ののち、ウガンダ計画案が否決された。

ヘルツェルは一九〇四年七月三日（ユダヤ教暦タンムーズ月二十日）、心臓発作によりウィーン郊外で急逝した。享年四十四。

翌一九〇五年七月二十七日〜八月二日にバーゼルで開催された第七回ツィオニスト会議で「ユダヤ人の民族郷土はパレスティナ以外いずれの土地をも対象としない」ことが決せられた。

さらに一九〇七年八月十四〜二十一日、オランダのハーグで開催された第八回ツィオニスト会議で、世界ツィオニスト機構の設立とバーゼル綱領が採択されて、ツィオニスト運動は政治運動に発展していった。しかし、この運動はすべての賛同を得たわけではなかった。例えばドイツ・ラビ会議はこの「綱領」をなさけ容赦なく批判した。ラビ（導師）の大多数は、ユダヤ教改革派にせよ保守派にせよ正統派にせよ、世俗的なツィオニズム運動に強く反対していたからである。いずれにせよ、ヘルツェルの出発点はアンティ・セミティズムの現実であり、ヘルツェルの目標は西ヨーロッパの文明をロシア、東ヨーロッパの人びとに伝え、東西ヨーロッパのユダヤ人の内的緊張を解きほぐすことにあった。その後、政治的な理念と行動に支えられた運動と並行して経済的基盤も徐々に確立し、ユダヤ人国家再建の気運が盛り上がっていった。運動はユダヤ人の宗教的伝統であるメシアニズムに基づく宗教的願望を政治的行動に置き換えた民族主義的運動だったが、歴史的にも文化的にも西欧中心だった。

晩年のヘルツェルの日記によれば、かれは外交手段によって父祖の地にユダヤ人の土地を獲得しようと、ドイツ皇帝やトルコの首脳、次いでローマ教皇に拝謁している。ロシアの高官やイギリスの閣僚にも接見を求めた。またユダヤ人国家建設構想を世に問う前に、パリ在住のユダヤ人慈善家モーリス・ド・ヒルシュ男爵（一八三一～九六）とエドモン・ド・ロスチャイルド男爵（一八四五～一九一七）の二人を訪ね物心両面の援助を請うている。しかし、ヘルツェルの構想は二人の男爵から拒絶され、ロスチャイルド男爵宛《あて》の草稿（一八九五年）がさきの『ユダヤ人国家』（一八九六年）となったのである。

ヘルツェルが急逝したとき、ツィオニズム運動は聖俗の大きな流れのなかの小さな流れにすぎなかった。ラビたちの大多数は、右に言及したように第一次世界大戦まで、すべて世俗的な政治的ツィオニズム運動に強く反対していた。

ツィオニスト運動の潮流は、大きく四つに大別される。ひとつ目は、ツィオニスト運動のなかで社会主義の理念実現を目指す労働社会主義ツィオニストのポアレイ・ツィオン（ツィオン労働党）、二つ目が、リベラル、中道路線の立場をとり、世界ツィオニスト機構のなかで無党派層の結束を唱道する一般ツィオニスト、第三が、ロシア・東欧出身者を主体とし、律法《トーラー》の理念を基盤に父祖の地エレツ・イスラエルにユダヤ教の再興を願う宗教ツィオニズム、第四が、世界ツィオニスト機構内の主流派の対イギリス委任統治融和政策を批判し、ヨルダン川東岸を含むパレスティナ全土でユダヤ人国家建設を主張する右派修正主義ツィオニストであった（丸山直起、第九章）。

コラム　ヘルツェルの丘

ヘルツェルの亡骸は、一九四九年、第一回ツィオニスト会議開催当時からの同志の手でウィーンから新生イスラエルへ移され、イェルサレムの南西の丘に改葬された。海抜八百三十四メートル。この丘は建国の父テオドール・ヘルツェルの名をもって呼ばれている。ここには建国の指導者たちの墓がある。例えば、ツィオニズム運動の指導者のひとりウラジミール・ゼエブ・ヤボチンスキー（一八八〇～一九四〇）、六日戦争（第三次中東戦争）当時の第四代首相レヴィ・エシュコル（一八九五～一九六九）、第五代女性宰相ゴルダ・メイル／マイエルゾン（一八九八～一九七八）、一九九五年十一月四日凶弾に斃れた第十一代首相イツハク・ラビン（一九二二～九五）らが眠っている。ここは諸般の国家儀礼会場にもなり、またここで毎年イスラエル国の独立記念式典が行なわれる。

三つの協定・密約の締結

第三十四代スルタン・アブデュルハミト二世（在位・一八七六〜一九〇九）のもとで諸民族の叛乱によって領土を失ったオスマン帝国は、十九世紀後半からドイツの急接近を受けていたこともあり、第一次世界大戦（一九一四〜一八年）を迎えてドイツ、オーストリア・ハンガリー、ブルガリアなどの同盟国側について英・仏・露を中心とした連合国側と対戦、破局への道に突進した。この結果、オスマン帝国領シリア・パレスティナを含む東方領土は、中東の重要な戦場となり、英・仏両軍とトルコ軍との間に死闘が繰り広げられた。

イギリスは、第一次世界大戦のさなか、オスマン帝国の東方領土の戦後処理について、相互に内容の矛盾する三つの協定・密約を結んだ。いずれも植民地や従属国の協力を得るため、第一次世界大戦後の自治や独立を約束したものだった。時系列に列挙すると以下の通りである。

「フサイン・マクマホン往復書簡」（一九一五年七月十四日〜一六年三月十日）

ひとつ目は、インドに自治を約束したイギリスが、敵国ドイツの同盟国オスマン帝国領内のアラブ人の協力を得るため、マッカの太守《シャリーフ》フサイン・イブン・アリー（一八五三〜一九三一。一九〇八〜一六年までマッカの総督《アミール》。アルヒジャーズ王国王在位・一九一六〜二四。イスラームの開祖預言者ムハンマドの血を引くアラブの名門ハーシム家に生まれる。ヨルダンのアブドゥッラー・イブン・フサイン初代国王〔在位・一九四六～五一〕は次男）に対トルコ参戦を条件に、戦後オスマン帝国の東方領土にアラブの独立国家建設を約束した往復書簡がそれである。この交渉のイギリス側代表にはエジプト・カイロ駐在初代高等弁務官アーサー・ヘンリ・マクマホン（一八六二～一九四七）が当たり、フサイン・イブン・アリーとの間で計十通の書簡を取り交わした（一九一五年七月十四日～一九一六年三月十日）。これら一連の外交文書は「フサイン・マクマホン往復書簡」と呼ばれる。このうち、一九一五年十月二十四日付の書簡で、マクマホンは、イギリス政府を代表してパレスティナを含む東方アラブ地域の戦後の独立を認めた。これを受けて一九一六年六月にフサイン麾下の四人の息子は、イギリスの励ましと支援を受けてアラブの叛乱を起こした。叛乱の指揮に参加したのが若き考古学者・連絡将校トマス・エドワード・ロレンスだった（後述コラム参照）。

「サイクス・ピコ協定」（一九一六年五月九日、十六日）

二つ目は、右の公約と並行して、連合国側で、オスマン帝国の東方領土を戦後どのように分割するかを英・仏・露三国間で取り決めた「サイクス・ピコ協定」である。この協定は、さきの「フサイン・マクマホン往復書簡」で、シリアを独立アラブ王国に組み入れるとされたのに対して、フランスが歴史的シリア全域（パレスティナを含む）の権益擁護を主張したため、この調整を図ろうとしたものだった。イギリス代表マーク・サイクス（一八七九～一九一九。イギリス戦時内閣補佐官。サイクスは英・仏混合委員会第二回会議より出席）とフランス代表シャルル・フランソワ・ジョルジュ・ピコ（元・在レバノンフランス総領事）が英・仏混合委員会で原案を作成したのち、ロシアを交えて協定が結ばれた。これは東方アラブ地域の分割統治を約した秘密協定で、調印は一九一六年五月九日、十六日に行なわれ、調印時にはその内容の公表は一切なされないことになっていた。この秘密協定は、交渉に当たったイギリス・フランスそれぞれの代表者・外交官の名前をとって名付けられた（正式名称は「一九一六年の小アジア協定」。この協定は、一九二〇年四月のイタリアのサン・レモで開かれた会議で連合国側により正式に破棄された）。しかるにこの密約の内容は、アラブ人に秘密にされていたが、一九一七年十一月、ロシア革命によってボリシェヴィキ（ロシア共産党）が政権を握るやペテルブルク・ソヴィエト議長レフ・ダヴィドヴィチ・トロツキーによって他の密約とともに暴露《ばくろ》された。秘密協定の暴露はユダヤ人・アラブ人双方の反撥を買い、とりわけアラブ民族主義者の対英不信が一層強まった。

この密約では、地中海からペルシア湾に至る地域をイギリスとフランスの勢力圏に分割し、戦後、その勢力圏にしたがって支配することを定めた。つまり、ロシアはトルコ領アルメニアを、フランスは現在のイラク北部からシリア、レバノンの各地域、およびその後背地アナトリア南部を統治領もしくは勢力圏とし、イギリスは現在のバグダードを含むイラク中部から南部、およびヨルダン、さらにハイファおよびアッコー両港を含むパレスティナ南部地域を統治領もしくは勢力圏とすること、加えて、アラブ人が連邦あるいは単一の独立国をつくること、アレクサンドリアを自由港とし、パレスティナの聖地を英・仏・露の管理下に置くことなどが含意されていた。イェルサレムを含むパレスティナ北部は国際共同管理地区とし、パレスティナについては、英・仏・露の共同管理支配を謳《うた》っている。その領域は、宗教上の聖所を含め、南のヘブロンから北のガリラヤ湖北部まで、東西は東地中海沿岸からヨルダン川までとなっていた。フランスはナザレの北部域とガリラヤ湖の北部域およびツファットを管理支配するほか、レバノンを手中に収める。イギリスはハイファ域を管理支配する。そして同地を、イギリス海軍の基地、バグダード鉄道のターミナルとして使用する。ヨルダン川東岸地域（一九二二年にトランス・ヨルダン領）と南方のネゲヴは併せてひとつにしてアラブ国家として、イギリスの保護下に置く。この地域はエジプトおよびイラクのイギリス軍基地を結ぶ回廊の役目を果たすことになる。一方、北にはハッラーン・サンジャク（郡）を含むシリア・アラブ国をつくりフランスの保護下に置く。ロシアもアナトリアの一部の併合やボスポラス・ダーダネルス両海峡の航行権などが約束されていた。これが基本合意の大筋だった。

以上の密約は、さきのパレスティナをめぐる「フサイン・マクマホン往復書簡」、のちの「バルフォア宣言」とも矛盾したものとなった。

この秘密協定文書には、地図が添付されていて、フランス外務省蔵の地図によれば、それにサイクスとピコが青・赤・褐色のペンで引いた線がはっきり残っている（フランス外務省蔵の地図については、『情報アトラス——アラブの世界』集英社・一九九一年を参照されたい)。英・仏の「勢力圏」はそれぞれ青と赤で縁取られ、「統治領」は同じく青と赤で塗《ぬ》り潰《つぶ》されている。のちにイギリス委任統治領となるパレスティナにほぼ相当する「国際共同管理地域」は褐色で塗り潰されている。この線引きが、第一次世界大戦後若干の修正はあったものの、現在の中東諸国の境界と関わっているのである。

第一次世界大戦前に、ツィオニスト運動に対して具体的な形で同情を示したのは、列強のなかではひとり大英帝国だけだった。例えば、一九〇二年に、世界ツィオニスト機構の代表テオドール・ヘルツェルがシナイ半島への入植支援を要請したとき、イギリスはこれを考慮の余地ありとしたし、一九〇三年には、ジョーゼフ・チェンバレン植民地相(在任・一八九五〜一九〇三)が英保護領中部アフリカにおける自治区建設(ウガンダ計画案)を提案した(伝聞によれば、ウガンダ計画案に先立ってイギリスは当初キプロス案を考え、次いでシナイ半島北部のアルアリーシュ地区案を計画したがエジプトの反対で具体化しなかったという)。これら一連のプロジェクトは実現しなかったものの、イギリスは第一次世界大戦前からツィオニスト機構と陰に陽に接触を重ねていた。イギリスは多年ペルシア湾、紅海、地中海沿岸の権益に深い関わりをもっていたからである。インド—ペルシア—アラビア半島南端のアデン(十九世紀にイギリスが植民地としたのち、一九六七年に南イエメン人民共和国の首都となる)—アフリカへの海路を大英帝国の生命線としていたこと、他方、スエズ運河の開通(一八六九年にフランス人技師F・M・デ・レセップスによって完成。全長約百六十キロ。一八七五年、イギリスはエジプト政府の財政難に乗じてエジプト政府の運河会社保有株四四%を買収、一八八二年には運河地帯を軍事占領)はイギリスの中東への介入を加速させる結果となり、海路に加えてペルシア湾岸油田への内陸路支配にも当然ながら一層関心を高めたことなどが挙げられる。

第一次世界大戦は、戦争の長期化とともにヨーロッパ諸国およびアジア諸国、さらにアメリカはじめラテンアメリカ諸国も参加して、未曾有《みぞう》の国際戦争に拡大した。戦局の推移は、イギリス軍の目論見《もくろみ》が破れ、トルコ戦線でもメソポタミア戦線でも敗北(一九一六年一月、四月)に終わった。かくして、イギリスは、トルコに対するアラブの叛乱とユダヤ人の支援獲得を余儀なくされたのだった。

「バルフォア宣言」「同返書」(一九一七年十一月二日/十一月四日)

三つ目は、同盟国側オスマン帝国と闘っていたイギリスが、ロイド・ジョージ連立内閣(在任・一九一六〜二二)の閣議決定を経て、外相アーサー・ジェームズ・バルフォア(一八四八〜一九三〇)からイギリス本土のツィオニスト連盟代表ライオネル・ウォルター・ロスチャイルド卿(一八六八〜一九三七)宛に送られた一九一七年十一月二日付の書簡(本文十五行)、「バルフォア宣言」である(公表は一週間後になされた。ロスチャイルドという姓はドイツ語のロートシルト、「赤い楯《たて》」の意。一家のフランクフルト・アム・マインの住居兼事務所のドアに赤い楯の家紋が掲げられていたことにちなむものである。創始者はマイアー・アムシェル・ロートシルト〔一七四三～一八一二〕で、代々フランクフルト・アム・マインに住んでいた）。一九〇七年八月、オランダのハーグで開催された第八回ツィオニスト会議で採択された「バーゼル綱領」の趣旨を組み込んだユダヤ民族主義に理解を示した正式書簡には、つぎのように認《したた》められていた（バルフォア宣言および同返書は高橋正男訳）。

ロスチャイルド卿

わたくしは、ユダヤ人ツィオニズム運動の熱望への共鳴を表明する以下の宣言を、大英帝国政府を代表して、貴殿にお伝えすることを欣快《きんかい》とするものであります。なお、この宣言は、閣議に付し、承認されたものであります。

「大英帝国政府は、パレスティナにユダヤ人のための民族郷土が建設されることを好ましいものと見なし、今後、この目的の達成を容易ならしめるために最善の努力を行なう。また、本政府には、パレスティナにおける既存の非ユダヤ人諸共同体の市民的ならびに宗教的権利をそこなうようなことも、他のいかなる国でユダヤ人の享受している諸権利ならびに政治的地位をそこなうようなことも、今後はなさるべきではない、との明瞭《めいりよう》な認識がある」

貴殿が本宣言をツィオニスト連盟にお知らせくだされば幸甚であります。　敬具

アーサー・バルフォア

ツィオニスト運動は、第一次世界大戦勃発時、ハーバート・ヘンリ・アスキス連立内閣（在任・一九一五〜一六）の閣僚、ハーバート・サミュエル（一八七〇〜一九六三。当時逓信相）、エドワード・グレー（一八六二〜一九三三。外相）、デーヴィッド・ロイド・ジョージ（一八六三〜一九四五。軍需相）らの共感を得ていた。

右の書簡は事実上ツィオニストを支援したデーヴィッド・ロイド・ジョージ首相、バルフォア外相、非同化ユダヤ人ハイム・ヴァイツマン（一八七四〜一九五二。のちのイスラエル初代大統領）、およびロンドン在住のツィオニスト指導者、ナフム・ソコロフ（一八五九〜一九三六）らの合作だったが、これに対し、ロスチャイルドから折り返しバルフォア宛同十一月四日付で返書（手書き、本文三十四行）がつぎのように送られた。

バルフォア閣下

御書状有り難く拝受いたしました。貴殿ならびに関係各位がユダヤ人大多数の悲願に多大の関心をお示しくださり、我らユダヤ人のためにご尽力くだされたことに対し、衷心より感謝いたします。何千万ものユダヤ人が貴殿に感謝するであろう、とわたしは確信しております。それと申しますのも、英国政府が、御声明により、安全とやすらぎへの展望を、それを必要としている多数の人びとにお拓きくださることになったからであります。ロシア各地で早くも新たな迫害が起こっていることは、つとにご存じでございましょう。貴殿ならびに国王陛下の政府に重ねて御礼申し上げます。

敬具

ロスチャイルド

バルフォア宣言は、ロスチャイルド家を介して世界ツィオニスト機構に伝えられ、ユダヤ人に対して、アラブ人の住むパレスティナの地に第一次世界大戦後ユダヤ人の民族郷土を建設することを確約した書簡だった。ただし、イェルサレムについての言及はない。

この宣言が書簡の形で発表されたのは、さきのサイクス・ピコ協定がトロツキーによって暴かれる直前のことで、それはマッカのフサイン・イブン・アリーによる「アラブの叛乱」から一年半後、またフサイン・マクマホン往復書簡、およびサイクス・ピコ協定が秘密裡に調印されてから約一年半後に当たる。

これら一連の約束が、一部連合国側により正式に破棄されたとはいえ、後年パレスティナをめぐるアラブ・イスラエル紛争の核心になろうとはもちろんだれも予想だにできなかった。

右のバルフォア宣言が賛意を示したこととは何か。

ユダヤ人の「民族郷土」（ア・ナショナル・ホーム）のひとつをパレスティナに建設すること

を明文化したものであって、「国家」（ステート）という文言を避けている。また「パレスティナに」（書簡の七行目）の「に」はonではなくinとなっている。パレスティナ全土にユダヤ人の民族郷土を建設するとは限らないことになる。後段ではパレスティナ・アラブ人社会に言及しているが、かれらの政治的権利については触れていない。宣言には疑問が残されたままだった。しかし、パレスティナをユダヤ人の唯一の民族郷土として再編することを要求していたヨーロッパの政治的ツィオニストたちは、これを独立国家建設への勝利と受け止めた。宣言はアメリカをはじめ列強の支持を得た。いずれにせよ、かつてさきのツィオニスト会議の求めに応じて建国の候補地を提案したそのイギリス政府がツィオニズム運動の目標を「民族郷土」であれ、具体的に支持したことは、ツィオニストにとって大きな成果だった。

宣言が発表されたとき、エジプトおよびパレスティナのイギリス当局者は当初報道管制を敷いた。「アラブの叛乱」（一九一六年六月～二〇年七月）を挫折させない配慮からだった。しかし、宣言が発表されたという報《しら》せがカイロやパレスティナに届くや、アラブの指導者の間に当惑、失望、強い抗議の声が沸《わ》き上がり、「アラブの叛乱」の指導者フサインのもとにはカイロから情報が届いていた。かれはイギリス政府に対して即刻説明を求めた。

翌一九一八年一月はじめ、カイロ政庁から高等弁務官府アラビア局付上級職デーヴィッド・G・ホウガースが急遽《きゅうきょ》特使としてサウディアラビア西部のアルヒジャーズのジェッダへ派遣された。かれは「パレスティナにおけるユダヤ人の入植はパレスティナ・アラブ人の政治的・経

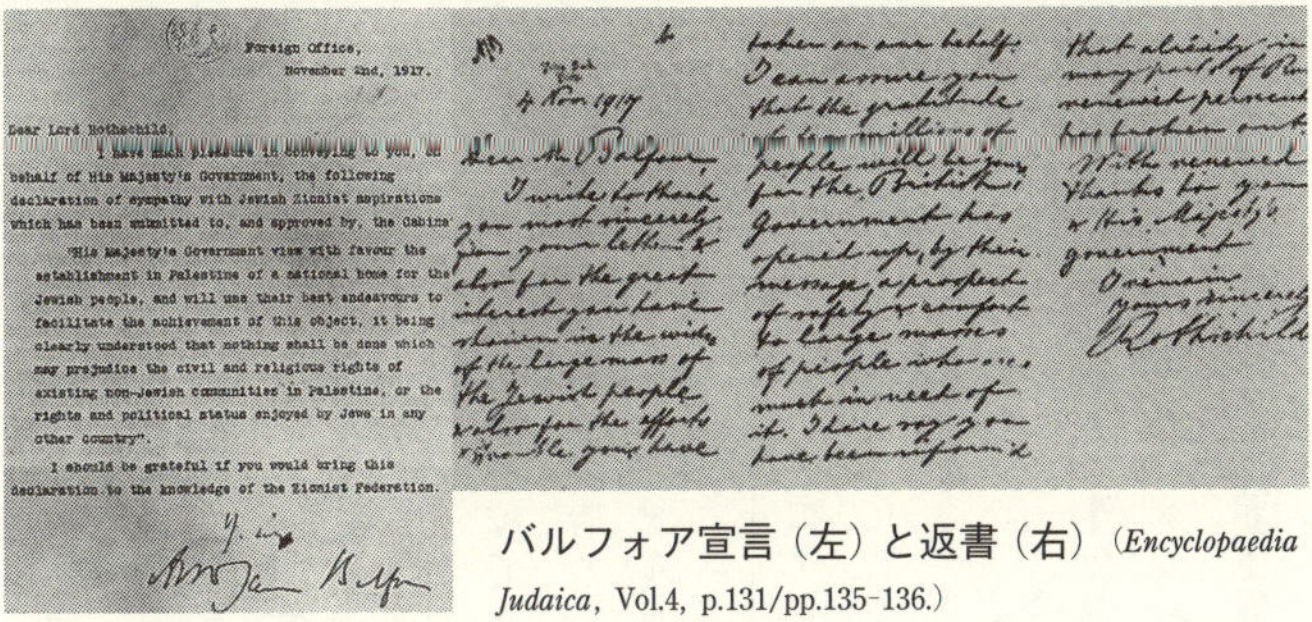
Foreign Office,
November 2nd, 1917.

Dear Lord Rothschild,

I have much pleasure in conveying to you, on behalf of His Majesty's Government, the following declaration of sympathy with Jewish Zionist aspirations which has been submitted to, and approved by, the Cabinet.

"His Majesty's Government view with favour the establishment in Palestine of a national home for the Jewish people, and will use their best endeavours to facilitate the achievement of this object, it being clearly understood that nothing shall be done which may prejudice the civil and religious rights of existing non-Jewish communities in Palestine, or the rights and political status enjoyed by Jews in any other country".

I should be grateful if you would bring this declaration to the knowledge of the Zionist Federation.

バルフォア宣言（左）と返書（右）（*Encyclopaedia Judaica*, Vol.4, p.131/pp.135-136.）

済的自由と相反しない限りでのみ許される」旨、口頭で説明した。これに対し、フサインは「宣言が迫害されたユダヤ人に対して避難場所提供を目的としているのなら、喜んでその目的達成のために自分のすべての影響力を行使するのに吝《やぶさ》かでない」と答え、イギリス側の回答を満足して受け容れたという。それから一箇月後の二月八日、フサインのもとにサイクス・ピコ協定についてジェッダ駐在のイギリス代表から回答が届いた。同協定の存在については一言の言及もなく「……アラブ人の解放に対する以前の約束を再確認するものである」と述べている。しかし、フサインはこの二つの回答に勇気づけられ、叛乱軍に対しては、謀略に惑わされず解放の戦いを継続することを命じた（G・アントニウス）。

バルフォア宣言はイギリスにとって第一次世界大戦の便法にすぎなかったが、その前後にアラブ側に与えた密約・回答は将来に紛争の深い禍根を残すこととなった。

バルフォア宣言の複合的な狙《ねら》いを、平山健太郎（二〇〇四年・第一部第二章）はつぎのように分析・解説している。「まず膨大な戦費調達へのロスチャイルド家などユダヤ系財閥の協力、つづいて敵国ドイツのユダヤ系将兵や市民の切り崩し、さらには、当時まだ参戦していなかったアメリカを連合国側に取り込んで参戦させるためのユダヤ系市民への働きかけなどであった。イギリス軍部隊のなかにユダヤ人部隊も編成されていた。しかし、この戦争中、トルコ国籍のユダヤ人たちの多くは、オスマン帝国への忠誠を守り、トルコ軍将兵として連合国軍と戦った人びとも多い。イスラエル建国後第二代目の首相に就任するモシェ・シャレット（在任・一九五四年一月〜五五年十一月）なども、トルコ軍の将校であったし、初代首相ダヴィッド・ベングリオンの武断路線に対し、アラブ側との和解と共存を強調して、政争に敗れている。イスラエルの建国に頑強に抵抗したアラブ側のリーダー、アルハジ・アミーン・アルフサインニーもトルコ軍の将校であった」と。

コラム　アラビアのローレンス

イスタンブルに対して叛旗を翻した「アラブの叛乱」を支援したイギリスの連絡将校トマス・エドワード・ローレンス（一八八八〜一九三五。さきのD・ホウガースと同じアラビア局所属）は、以後二年近く、フサイン・イブン・アリーの三男ファイサルに同行、命を賭《か》けてゲリラ戦の指導に当たった。これはイギリス外交の大きな失敗ではなかったか。

ローレンスは、イギリスの優れた歴史・考古学者であり、軍人（ゲリラ戦指導者）であり、政治家（イギリスの政治的理想主義者のひとり）として多彩な活動を全うして多くの伝説を生み出し、二十世紀における謎に満ちた人物のひとりに数えられている。かれは戦後処理のため戦勝国側（連合国側）が開催したパリ講和会議（一九一九年一月十八日〜）のイギリス全権団に加わり、歴史学者アーノルド・ジョーゼフ・トインビー（一八八九〜一九七五。一九二九年十月・一九五六年十月・一九六七年一月に来日）とともに中東地域専門委員を務めたが、イギリス政府の帝国主義的な中東政策に幻滅、辞任した。その後、提供された行政職（委任統治領メソポタミアとパレスティナの行政を管理する植民省中東局の地位）と研究職（オール・ソウルズの研究員）のポストを断り、ジョン・ヒューム・ロスの偽名で一介の将校としてイギリス空軍に入隊（一九二二年）、露見するとトマス・エドワード・ショーという変名で兵車隊に加わったが、一九二五年再び航空隊に復隊、一九三五年二月に兵役満期によって除隊、まもなく愛用のオートバイとともに転覆、数日後、波瀾の生涯を閉じた。

同僚トインビーは、ローレンスは偉人の資質をもっていたと評価しながら、「……イギリス政府の名においてアラブ人に独立を約束しておきながら、それが反古《ほご》になったとき、かれは良心の呵責《かしゃく》を感じただろうが、欺瞞《ぎまん》の共犯者であったのか、アラブ人とともに被害者であったのか、……」と問題提起をしている（長谷川松治訳『交友録』オックスフォード大学出版局・一九六八年）。

アレンビー将軍の入城

一九一七年十二月八日、バルフォア宣言が公表されたちょうどそのとき、スエズ地峡正面で攻撃態勢にあったイギリス軍が、十月三十一日からパレスティナ進撃作戦を展開中だった。イ

アレンビー将軍の入城（提供・在日イスラエル政府観光局）

ギリスは、一九一五年はじめのトルコのエジプト侵攻企図の失敗以来、エジプトに大部隊を駐留させていた。

一九一七年十二月十一日、エジプト・シリア戦線イギリス軍司令官でユダヤ系の将軍エドムンド・H・H・アレンビー（一八六一～一九三六）がフィリスティア平原を経由して軍隊を率いてイェルサレム・ヤッフォ門に到着、馬から降りて旧市街に入城した。このイギリス軍部隊には数千人のユダヤ人義勇兵が加わったと伝えられている。かくして、四百年余に及ぶオスマン帝国のパレスティナ支配は終わりを告げ、ここにイギリスによるパレスティナおよびイェルサレムの三十年支配が始まったのである（北のガリラヤ地方の占領は翌年九月にずれ込んだ）。以後三十年の間にバルフォア宣言の具体的履行をめぐって闘争が繰り広げられた。

イェルサレムがキリスト教徒の支配下に入ったのは、一二四四年のホラズム・トルコ人によるイェルサレム占領以来の出来事だった。翌一九一八年十一月、ドイツ代表団の休戦条約調印とともに第一次世界大戦は終結した。

ファイサル・ヴァイツマン協定（一九一九年一月三日）

第一次世界大戦終結に続いて、アラブ民族主義者の運動が始まった。かれらは、パレスティナを「南シリア」と称し、ダマスカスを中心とする大アラブ国家との連合を主張した。一九一八年三月、ハイム・ヴァイツマンを団長とするツィオニスト代表団（英・仏・伊の代表、のちに米・露の代表も参加）が、右の件についてイギリス政府の了解を得た上で、現地シリアのアンマンへ出掛けたが、同地では敵意に満ちた態度で迎えられた。しかしながら、ヴァイツマンは、当時のアラブ民族主義運動の指導者、マッカのシャリーフ・フサインの三男ファイサル・イブン・フサイン（のちにシリア王）と合意に達し、イギリスが大戦中に交わした約束（フサイン・マクマホン往復書簡）を履行することを条件に、一九一九年一月三日、アラブ・ユダヤ両国家の併存を謳った「ファイサル・ヴァイツマン協定」に調印した。協定は九箇条から成っていた。「アラブ国家とパレスティナの発展に向け緊密に協力」し合い、「パレスティナへの大規模なユダヤ人移住を奨励し促進する」というものだった。国境については、協定冒頭の第二条に「パリ講和会議の審議終了後、直ちにアラブ国とパレスティナとの明確な国境がその当事者によって合意される委員会により決定される」と明記された。ツィオニズム運動に理解を示したファイサルはアラビア半島のアルヒジャーズ出身の指導者だったが、しかし、アルヒジャーズの地元民はツィオニストに敵意を抱いていた。かくして、この協定はマッカのファイサルの父フサインやアラブ民族主義者らによって拒否されてしまった。

ちなみに、第一次世界大戦後にイギリスはイラク（当時イギリスの公文書ではメソポタミアと呼んでいた）、トランス・ヨルダン、パレスティナを、フランスはシリア、レバノンをそれぞれ国際連盟の委任統治領として支配することになる。第二次世界大戦前にはトランス・ヨルダン首長国（一九二三〜四六年）、イラク（一九三二年）が、次いで同大戦中にレバノン（一九四三年）、次いでシリア（一九四六年）が独立、アラビア半島では南方にイエメン王国がオスマン帝国の支配から独立（一九一八年）、次いでアブドゥルアズィーズ・イブン・サウードがアラビア半島の大部分を統一してサウディアラビアを正式王国名として採用・建設したのは一九三二年（在位・一九三二〜五三）である。

パリ講和会議

ヨーロッパの不安定な政治情勢を背景に、一九一九年一月十八日、連合国（戦勝国）三十二箇国参加のもとにアメリカのウィルソン大統領（民主党）の「十四箇条」を原則に第一次世界大戦後の講和会議がパリで開催された。この会議にはドイツをはじめ敗戦国は参加できず、ロシアの革命政権も招待に与《あずか》らなかった。

ついでながら、第一次世界大戦は、国際平和と民族自決を唱えるアメリカ大統領トマス・W・ウィルソン（民主党）の提唱により、ヴェルサイユ条約（一九一九年六月）の規定にしたがって、一九二〇年一月、世界の恒久平和を目指す史上初の国際機構、国際連盟（スイスのジュネーヴに本部を設置）を生み出した。同時に、民族自決の名のもとに、旧ハプスブルク帝国の支配下にあったドナウ川流域を中心としてポーランド、チェコスロヴァキア、ハンガリー等々の民族国家を樹立した。これはその後の列強の国家中心主義と並んで、ナショナリズムへの道を拡大していくことになる。

会議に出席したツィオニスト指導者ハイム・ヴァイツマンらが同地で「交戦国アルヒジャーズ初代国王フサイン」の名代兼勝者の一員として会議に出席したアラブ民族主義者ファイサル・イブン・フサイン（フサインの第三子）と会談、ファイサルはさきのバルフォア宣言を諒《りよう》承《しよう》した。

サン・レモ会議

次いで一九二〇年四月十九日には、イタリアのサン・レモで連合国側の会議が開催された。この会議では、同年一月のロンドンの連合国最高会議で作成された対トルコ条約を主要議題とし、戦後処理が討議された。そのなかでアラビア半島以外のアラブ人地域を委任統治下に置くこと、バルフォア宣言の承認などが決定された。委任統治領についてもサイクス・ピコ協定の線に沿って英・仏両国間の合意が成立した。歴史的シリアの北半分、現在のシリア、レバノンはそれぞれフランスの、シリアの南半分、現在のイスラエル（パレスティナ）、ヨルダン（トランス・ヨルダン）、それにイラクは一括してそれぞれイギリスの委任統治下に置かれることになった。他方、クルド人（アーリア系）のようにその居住地がトルコ、イラク、イラン、シリア、アゼルバイジャン、アルメニアなどに分断された少数民族も存在した。現存のクルド人の推定人口は一千万とも二千万ともいわれる。

この会議に先立ち、フサイン国王は独立アラブ王国建設を目指して懸命な工作を行なっていた。このさなか、前述のフサインの三男ファイサルはフサイン・マクマホン協定にしたがってアラブ軍を率いてオスマン・トルコ軍を倒して、シリアのダマスカスに入城、サン・レモ会議直前、アラブ政府樹立を宣言したが（一九二〇年三月八日）、イギリスとの密約で進攻してきたフランス軍によって武力で駆逐され、ファイサルのシリア王国は瓦解《がかい》、ファイサルは国外に追放された（一九二〇年七月二十五日）。

バルフォア宣言は、一九二〇年四月二十四日、サン・レモ会議で承認され（アラビア半島以外のアラブ人地域を委任統治下に置くことも承認）、一九二二年七月二十四日、国際連盟理事会によってイギリスへ与えられたパレスティナ委任統治権のなかに組み込まれた。

第一次パレスティナ分割

その後、イギリスは、イラクとトランス・ヨルダンについては第一次世界大戦中アラブ民族主義運動を指導したマッカのハーシム家の御曹司（三男・一九二一年八月と次男・一九二三年五月）をそれぞれの首長《アミール》に任命し、間接統治を目指した。他方、パレスティナについては直接統

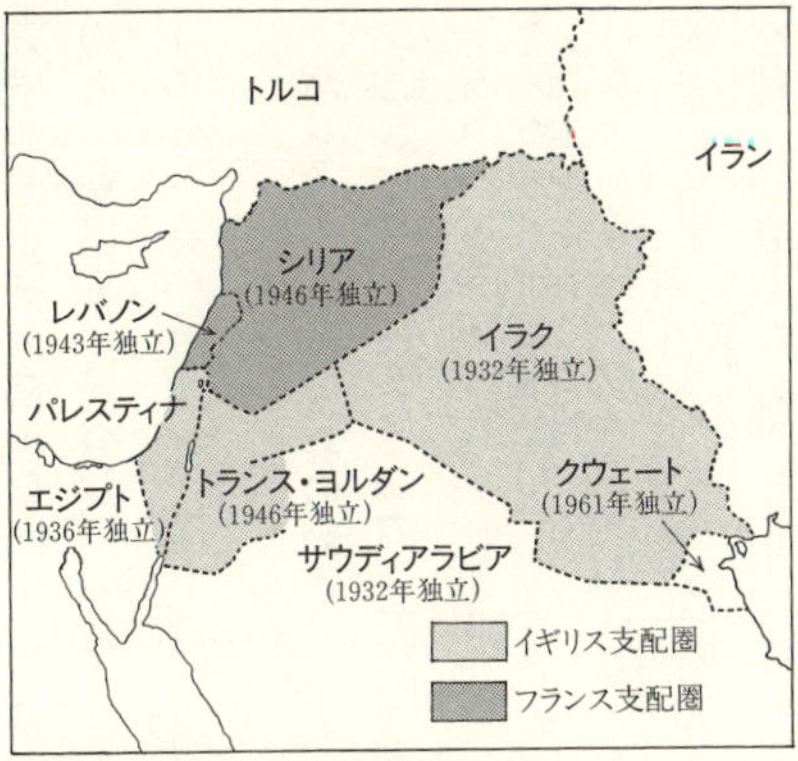

第一次世界大戦後の中東とパレスティナ

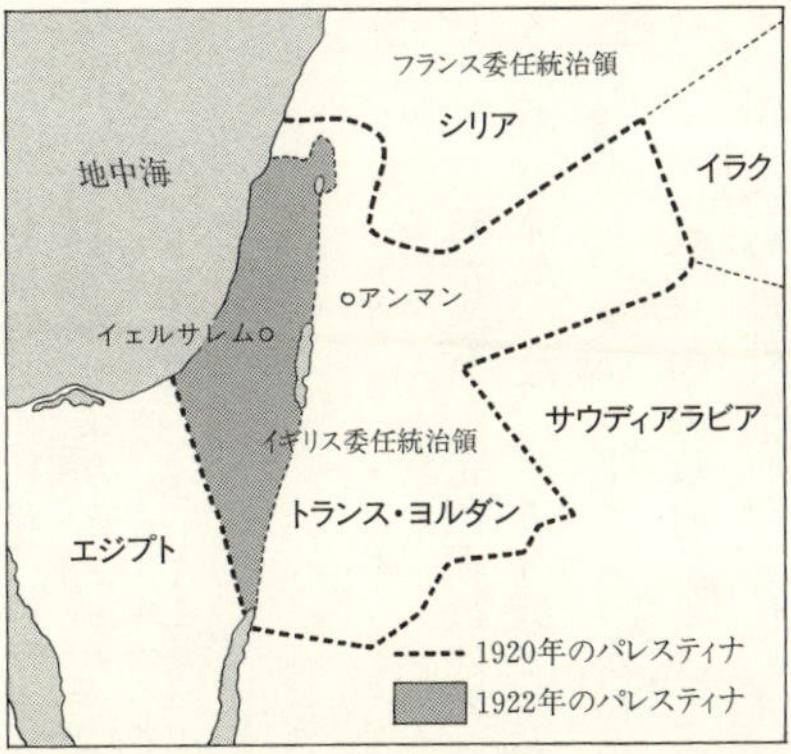

第一次世界大戦後のパレスティナ（1922年）

治を行なったが、同地の政治情勢は武力衝突による混乱をきわめた。

弟ファイサルの国外追放を知ったフサインの次男アブドゥッラー・イブン・フサインは、アルヒジャーズで挙兵して北上、一九二一年、失地恢復のため現在のヨルダンの首都アンマンに入城した。イギリスの植民地相ウィンストン・L・S・チャーチル（一八七四〜一九六五。植民地相在任・一九二一〜二二）は、この軍事行動を受けて、トマス・E・ローレンス大佐の助言によって、一九二二年二月、自国の委任統治領となっているパレスティナの東半分、ヨルダン川東岸地区を統治領からはずしてアブドゥッラー（初代首長に任命）に与え、全面的財政支援を約束、妥協案を提示し、シリアへの進軍を思いとどまらせようと図った。こうしてできたのがトランス・ヨルダン首長国で、「第一次パレスティナ分割」と呼ばれるものである。

パレスティナの境界の劃定

ここでパレスティナの歴史的変遷を一瞥しておこう。

オスマン帝国支配の中近東はイスタンブルから統治され、帝国領は四つの地区に分けられ、パレスティナは行政上シリア・ダマスカス州の一部だった。ところが、さきに触れたように、パレスティナに対するヨーロッパ人の権益が増大し、東西ヨーロッパからのユダヤ人の帰還が続いた結果、一八八九年、イェルサレムはイスタンブル中央政府によって直接任命された知事《パシャ》を戴く独立した郡《サンジャク》に指定され、シリア州《ヴィラエイト》の管轄外に置かれた。イェルサレム郡はイェルサレムとその周辺地域を包含していた。

次いで、イギリス委任統治領に組み入れられたパレスティナは、イギリスとフランスのレヴァント分割を認めた第一次世界大戦後の国際関係を規定したヴェルサイユ体制の落とし子となった。委任統治領パレスティナは、当初ヨルダン川の東西両岸地帯を含む大パレスティナを指していたが、イギリスは、アラブ人懐柔妥協政策の一環として、東ヨルダンにトランス・ヨルダン首長国を保護国として承認した（一九二二年二月）。この結果、旧シリア州の南半分のそのまた西半分がイギリス委任統治領パレスティナとして成立したのである（一九二二年七月、国際連盟総会承認）。

パレスティナの境界は、過去の歴史とは無関係に英・仏の帝国主義的中近東経営の利害によって恣意《しい》的・人工的に劃定《かくてい》されていった。ともあれ法的には、ユダヤ人のパレスティナ移住・帰還と開発の可能性はヨルダン川以西に限られてしまったのである。

パレスティナ委任統治システム

パレスティナ委任統治システムは、第一次世界大戦後、ドイツの旧海外領およびオスマン帝国領の一部を行政管理するため、連合国側と敗戦国側との間で結ばれた講和条約のなかでも中心的な位置を占めるヴェルサイユ条約（十五編四百四十条から成り、第一編が国際連盟規約。一九一九年六月二十八日調印、二〇年一月十日発効）によって設置された。その目的は国際連盟規約第二十二条の諸原則を履行達成することにあった。

規約によれば、委任統治地域には、パレスティナ、イラクおよびシリアの旧オスマン帝国地方省（州）が含まれていた。そして、パレスティナとイラクはイギリスへ、シリアはフランスへ割り当てられた。イラクとシリアの委任統治は、独立独歩（第二十二条第四項）できるように体制を整えることを目的とし、それぞれ一九三一年と一九三六年に終了した。

軍政から民政へ

イェルサレム占領後、同地を管理したイギリス軍政は、イギリス軍がユダヤ人の生命と財産を守るためにほとんど何もしなかったというユダヤ人の苦情を宥《なだ》めようとして、一九二〇年五月一日付で、ユダヤ系イギリス人、ハーバート・ルイス・サミュエル（一八七〇～一九六三）を初代パレスティナ高等弁務官に任命、派遣した。軍政は、一九二二年六月二十四日に、国際連盟理事会裁決によってイギリスの委任統治を条件に民政に移管された。同委任統治は、一九四八年八月一日より遅くない時期に終了することとなった。民政移管によってパレスティナにおける委任統治政府の拠点はイェルサレムに置かれた。同政府はさらにイェルサレムをキリスト教徒支配に取り戻すことが任務だと理解した。最初の活動のひとつは、蔑《ないがし》ろにされていた建造物を修復し、同地の特質を保持することを目的とする親イェルサレム機関の設立支援にあった。

民政移管に伴い委任統治は高等弁務官によって執り行なわれ、その司令部ははじめオリーヴ山とスコーパス山との間に建てられた、イギリスの皇后アウグステ・ヴィクトリア（一八五一～一九二一）の名を冠した一群の建物、ジャーマン・ホスピスに置かれた。この建物は、一九二七年に地震で被害に遭い、伝統的に「悪計の丘」として知られるイェルサレム西方の尾根のひとつに新しく建てた建物に移った。「悪計の丘」という名は、その昔、ここに大祭司カヤファスの別荘があって、ここでイエス処刑の相談をしたという伝えに由来する。イェルサレムは、パレスティナの主要な組織のすべての本拠になったが、そのなかには、世界のユダヤ人を代表する「世界ツィオニスト機構」や「ユダヤ代務機関執行委員会」、パレスティナ人を代表する「ユダヤ民族集会」などの本部が含まれていた。ちなみに、ユダヤ代務機関（ユダヤ人代表機関とも）は、国際連盟パレスティナ委任統治憲章（一九二二年七月十四日制定）第四条において設立が承認された機関で、世界ツィオニスト機構の代表組織である。イスラエル国独立前はパレスティナ・ユダヤ人定住圏《イシューブ》代表としてイギリス委任統治政府当局と折衝する役割を果たした。独立後は、世界の離散ユダヤ人コミュニティーと連絡を取り、ユダヤ人のイスラエルへの帰還促進を受け持ってきた。

他方、イェルサレムの政務は、イギリス委任統治政府当局によって任命される市議会の掌中にあった。イェルサレム市長は、住民の大半がユダヤ人であるという事実を無視して、有力なアラブ門閥から任命された。市議会は六人のユダヤ人と六人のアラブ人（四人のムスリム系と二人のキリスト教徒系）から成っていた。

エリエゼル・ベンイェフダー

父祖の言語ヘブライ語の復活とユダヤ人国家新生イスラエルの再建に生涯をささげたエリエゼル・ベンイェフダーの伝記は、国際ジャーナリスト、ロバート・セントジョンの『不屈のユダヤ魂――ヘブライ語の父ベン・イェフダーの生涯』（英語版初版一九五二年刊。島野信宏訳・ミルトス・一九八八年）に尽きている。以下、右に依拠しながらその一端を紹介しよう。

イェルサレムの通りの名前でも知られるエリエゼル・ベンイェフダーは、ほぼ半世紀にわたって「イギリスこそユダヤ人の最良の友人である」と書き、言い続けてきた人物だった。かれは、一八五八年、クリミア戦争（一八五三〜五六年）のなかで即位したアレクサンドル二世（在位・一八五五〜八一）の帝政ロシア領内のベラルーシの小さな町ルツキで生まれた。ベンイェフダー（ヘブライ語で「イェフダーの息子」の意）の名はのちにみずからつけた苗字《みょうじ》で、父親はレイブ・パールマンといい、世間ではタルミード・ハハム（「博識の人」「賢者」の意）と呼んだ。かれはルツキ一番の博学の士で、町の人びとからは、いたく尊敬されていた。

当時ユダヤ人がロシアをはじめヨーロッパ各地で迫害を受けていたことは、ロシア南西部のウクライナのペレヤスラフ生まれのイディッシュ語作家ソロモン・ナフームヴィッチ・ラビノヴィッツ（本名。イディッシュ語名はショレム・アレイヘム、ヘブライ語名はシャローム・アレイヘム。「あなたがたに平安がありますように！」の意。一八五九〜一九一六）のミュージカル「屋根の上のヴァイオリン弾き」（原作はイディッシュ語。「牛乳屋テヴィエ」と「故国」という二つの物語をひとつにしたもの。執筆は一八九五年、一九一四〜一六年）などで知られている。

ショレム・アレイヘムは、十九世紀後半から二十世紀はじめにかけて活躍したメンデレ・モヘル・スフォリム、イツハク・レイブシュ・ペレツとともにイディッシュ文学史上近代の三大古典作家に数えられ、「イディッシュ文学の父」と呼ばれている。ちなみに、十九世紀のヨーロッパ・ユダヤ人の言語はイディッシュ語だった。現在イディッシュ語は、イスラエルや南北アメリカ、オーストラリア、南アフリカ、ロシア等で用いられている。

「屋根の上のヴァイオリン弾き」は、帝政ロシア時代末期（一九〇五年）のユダヤ人迫害をテーマに、南ロシアの寒村アナテフカ（実在の村か否かは不詳）でユダヤ教の伝統にしたがって必死に生き抜く貧しい牛乳配達夫、主人公のテヴィエ一家が迫害を受けて生まれ育った村を立ち去っていく物語である。主要登場人物は、牛乳屋のテヴィエ、結婚仲介人のイェンテ、仕立屋のモーテル・カムゾイル、肉屋のラザール・ヴォルフらで、我が国では一九六七年九月の森繁久弥主演が初演。「不安定な屋根の上で人間の愛と平和を弦の音に託して世界に流すヴァイオリン弾きとは、人種差別からの解放を願うユダヤの民《たみ》を象徴するものである」（南川貞治）。

このような迫害のなかで、かれらユダヤ人は、ユダヤ人のアイデンティティーを忘れず、いつの日か父祖の地に帰還して、ユダヤ人国家を建設することを夢見ていた。それがやがてツィオニズム運動に結実していった。

特筆すべきは、ベンイェフダーが、ツィオニズム運動勃興以前から、父祖の地にユダヤ人国家建設を訴え、これと並行して、二千年にわたって（旧約）聖書やユダヤ教経典のなかにのみ命脈を保ってきた母国語ヘブライ語の復活なくしてはユダヤ人国家建設はあり得ない、と訴え続けていた点である。

ヘブライ語は疾《と》うの昔から話し言葉ではなくなっていた。紀元前六世紀のバビロニア捕囚、次いで紀元七〇年のイェルサレム第二神殿の炎上・破壊を機に再び各地に離散の余儀なきに至ったユダヤ人はその土地の言葉を習得し、それを日常語とせざるを得なかった。後年、離散ユダヤ人はヘブライ文字あるいはヘブライ語の一部と組み合わせながら独自の言葉を作り出していった。その代表がドイツ系のイディッシュ、スペイン系のラディーノだった。ベンイェフダーは、ユダヤ人国家建設のためには共通の言語が必要不可欠であり、その言葉はヘブライ語以外にあり得ない、そのヘブライ語は日常生活に活《い》かされるものでなければならない、と訴え続けた。最初の訴えを発表したのは一八七九年のことだった。

かれエリエゼル・ベンイェフダーは、ユダヤ教正統派の家庭に生まれ育ち、幼少から勤勉な子どもで、優れた記憶力の持ち主だったという。父親はかれが五歳のとき他界した。十三歳になったとき、転機が訪れた。ユダヤ人の習慣では、十三歳で迎えるバル・ミツバ（「誡律の子」の意。成人式に当たる）を祝うことになっている。バル・ミツバは、ユダヤ人にとって誕生と臨終に次ぐ生涯の大切な節目に当たり、この儀礼によって、ユダヤ人男子は成人と認められ、宗教上の成人としての義務と特権と責任とをもつことになる。ユダヤ人コミュニティーには必ず学校があった。学問を何よりも重んじていたからである。バル・ミツバを機に、母親はかれをポロツク市にあるラビ養成学校（イェシヴァ）に入れた。イェシヴァは、主にユダヤ教の口伝律法タルムードの学習とラビ（導師）の養成を行なう宗教学校である。エリエゼルは、そこでよく学び、聖書とタルムードに関する知識を習得した。かれが右の壮大な事業に着手するようになったきっかけは、イェシヴァで出会った先生、ラビ・ヨセフ・ブルッカーから貰ったヘブライ語版『ロビンソン・クルーソー』だった。これが少年エリエゼルのヘブライ語に対する熱い情熱を呼び醒《さ》まし、進路を決することとなったのである。

ところがエリエゼルがラビ・ヨセフ・ブルッカーのもとで勉強するようになって、一年ほど経ったある日のこと、このヘブライ語の本が母方の伯父に見つかり、少年は居候先の伯父の家から追い出されてしまった。捨てる神あれば拾う神あり。少年を拾ってくれたのがユダヤ人シュロモー・ナフタリ・ヘルツ・ヨナスだった。かれは、蒸留酒醸造所の主、博学の士でフランス語、ドイツ語、ロシア語にも通じていて、またヘブライ語聖書の愛読者でもあった。これを機会に、ヨナスの娘デボラ（ヘブライ語で「蜜蜂」の意）が少年エリエゼルにロシア語を教えてくれた。のちにデボラはエリエゼルの最初の妻となる。妹のポーラ（ヘムダとも）はデボラの病歿後二番目の妻となる。

二年後に、かれは、デーナブルグの高等学校（ギムナジウム）に進学した。

一八七八年、エリエゼルは、医学の勉強を志し、ヨーロッパの政治と外交の中心パリへ出て、ソルボンヌで勉強した。そのかたわら、フランス語をロシア語に翻訳する仕事で生計を立てた。かれは、ある日、天からの呼ばわる声を聞き、ベンイェフダーの名で、世界のユダヤ人に向けて、「父祖の地に帰り、父祖の言語、ヘブライ語を復活させよう」と訴え、この壮大な事業に着手する決意を固めた。

一八七九年、かれは雑誌にヘブライ語で論文を発表し（筆者未見）、「ユダヤ人は近代的な意味で民族であるべきこと」をはじめて打ち出した。そして、「民族の言語はその民族の象徴であるから、父祖の地にユダヤ人国家を建設する過程において、ヘブライ語の果たす役割は頗《すこぶ》る重大である」と示唆した（H・ラビン）。以来、かれはヘブライ語で話し始めたという。

一八八一年、遂にかれはみずから当時オスマン帝国領だったパレスティナに帰還、同年、カイロでロシアを密出国してきたデボラと再会、結婚した。この時期、ロシアではユダヤ人大量虐殺が相次いで起こっていた。以後、かれは、イェルサレムの家庭でヘブライ語だけで生活する実験を試みた。そして妻にも、息子にもヘブライ語だけを話すことを命じた。一八八二年にイェルサレムで生まれたかれの長男イタマル（ベンアヴィ）は、近代以降家庭でヘブライ語だけを聞いて育った「最初のユダヤ人」となった。

ベンイェフダーの時代には、ユダヤ人の多くは律法《トーラー》やタルムードを読むことはできたが、話すことはしていなかった。以来、かれは、ようやく新聞の発行に漕《こ》ぎ着《つ》け、すべての時間を辞典作りにささげた。一日に十数時間も仕事に打ち込んだという。

まずヘブライ語が日常使われるためには語彙を増やすことが先決だとして、時代にあった言葉を（旧約）聖書やタルムードなどの厖大な文献を渉猟して創《つく》り出《だ》す作業を開始した。

やがて、ベンイェフダーは、月刊ヘブライ語紙増刊号の編集責任者として『メヴァセレット・ツィオン』（「ツィオンニュース」の意）を発行（一八八二〜八五年）、次いで一八八四年のユダヤ教暦ヘシュヴァン月の第五日に週刊紙『ハツヴィー』（「かもしか」の意）第一号を発行した。続いて『ハシュカファー』（「見解」の意）も。

妻デボラは、五人目の子どもを産んでから、イギリスのユダヤ人がイェルサレムに設立したイブリナ・ロスチャイルド女学校で、ヘブライ語を教える仕事についた。このおかげで、エリエゼルは、新聞と、新たな事業である辞典作りに専念できた。

一八八五年ころから、パレスティナの地で、全世界のユダヤ人コミュニティーを言語によって統合しようとする企《くわだ》てが始まり、一八八八年には、エリエゼル・ベンイェフダーを中心に、言語委員会（ヴァアド・ハラション）が発足した。右の言語委員会のあとを継いで、建国後の一九五三年にヘブライ語アカデミーが設立された。同アカデミーは、ヘブライ語の文法、用語、綴《つづ》りに関する規則を定める国語ヘブライ語の最高権威審議会として重要な役割を果たし現在に至っている。

現代ヘブライ語の父エリエゼル・ベンイェフダーとヘムダ夫人（*Encyclopaedia Judaica*, Vol.4, p.565.）

一八九一年の夏の終わり、ユダヤ教暦エルール月の第二十二日、デボラは肺結核がもとで急逝した。デボラ三十七歳、エリエゼル三十三歳だった。「皮肉なことに、デボラは、夫の人生の一番暗い時代に、夫の傍でほとんど不平も言わずに苦難と闘ってきて、ようやく、わずかな心地よさと平安と、成功の女神が訪れたというときに、天に召されてしまったのだ」(R・セントジョン)。

デボラが亡くなったとき、妹のポーラ(ヘムダ)は十九歳だった。モスクワ大学の女子部に在籍、専攻は自然科学だった。そのころのロシアでは、女子が自然科学の道を歩んで自活する機会はほとんどなかった。ポーラはエリエゼルに手紙を書いた。それから、かの女は両親と一緒にロシアの蒸気船でコンスタンティノープル(イスタンブル)へ行って、同地でエリエゼルと再会、同地のホテルで式を挙げた。ポーラは夫より十四歳年下だった。船はスミルナ、アレクサンドリア、ポートサイドに停泊したあと、パレスティナのヤッフォに到着した。二人は三頭立ての馬車でイェルサレムへ向かった。

晩年のベンイェフダーの脳裡《のうり》にはイギリス委任統治領パレスティナについて、例えばフランスとイタリアはバルフォア宣言への支持を表明しているが、パレスティナをどうするかについては連合国側は公式には何の行動も取っていないなど、幾つかの疑問がくすぶっていたという。一九二〇年五月、ユダヤ系のハーバート・サミュエルが初代パレスティナ高等弁務官(在任・一九二〇年五月~二五年)に任命され、人種・宗教上の紛争の調停者として赴任した。かれは、すでに一九一五年時点で、ユダヤ人国家の建設を閣議(内相)で提唱していた政治家だった。かれは着任後の最初の安息日《あんそくび》に旧市街のシナゴーグへ行き、そこで自分が父祖の信仰を守ってきたことを証《あか》した。ベンイェフダーも当日そのシナゴーグへ同行した。次いで、ベンイェフダーらの努力が実って、イギリス委任統治下のパレスティナで、高等弁務官サミュエルによって、一九二二年、ヘブライ語は英語、アラビア語と並んで公用語として承認された。

一九二二年十二月、ベンイェフダーは、イェルサレムのアビシニア通りの自宅で辞典の原稿「ネフェシュ」(「魂」の意)の項目を執筆中、過労で斃れ、十二月十六日、天寿を全うした。ハヌカーの祭りの期間だった。享年六十四。

「かれは、生前は、世間からはその天職を正当に評価されることなく、非難され、中傷されていた。スファラディー系のユダヤ人にも、アシュケナーズィー系のユダヤ人にも、ツィオニストにもツィオニストでないひとにも、ヘブライ語を憎むひとにもヘブライ語を愛するひとにも、ユダヤ教正統派のひとにも正統派でないひとにも、パレスティナ・ユダヤ人にもディアスポラ・ユダヤ人にも」(R・セントジョン)。パレスティナ全土では、三日間、喪に服し、遺体は、三万人の人びとに見送られ、神殿の丘や黄金門《ゴールデン・ゲート》を見下ろすオリーヴ山の墓地に手厚く葬られた。葬儀は国葬として正統派の慣わしにしたがって厳粛・荘厳に執り行なわれた。

歿後二十六年、一九四八年五月、ユダヤ人国家イスラエルが建国され、ヘブライ語は新生イスラエル国の国語となり、ベンイェフダーの夢はここに実現した。父祖の地に帰還して四十一年、かれはよく「狂信者」と呼ばれた。墓碑銘にはこう誌されている。

信心篤き狂信者

エリエゼル・ベンイェフダーここに眠る

ベンイェフダーの『ヘブライ語辞典』は、それから四半世紀、妻ヘムダ（ポーラ。一八七三〜一九五二）と子どもたちが心血を注いで、辞典刊行委員会を組織し、出版資金を集め、残りの巻を発行した。イスラエル国が出来上がると、この『辞典』の刊行は、国家事業として継承された。辞典は十七巻に及び一九五九年に完成した。

先駆者エリエゼル・ベンイェフダーの心血を注いだ努力によって復活したヘブライ語は、イスラエルの独立とともにイスラエル国の公用語となり、人びとの唇に甦った。現代ヘブライ語の基本単語のうち、八割以上が聖書ヘブライ語から派生している。聖書ヘブライ語の学習には現代ヘブライ語の知識が不可欠である。我が国でも現代ヘブライ語の学習者が年々増えつつある。

第11章
反ユダヤ暴動から建国前夜まで

ハイム・ヴァイツマン（1872〜1952）
（*Encyclopaedia Judaica*, Vol.16, p.425.）

最初の暴動（一九二〇年三月）

第一次世界大戦が終結すると、ポグロム（ロシア語で「破壊」の意。十九世紀後半から二十世紀初頭にロシアで繰り返し行なわれたユダヤ人住民に対する集団的襲撃や虐殺を指す）を逃れて、多数のユダヤ人がパレスティナに到着した（二九四～二九五頁の表参照）。しかし、バルフォア宣言から数年も経たないうちに、ユダヤ人開拓入植村は近隣のパレスティナ・アラブ人からの反ユダヤ暴動に直面した。

最初の暴動は、H・L・サミュエル着任の二箇月前、一九二〇年三月、ガリラヤ北方の、ユダヤ人最初の帰還者たちが開拓した入植村テルハイ（「命の丘」の意）で起こった。村は突然激しいパレスティナ・アラブ人の一連の攻撃にさらされた。ロシア・北カフカースのピャティゴールスク生まれのヨセフ・トゥルンペルドール（一八八〇～一九二〇）はその仲間の開拓者たちと急遽テルハイ救援に駆けつけたが、かれと仲間の七人は、ユダヤ教暦アダール月十一日に英雄的な死を遂げた。

以後、かれらはユダヤ人開拓入植村の防衛に従事するすべての人びとの模範となった。ガリラヤのキリヤットシュモナ（「八人の町」の意）の町から北へ二キロほど行ったテルハイには、開拓者八人の勇士を記念して玄武岩の巨大な獅子《しし》像が建てられている。

トゥルンペルドールは、日露戦争（一九〇四～〇五年）に従軍、第二十七東シベリア狙撃連隊所属伍長《ごちょう》だった一九〇四年八月、旅順で日本軍の砲撃によって左腕を失い、翌一九〇五年一月一日、旅順陥落で捕虜となった。

伝聞によれば、かれは大阪・浜寺、高石、次いで四国・松山で捕虜生活を送り、松山の捕虜収容所内ではユダヤ系ロシア人捕虜にロシア語と聖書ヘブライ語の講座を開講し、併せてユダヤ人の歴史や律法《トーラー》の教えや儀礼なども講じたという。この背後には、当時、収容所に連れてこられた捕虜に自治が認められていたことや地元民との温かい交流が始まっていたのではなかったか。かれトゥルンペルドールは、捕虜生活を送るうちに、識字率の高い日本人の高潔な志気と規律、組織力が小国日本の勝因であるとの結論に到達した。

日露戦争に従軍し、日本で捕虜生活を送っていたかれらロシア兵たちは、思うに、帰還の日《ま》を待ち侘《わ》びつつ、異国で故郷を思い出しては望郷の歌を口ずさみ、みずからを慰めていたのではなかったか。

トゥルンペルドールは、弱小民族でも意思があれば必ず立ち直れるとの確信を抱いて、一九〇五年八月、日本から帰国。かれは、「新たな英雄を求めていたロシアでユダヤ人としては破格の歓迎を受け、ペテルブルクで王女の謁見も許されて、ロシア正教への改宗を条件に陸軍中尉昇進と近衛連隊入隊を打診されたが、これを断った」という。

ロシア帝国に至誠を尽くしたかれは、祖国再建の決意に燃え、一九一二年四月、祖国パレスティナへ帰還、第一次世界大戦勃発を機に「ツィオン騾馬兵団」を編成して、イギリス軍に伴った。他方で、パレスティナ開拓青年運動をも組織した。この間、かれは密使としてロシアに派遣され、一九一九年にパレスティナへ戻った。

一九二〇年三月一日、女性二人を含む開拓者とともにアラブ人の襲撃に遭い、近くのキブーツに運ばれる途中斃れた。

祖国に戻り、ツィオニズム青年運動に挺身《ていしん》、パレスティナ・アラブ人の弾丸に命を奪われたかれトゥルンペルドールがいまわの際《きわ》に言い遺した言葉は、今も二世三世の胸に深く刻まれている。

「祖国のために殉ずることほど尊いことはない」

かれら勇士の亡骸《なきがら》は近くのクファルギルアディの丘に葬られている。祖国の再建は襲撃から二十八年の歳月を俟たねばならなかった。

筆者がクファルギルアディの丘を最初に訪ねたのは一九八六年三月。ガリラヤに咲き誇っていた菜の花に似た黄色い芥子菜《からしな》の花がひときわ美しかった。

次いで翌四月にはイェルサレムで反ユダヤ暴動が発生、パレスティナ・ユダヤ人二百十六名が殺傷された。これがパレスティナにおけるアラブ・ユダヤ抗争の始まりとなった。

越えて第二次世界大戦（一九三九〜四五年）を迎え、ロシア、東西ヨーロッパで多くのユダヤ人が相次いで抹殺されるという悲惨な出来事が続発した。欧米の輿論《よろん》がユダヤ人国家建設へ傾斜するなか、パレスティナ・アラブ人とユダヤ人との対立はさらに激しさを増していった。

地下自衛軍

一九二〇年のパレスティナ・アラブ人の襲撃を機に、イギリスの委任統治時代に三つの地下自衛組織が結成され活動した。

一九二〇年、ユダヤ人コミュニティー居住地に対するパレスティナ・アラブ人の襲撃からみずからを防衛するために、キンネレトで開かれたアフドゥト・ハアヴォダー党（労働党）の会議において「ハガナー」（「防衛」の意。ユダヤ人住民による自衛組織）と呼ばれる自衛組織が結成された（創設者はエリヤフー・ゴロンブとドウ・ホス）。以後、開拓者はみずから銃をとって立ち上がった。かれらは労働者総同盟《ヒスタドルート》の書記長（当時はダヴィッド・ベングリオン）の権威を承認し、以後その活動をかれに報告していた。労働者総同盟は、一九二〇年、パレスティナ・ユダヤ人労働者の総合的労働組合連合として発足、労働者の雇用、経済、保健、教育文化、福祉等々の問題を全国ネットを通して扱う組織として今日に至っている。現在加盟者約七十万人。

ハガナーは、ツィオニスト主流派に属し、一九四八年五月、イスラエル独立とともにイスラエル国防軍の骨幹となった。組織のなかには、戦闘行動を中心とする襲撃隊があった。一九三〇年代の中葉ころからパレスティナ・アラブ人の反ユダヤ攻撃に反撃、イギリス当局がユダヤ人移民を制限するようになると、大衆デモやサボタージュでこれに抵抗した。イスラエル独立直前の勢力は三万弱。

次いで、一九三一年春、ツィオニスト執行部から離脱したウラジミール・ゼエブ・ヤボチンスキー（ジャボティンスキーとも。一八八〇～一九四〇。イタリア統一の英雄G・ガリバルティ〔一八〇七～八二〕に私淑。修正主義ツィオニスト）らによって「イルグン・ツェヴァイ・レウミ」（エッェルとも。民族武装組織）が結成された。ユダヤ指導部がハガナーに課した対英活動の自主規制を拒否し、パレスティナ・アラブ人およびイギリス軍警に対して独自の行動をとった。イルグンはツィオニスト反主流派に属した。第二次世界大戦中からメナヘム・ベギン（一九一三～九二／第七代首相在任・一九七七～八三）が指揮者となり、修正主義ツィオニスト運動およびベタル青年運動（修正派青年運動）と連帯して、数万の非合法移民をパレスティナへ運んでいたが、その活動を継続していた。とくに第二次世界大戦末期、一九四四年初頭に、パレスティナ全土に反英の実力行動の呼び掛けを行なった。勢力三千。この修正主義ツィオニストの流れを汲むのが現在のリクードである。

一九四六年六月二十九日、早暁、イギリス軍はイェルサレムのユダヤ代務機関を急襲した。二千七百十八人のユダヤ人が逮捕された。穏健派ユダヤ人に主導権をとらせるのが狙いだったが、試みは失敗に終わった（P・ジョンソン、第七部）。これに対して、イルグンは、報復のため、同年七月二十二日の昼食時、七百ポンドの高性能爆薬でキング・デーヴィッド・ホテルの一階を完全に破壊した。ここはイギリス委任統治政府が入っていた建物で、イルグンの仕掛けた爆弾で委任統治政府の職員・民間人合わせて九十一名が犠牲になった。この事件はポール・ニューマン主演の米映画「栄光への脱出」でも広く知られている。キング・デーヴィッド・ホテルは、一九三〇年に建てられた九階建ての国際的な高級ホテルで、内部は古代の建築様式を再現したものだった。南ウィングにはイギリス委任統治政府の軍司令部が置かれていて、ユダヤ人の独立運動に対して厳しい弾圧を加えていた。イスラエル独立後、再建され、由緒正しいホテルとして国賓の宿泊に利用されている。

続いて、第二次世界大戦中、ユダヤ指導部がすべての武力闘争を禁じ、イルグンがこれにしたがったのを不満としたグループが、一九四〇年にイルグンから分裂して最強硬派「レヒ」（創設者アブラハム・シュテルンの名からシュテルン・ギャングとも呼ばれた過激派。ロハメイ・ヘルート・イスラエル〔イスラエルの自由の戦士〕の略）を組織した。地下運動のなかで一番小さい組織だったが、もっとも戦闘的なグループだった。一貫して反英姿勢を変えなかった。イルグンとともにツィオニスト反主流派に属し、のちに第八代・第十代首相を務めたイツハク・シャミール（一九一五～／在任・一九八三～八四、一九八六～九二）はこの派に所属していた。勢力七百。

これら三つの組織は、一九四八年五月にイスラエル国防軍の編制に伴い解体された。

	年代	移民数	備考
第3派アリヤー	1919−23	35183	英パレスティナ占領・統治期。ロシア・ポーランド・リトアニア・ルーマニアから。職業は千差万別 ①1181, ②230, ③27872, ④678, ⑤5222
第4派アリヤー	1924−31	81613	ポーランドからの中間層を中心に ①9182, ②621, ③66917, ④2241, ⑤2652
第5派アリヤー	1932−38	197235	ドイツ・オーストリアなどからの富裕層を含む。第二次世界大戦勃発前の最後の大規模移民 ①16272, ②1212, ③171173, ④4589, ⑤3989
アリヤー・ヴェイト期	1939−45	81808	非合法移住期。第二次世界大戦期。1939年の「白書」の移民制限による非合法移民の増加期／1941年、独ソ戦勃発 ①13116, ②1072, ③62968, ④108, ⑤4544
英委任統治末期	1946−48	56467	①1144, ②906, ③48451, ④138, ⑤5828
◆イスラエル建国後◆			
アリヤー・ハモニート期	1948−51	687624	移住民殺到期 ①237352, ②93951, ③326786, ④5140, ⑤24395
モロッコ系移住開始	1952−54	54676	①13238, ②27897, ③9748, ④2971, ⑤822
	1955−57	166492	①8801, ②103846, ③48616, ④3632, ⑤1597
	1958−60	75970	①13247, ②13921, ③44595, ④3625, ⑤582
	1961−64	228793	①19525, ②115876, ③77537, ④14841, ⑤1014
	1965−68	82244	①15018, ②25394, ③31638, ④9274, ⑤920
	1969−71	116791	①19700, ②12065, ③50558, ④33891, ⑤577
ソ連系移住開始	1972−74	142753	①6345, ②6821, ③102763, ④26775, ⑤49
	1975−79	124827	①11793, ②6029, ③77167, ④29293, ⑤545
ソ連系大移住期	1980−84	83637	①6912, ②15711, ③35508, ④25230, ⑤276
	1985−89	70196	①6563, ②7700, ③36461, ④19301, ⑤171
	1990−01	1060091	①57646, ②50490, ③907087, ④44261, ⑤607
	2002−04	77733	①9174, ②10171, ③41788, ④16592, ⑤8

ユダヤ人のパレスティナ移住・帰還

「アリヤー」はヘブライ語でその昔イェルサレムへ上京することを意味したが、転じて父祖の地エレツ・イスラエル／パレスティナへの移住・帰還を意味するようになった。

1881年は、1492年のスペインからのユダヤ人追放、またボグダン・フメルニツキーの率いるウクライナ・ユダヤ人小作農がカザーク・タタール（ロシアでは長く征服者モンゴル人の異名としても用いられた）によって大量虐殺された1648年以降のユダヤ人の歴史においてもっとも重要な年となった。ロシア・ユダヤ人が最初に国外に脱出したのは1881年から1882年だった。

ロシア、東ヨーロッパからの移民の波（アリヤー）はこのときから開始され、かれらは祖国再建という大きな夢と希望を抱いて戻ってきた。

移民運動は、第１次（第１波とも。1882～1903年）～第５次（1929～39年）に分割される。とくに第２次（1904～14年）は民族再生の理想に命を賭けた大部分ロシア出身の青年によって構成され、かれらはイスラエル建国（1948年５月）に重要な役割を果たした。

第２次世界大戦後のユダヤ人たちはホロコーストという大きな重い代価を払って文字通り非武装難民として父祖の地へ戻ってきた。しかし、かれらは、先住の同胞とともに父祖の地で、生存のための別の生活信条をもち、別の政治的希望をもった一部の人びととの新たな闘いを余儀なくされ、現在に至っている。

1882年から1914年までに推計260万人が流出、流出先は大多数がアメリカ、ごく少数がパレスティナだった。

「イェルサレムの宗教コミュニティー別人口（1800～1922年）」「イェルサレムのユダヤ人人口（1800～1922年）」他については、拙著『イェルサレム』文藝春秋、1996年、324～325頁を参照されたい。

パレスティナ移住・帰還の推移（1882～2004年）

（イェルサレム・ヘブライ大学図書館提供資料に加筆）

①アジア，②アフリカ，③ヨーロッパ（ソ連・ロシアを含む），④アメリカ・オセアニア，⑤その他

	年代	移民数	備考
◆イスラエル建国以前◆			
第１派アリヤー	1882－1903	20000－30000	ロシア・ルーマニアから。1882年7月、第一陣ヤッフォ港に上陸
第２派アリヤー	1904－1914	35000－40000	社会主義ツィオニスト、ロシアから。
	1915－1918	不詳	第一次世界大戦前夜まで

イェルサレム・ヘブライ大学の創設（一九二五年）

ツィオニズム運動には多様な発展段階があった。それを信奉するユダヤ人の間には、民族文化の再興に先立って国家再建を目指した政治的ツィオニズムに批判・反対し、イスラエル建国以前にユダヤ文化の再興を頻《しき》りに求める文化的ツィオニストがいた。例えば、ドニエプル沿岸のキーエフ地方生まれの思想家アシェル・ギンツベルク（一八五六～一九二七）である。かれはユダヤ人の宗教、文化、精神の恢復と振興こそ急務として、政治的ツィオニズムに反対した。

十九世紀末から、ツィオニズム運動と並行して、ヨーロッパのユダヤ人の間に父祖の地パレスティナ・イェルサレムにユダヤ人の大学――高等教育機関――を創設したいという願望が拡がりはじめた。その推進者のひとりが当時ドイツで活躍していたウィーン生まれの宗教哲学者マルティン・ブーバー（一八七八～一九六五）だった。かれはのちに、一九三八年、ナチスの迫害によりパレスティナへ移住。イェルサレム・ヘブライ大学で教鞭《きょうべん》をとり、ユダヤ哲学およびハスィディズム（十八世紀後半に東欧で起こったユダヤ教の新しい神秘主義的宗派）の研究に従事、世界的にその名を知られるようになる。

しかしそのなかでももっとも功績のあったのは、白ロシアのピンクス近郊のモトール生まれのハイム・ヴァイツマン博士だった。かれは、ヘルツェルの死後、東西ヨーロッパにおいてもっとも崇高なもっとも有力なツィオニズムの主唱者だった。英マンチェスター大学生化学教授として研究に従事、爆薬に必要なアセトンの大量生産法を発見し、第一次世界大戦中連合国側に貢献したが（のちに「ヴァイツマン化学研究所」を設立、第二次世界大戦後に初代イスラエル大統領に選出される）、ユダヤ人固有の国家建設構想に次いで、さきのバルフォア宣言を発表させることに成功し、一九一八年の春、イギリス政府の後援のもとにバルフォア宣言の実現とユダヤ人コミュニティー発展の基礎作りに着手するために「ツィオニスト委員会」を発足させた。ヘルツェルが外交手段によって上から道を切り拓こうとしていたとき、ヴァイツマンはユダヤ人国家の建設は下から積み上げていくものと考えていた。ちなみに、ヴァイツマンが大英帝国の存在とその支配階級の好意を利用して、ユダヤ人の民族郷土の建設を実現するという夢を生涯の課題として発見したのはマンチェスター大学で教鞭をとっていたときだった。

パレスティナ・アラブ人との相互理解を模索していたヴァイツマンは、一九一九年一月、解放されたイェルサレムへ向かう前に、回り道をして、ヨルダン川近郊で野営をしていたアラブの指導者に会った。その指導者は、アルヒジャーズ出身の強者《つわもの》、フサインの三男ファイサル・イブン・フサイン（イラク国王在位・一九二一～三三）だった。「アラビアのローレンス」ことトマス・エドワード・ローレンスの説得によって、イギリス側につくことを決めたのは、このファイサルだった。第10章で言及したように、ファイサル・ヴァイツマン両人は、一九一九年一月三日、「アラブ国家とパレスティナの発展に向け緊密に協力」し合い、「パレスティナへの大規模なユダヤ人移住を奨励し促進する」という協定（ファイサル・ヴァイツマン協定）に調印した。しかし、この協定はアラブ民族主義者によって拒否されてしまった。

その後、ヴァイツマンは、国造りの第一歩として、ツィオニスト指導者で数学者のヘルマン・シャピラ（一八四〇～九八）によって一八八四年以来提唱されてきた大学の設立に取り組んだ。そして、一九一八年七月二十四日、イェルサレム北東、市街を見わたすスコーパス山（展望山）山頂に、アレンビー将軍とその麾下を招き、古代イスラエルの十二部族（支族）を象徴する十二個の礎石を据えて定礎式を執り行なった。

ヴァイツマンは山頂に集まった人びとに向かってつぎのように語った。「今ここに、第一次世界大戦の悲惨と荒廃のなかから新しい命《いのち》の最初の萌芽《ほうが》が創造されようとしている。……この大学この高等教育機関において、われわれは単なる復興ではなく、それをさらに超えた点にまできている。われわれは戦争の直中《ただなか》にありながら、より良き未来の象徴として仕えるべきあるものを創造している。この大学において、さまよえるイスラエルの魂は、安息の場を見出すであろう」（池田裕訳）と。ヴァイツマンは、さきのツィオニスト会議でみずから提案した計画をここに現実のものとした。新生国家イスラエル誕生三十年前のことだった。

七年後、一九二五年四月一日、研究者を対象とした大学院大学として、ヘブライ大学（正式名称はイェルサレム・ヘブライ大学）が開学した。当初学生百六十四名、教員三十三名で発足した。

イェルサレム・ヘブライ大学の定礎式の模様は、『東京朝日新聞』大正七年（一九一八年）八月四日付で諸国政情欄に「ヘブリュー大学定礎式　三十日倫敦《ロンドン》特派員発　▽猶太《ユダヤ》民族主義運動の発見」なる見出しで報ぜられた。次いで内村鑑三《うちむらかんぞう》（一八六一～一九三〇）は主筆『聖書之研究』誌第二百十八号（大正七年九月十日刊）に、「エルサレム大学の設置」と題して、右のカイロ来電を引用・紹介、併せて旧約聖書エレミヤ記二三章3～8節およびイザヤ書六〇章14節を引用しながら、その慶《よろこ》びを語っている。文言は長文ではあるが貴重な歴史的文言である。

最初の講義は、開学二年前、その前年の一九二二年に海外の新思想の紹介に努めていた東京の改造社の招きでドイツから船で来日（十一月十七日～十二月）して、帰路（中国、オランダ領東インド諸島経由）イェルサレム・ヘブライ大学に招聘されたアルバート・アインシュタイン博士（一八七九～一九五五）の相対性理論に関するそれだった。

アインシュタインの遺した蔵書は、故人の遺言で遺族からすべてヘブライ大学図書館へ寄贈された。アインシュタインの胸像はヘブライ大学の第二キャンパス、ギヴァトラム・キャンパスの自然科学系研究室棟の入口に据えられている。

その後ユダヤ民族図書館が設立され、数年後にはエジプトの陸軍病院と並ぶ中東随一の近代的な医療センター、イェルサレム・ヘブライ大学附属スコーパス山ロスチャイルド・ハダッサ病院および同大学医学部が開設された。二〇〇五年一月には、日本文化研究センターが開設された。イスラエル国内の病院、大学、学生寮、研究所などでは、人名や団体名を冠した基金や建物が多数ある。

パレスティナ問題調査団の派遣

大英帝国政府と国際社会は、バルフォア宣言に基づくユダヤ人のナショナル・ホーム建設支援を公約した。それを踏まえてパレスティナの政治的地位、行政システム、状況・動静展開などを調査する一連の調査団や特別委員会が設置され、各々その任務を遂行した。以下時系列に列挙しよう（U・ラーナン他、第Ⅱ部第三章による）。

(1)その最初が、アメリカ合衆国によって任命されたオハイオ州のオベーリン・カレッジ学長H・C・キング、シカゴの実業家C・R・クレーン調査団（一九一九年）だった。調査団は「パレスティナへのユダヤ人移住ははっきり制限すべきであり、パレスティナをユダヤ人の国に変えるプロジェクトは放棄しなければならない」と勧告した（報告書・一九一九年八月）。次いで委任統治時代は、四つの調査団がイギリス政府によって任命された。一九二一年、一九二九年、そして一九三六年のパレスティナ・アラブ人の暴動後に設置、派遣、第二次世界大戦後は、一九四五年に英・米両政府によって英・米合同調査委員会が任命された。

(2)一九二一年五月の騒乱調査を目的としたパレスティナ法務長官T・ヘイクラフトを団長とした調査団（一九二一年）。ハーバート・サミュエル高等弁務官によって任命された調査団で、「ヤッフォおよびその近郊における最近の騒乱を調査し、その報告」を行なった。

(3)シドニー・ウェッブ・パスフィールド英植民地相によって任命され、一九二九年八月にイェルサレムの旧市街の西壁前でのユダヤ人の礼拝をめぐって発生した騒乱に関する調査を目的とした、法務長官ウォルター・ショーを団長とする調査団（一九二九年）。調査団は「パレスティナにおける最近の暴動の直接原因を調査し、再発防止のための必要な対策を勧告」する任務を与えられた（報告書・一九二九年）。

(4)一九三六年八月七日付でイギリス政府によって任命、一九三六年四月中旬にパレスティナで発生した騒乱その他の調査を委任された、パレスティナ王立調査団――R・ピール前インド担当国務相を団長とする調査団。

R・ピール調査団は、一九三七年七月七日付でパレスティナ分割の結論をつぎのように勧告した。パレスティナ問題の解決は小手先ではなく抜本的なものでなければならず、ほかの提案はすべて一時しのぎにすぎない、「アラブの自治要求を認める一方で、同時にユダヤ人のナショナル・ホーム建設を保証することはできない」とした。そして「病根は深く、外科手術によってしか治療の望みはない」と。その外科手術とは分割であり、ユダヤ、アラブそれぞれの独立国家をつくり、イェルサレムとベトレヘムは、地中海沿岸のヤッフォと回廊で結び、ナザレとともにイギリスの委任統治領に残す、と。

ユダヤ側は賛否両論、結局、これを受け容れることになったが、前出のウラジミール・ゼエブ・ヤボチンスキー（ツィオニスト反主流派指導者、イルグンの指揮者）に代表される修正主義ツィオニストは、これをバルフォア宣言の変質として反対した。アラブ側も意見が分かれたが、トランス・ヨルダン首長アブドゥッラー・イブン・フサインは、パレスティナを自治領に編入する期待をこめて賛成した。しかし、アラブ高等委員会は勧告を拒否し、ユダヤ人のパレスティナ移住中止を要求、暴動は一段と熾烈化した（滝川義人）。

(5)次いで、アラブ、ユダヤ側の領域、委任統治下の領域の区分と線引きとを勧告する任務を負わされた調査団、パレスティナ分割調査団――ジョン・アクロイド・ウッドヘッドを団長とした調査団（一九三八年一月四日付）が派遣された。

右のパレスティナ分割調査団は、さきのR・ピール調査団の分割提案に関し、アラブ、ユダヤ側の領域、委任統治下に置かれる領域の区分と線引きを勧告することが任務だったが、同調査団は、同年十月、分割実行は不可能とする報告書を提出した。

イギリス政府は、右のパレスティナ問題調査団や特別委員会の設置と並行して、一九二二年から一九三九年にかけて、委任統治に関する六つの政策白書を議会に提出した。これらは委任統治領パレスティナの歴史に重要な意味をもつので列挙しておく。

Ⓐ一九二二年六月の施政方針（W・チャーチル白書）、Ⓑ一九二九年の暴動後に出された一九三〇年十月の施政方針（S・W・パスフィールド白書）、Ⓒ王立パレスティナ調査団の報告と一緒に発表された一九三七年七月の施政方針（R・ピール調査団報告に関するもの）、Ⓓ植民地相オームスビー・ゴール発信パレスティナA・G・ウォーチョプ高等弁務官宛の指示伝達の形をとった一九三七年十二月の施政方針（J・A・ウッドヘッド調査団の任命）、Ⓔ一九三八年十一月の施政方針（ウッドヘッド調査団報告に関するもの。同報告はピール調査団の勧告を事実上取り消

すものであった)、Ⓕ一九三九年二月から三月にかけて開催されたロンドン円卓会議(セント・ジェームズ会議)の失敗を踏まえて、アラブの要求を受け容れた一九三九年五月の施政方針(マルコム・ジョン・マクドナルド白書)がそれである。

⑹第二次世界大戦後は、一九四五年十一月に英・米両政府によって、在欧ユダヤ人およびパレスティナの諸問題に関する英・米合同調査団が発足、翌一九四六年四月、報告書を提出した。この調査団は、二つの点で従来の調査団と性格を異にした。第一は英・米双方を代表する点、第二は世界のユダヤ人コミュニティーとパレスティナのユダヤ人コミュニティー双方の問題がはじめて結びつけられた点だった。

調査団は全員一致で勧告をまとめた。今後のパレスティナ移住政策は、委任統治条項にしたがって運用し、一九四〇年のユダヤ人に対する土地売買規制法は破棄して、「人種、社会あるいは宗教に関わりない土地の自由な販売、貸与、使用を原則とする政策」を基礎にした新法の導入を必要とした。長期政策に関しては、調査団は、パレスティナはユダヤ人国家あるいはアラブ人国家のいずれにもならず、ユダヤ人、アラブ人双方が互いに相手を支配する立場にならぬことを将来の指針にすべしとした。ユダヤ人とアラブ人の敵意が消滅するまで、パレスティナは委任統治下に置くというのが、調査団の勧告だった。調査団は、事実上一九三九年の白書(M・J・マクドナルド白書)政策の破棄を勧告したのである。トルーマン大統領(民主党)は勧告を受け容れた。しかしイギリス政府が勧告(とくに十万人分の移住許可)を拒否したため、パレスティナの状況は一段と悪化した。結局、イギリス政府は、問題を一括して放棄し、国連にその処置を一任したのである。国連はパレスティナ特別委員会を設置した。

(7)一九四七年四月、イギリスの要請で開催された国連総会の特別部会が任命した国連パレスティナ特別委員会。

特別委員会は十一名の委員で構成。オーストラリア、カナダ、チェコスロヴァキア、グァテマラ、インド、イラン、オランダ、ペルー、スウェーデン、ウルグアイ、ユーゴスラヴィアの代表で、スウェーデンのサンドストレート判事を委員長に、ペルーのウロアを副委員長に任命した。特別部会は、委員会に、「事実の確認と記録、パレスティナ問題に関わるすべての課題と争点の調査に幅広い権限」を附与した。

委任統治放棄

一九三六年から三九年にかけて、パレスティナ・アラブ人による熾烈な反ツィオニズム闘争が繰り広げられ、パレスティナは、事実上、パレスティナ・アラブ人とパレスティナ・ユダヤ人との戦場となり、この三年間に、イギリス委任統治政府の機能は崩壊した。

一方、ユダヤ代務機関は、ユダヤ人の反英独立闘争組織に対して対英武闘闘争の一時停止を命じていたが、さきに触れたように、一九四六年七月二十二日、民族武装組織イルグンが、イギリス委任統治政府が入っていたイェルサレムのキング・デーヴィッド・ホテルを襲撃、政府職員・民間人合わせて九十一名が死亡した。イギリス人、ユダヤ人、アラブ人が犠牲になった。

一九四七年一月、委任統治政府はアラブ・ユダヤ双方の代表と交渉を開始した。イギリスは、H・モリソン（英代表）、H・グラディ（米代表）計画と称し、パレスティナをユダヤ、アラブ、イギリスの三地区に分割し、イギリス地区にはイェルサレムとネゲヴとを含むものとし、パレスティナ全土の統治権はイギリスが以後四年間保持するものとするという新しい提案を出した。アラブ・ユダヤ双方の代表はともにこの提案を拒否した。

イギリス政府は、アラブ・ユダヤ両コミュニティーの対立を深刻に受け止め、労働党内閣の外相アーネスト・ベヴィンは、一九四七年二月十四日、パレスティナ問題をすべて国際連合（一九四五年十月二十四日発足）に附託する旨声明を発表した（当時の議事録筆者未見）。これはイギリス委任統治政府軍のパレスティナからの早急な撤退を意味するものではなかった。

次いで四月二日、イギリス国際連合代表は、国際連合事務総長に対して、右のパレスティナ問題を次期通常総会の議題とするように求め、同総会においてパレスティナの将来について勧告するよう要請した。

四月二十八日、国際連合特別総会が開催され、パレスティナ問題が特別部会で討議された。

五月十五日、同特別総会は、パレスティナの将来について検討する国際連合パレスティナ特別委員会の設置を可決、委員（大国と当事国を除いた十一箇国代表）を任命した。同特別委員会は「パレスティナ問題に関わるすべての課題と争点の調査に幅広い権限」が附与され、解決策の報告書提出が義務づけられた。

調査団は、一九四七年八月三十一日付で、パレスティナ分割を主旨とする多数派案と少数派案の二案併記の報告書を提出し、併せてパレスティナ委任統治の終了と状況の許す限り可及的速やかな独立の承認を全会一致で勧告した。

多数派七箇国（カナダ、チェコスロヴァキア、グァテマラ、オランダ、ペルー、スウェーデン、ウルグアイ）は、パレスティナをアラブ、ユダヤ両独立国家に分割し、イェルサレムおよびその周辺は国際連合の信託統治下に置き、これらの地域を経済連合で結びつける計画を提案、少数派三箇国（インド、イラン、ユーゴスラヴィア）は、パレスティナをアラブ、ユダヤ二州から成る連邦国家とし、イェルサレムを首都として聖地の保護は国際的な保護下に置くとする提案を勧告した。オーストラリアは両案に反対した。

九月二十三日、国際連合第二回通常総会は、右の特別委員会の報告提案検討のため、全加盟国参加のアド・ホック委員会（特別暫定委員会）を設置し、両案の検討に入った。

投票の結果は、パレスティナ分割案賛成二十五、反対十三、棄権十七。これは必要な三分の二の賛成に達していなかったので、ツィオニストとアメリカによる多数派工作が展開されることになった。ちなみに、アメリカはすでにユダヤ人移民数を規制するイギリスの一九三九年白書に反対の立場を表明していた。フランクリン・D・ローズヴェルト（民主党。在任・一九三三～四五）の急死で第三十三代大統領に昇格したハリー・S・トルーマン（在任・一九四五～五

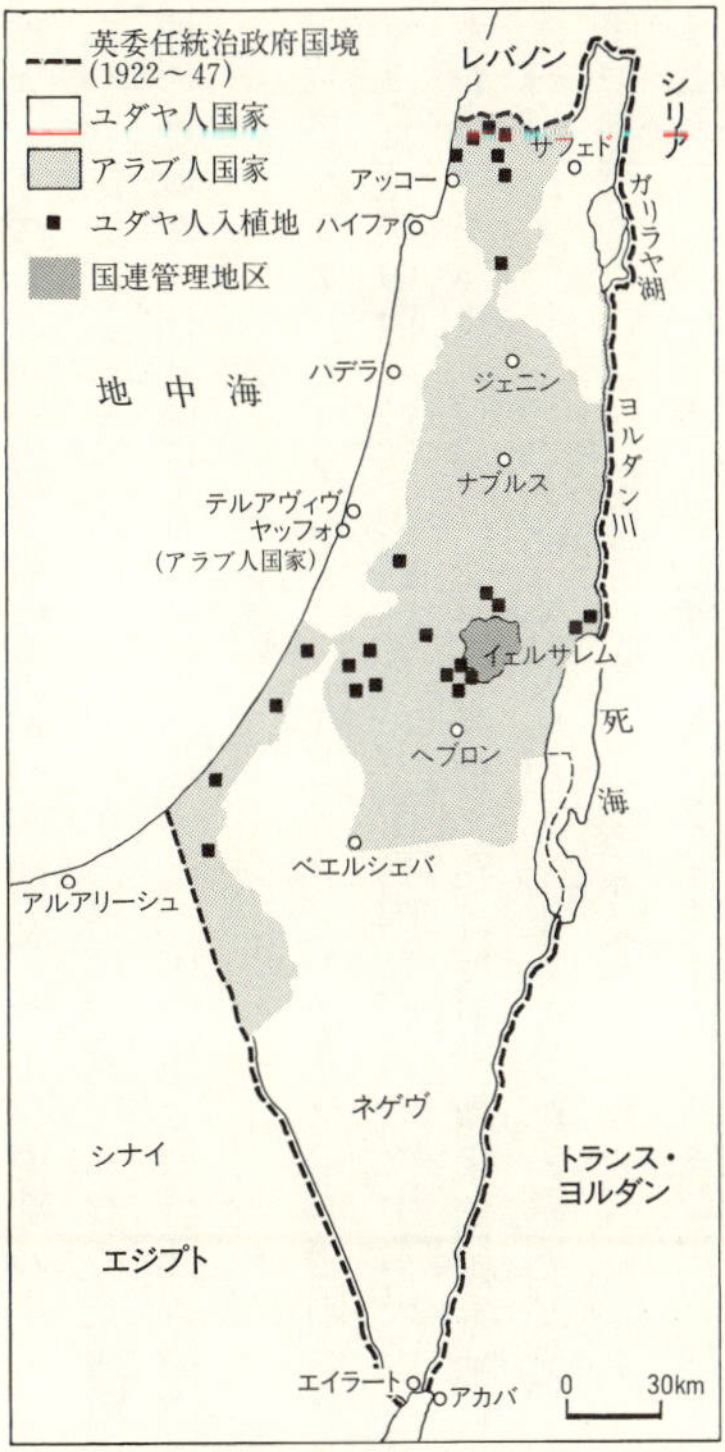

国連分割案（1947年11月29日）

三）は早くからユダヤ人国家の創設に賛成だった。

一九四七年十一月二十九日、国際連合特別総会は、多数派案を修正して、パレスティナをアラブ国家とユダヤ国家とに分割する決議案を、賛成三十三（米・ソを含む）、反対十三（すべてのアラブ諸国を含む）、棄権十（大英帝国を含む）、欠席一で採択した（国際連合特別総会パレスティナ分割決議第一八一号）。

これによると、アラブ国家は西ガリラヤ地方、ユダ・サマリアの丘陵地帯（イェルサレムを除く）、アシュドドからシナイ国境へ至る沿岸平野部を領域とし、ユダヤ国家には東ガリラヤ地方、イズレエル平野、沿岸平野の大部分、および南部のネゲヴが含まれる。アラブ、ユダヤ二つの国家は、いずれも三つの地域から構成され、二つの交通路で結ばれる。イェルサレムは他の地域から切り離された特別区域とし、国際連合の信託統治下に置かれる。

アメリカ、ソ連、フランス、オランダ、ベルギー、ルクセンブルクは賛成、エジプト、サウディアラビア、シリア、イラクなどアラブ・イスラーム諸国は反対、イギリスは棄権。アメリカは支持票の取《と》り纏《まと》めに動いたが、衛星国といわれた中華民国（蔣介石《しょうかいせき》政府）、エチオピア、メキシコ、キューバ、ギリシアは棄権または反対、南米諸国も独自の行動をとった（詳しくは、木村申二著『パレスチナ問題研究序説――国連の分割決議成立過程と紛争の激化――一九四五～五一年』丸善プラネット・二〇〇〇年、第五章を参照されたい）。

これによって、委任統治領パレスティナ――ヨルダン川以西の地域――には二つの国家が建設されることとなった。国際機関国際連合特別総会においてユダヤ国家建設がはじめて認知されたのである。

右の採択をユダヤ側は受諾、アラブ側は拒否。アラブ側は、パレスティナ分割案にもイェルサレム国際管理化案にも反対、武力でこれを阻止する構えを見せ、血腥《ちなまぐさ》い事件が続発した。

パレスティナ分割決議から二週間後、アラブ連盟（正しくはアラブ諸国連盟。一九四五年三月、エジプト、イラク、サウディアラビアなど七箇国で結成発足。現在はパレスティナを含む二十一箇国一地域が加盟）加盟諸国は、カイロで首脳会議を開き、パレスティナ分割実施阻止のための闘争オルグを組織し、民間人に偽装した兵士をアラブ諸国からパレスティナへ派遣して、あらゆる手段に訴えて分割案を打倒、対ユダヤ戦を展開することを採択した。テロの烈風がパレスティナ全土へ燎原《りょうげん》の火の如く拡がった。分割決議の履行を妨害し、ユダヤ国家の誕生を阻止することが至上命令だったからである。

もっとも深刻な打撃は、イェルサレムのユダヤ人居住区が海岸平野のユダヤ人自衛軍拠点から分断されたことだった。一九四八年初頭には、テルアヴィヴからイェルサレムに通じる街道はほとんど通行不能になっていた。にもかかわらず、ユダヤ軍団は長時間を費やしてイェルサレム強行突破を続け、包囲下の同胞に補給物資や兵器を送り届けた。これらの情報は筆者が一九六四〜六五年にイェルサレムで勉強していた当時、戦闘に従軍した学友たちが繰り返し語ってくれた証言の一部である。

右の戦闘が激化するなか、ツィオニストによる対アラブ軍事作戦が展開された（一九四八年三月）。建国に向けた作戦はダレット計画（第四次計画。ダレットはヘブライ文字の第四文字）と呼ばれた。そのさなか、反英民族武装地下組織イルグンと同派から分派した最強硬派レヒ（自由イスラエルの戦士）の連合部隊が、イェルサレム西方のイラク兵とパレスティナ非正規兵とが駐留していたアラブ人村デイル・ヤスィンを攻撃・虐殺したのもこのころだった（四月八日）。一般村民多数が殺害された。村民の犠牲者は二百五十名といわれてきたが、生存者の証言によれば百十六名。ユダヤ側の指導部は非戦闘員多数が犠牲になったことに対し謝罪した。

しかし、この事件は、アラブ側の反ユダヤ政治宣伝に利用され、パレスティナ・アラブ人住民の間に心理的混乱状態を惹き起こした。

一方、アラブ側も虐殺事件を起こした。ユダヤ人医師団虐殺（四月十四日、七十七名）、次いでイェルサレム南方のヘブロン近郊のユダヤ人村エティオンブロックにおける村民虐殺（五月十三日、村民二百八十名中生存者は四名）はその一例である。

アラブ側の攻撃を撃退したのがユダヤ側の自衛組織ハガナーだった。この自衛組織が、アラブ側の武闘攻撃に対して態勢を立て直し、ユダヤ国家として割り当てられた地域を死守し、さきの分割決議を履行する役割を果たした。国家樹立を可能とした原動力は、独立前からパレスティナ各地に存在したユダヤ人コミュニティーだったことを忘れてはならない。

第12章　イスラエル国誕生

イスラエル国独立宣言と署名　独立宣言を読み上げているのはダヴィド・ベングリオンユダヤ代務機関議長（臨時政府首相兼国防相）。1948年５月14日（提供・在日イスラエル政府観光局）

イスラエル国誕生前夜

イスラエル国誕生にさきだって、一九四八年四月初旬、全ツィオニスト評議会およびヴァアド・レウミ（イギリス委任統治時代エレツ・イスラエルのユダヤ人コミュニティーがもっていたユダヤ民族評議会〔一九二〇〜四八年〕）は、十三名構成の人民行政委員会と三十七名構成の人民評議会の設立を決定した。この両者が、イギリス委任統治政府の撤収とともに、新生ユダヤ人国家イスラエルの臨時政府および国会として機能することになる。独立宣言草案提出に至る過程でつぎのような一齣《ひとこま》が伝えられている（以下、U・ラーナン他、第Ⅲ部第一章による）。

五月十二日、モシェ・シェルトーク（シャレット。一八九四〜一九六五。当時ハガナーの組織担当。初代外相）がアメリカから戻り、人民評議会に対し、その報告を行なった。それによると、ハリー・S・トルーマン米大統領（在任・一九四五〜五三）とアメリカの輿論はユダヤ人国家の独立を支持しているが、ジョージ・マーシャル米国務長官は国際連合の信託統治計画を蒸し返したという。人民評議会において、シェルトークは国家独立よりは行政府の組織化を提案した。それに対し、フェリックス・ローゼンブリュート（ピンハス・ローゼン。当時アリヤー・ハダシャ党党首）は、国際連合決議を枠組みとしてイスラエル国の独立宣言を行なうことを主張

左・イスラエル国家紋章メノラー（七枝の燭台）（提供・在日イスラエル政府観光局）

右・イスラエル国旗　純白の下地を背景に青のダビデの星を中心において上下に祈禱用肩掛け（タリート）の２本を配した意匠となっている。ダビデの星は正式にはマゲン・ダヴィッド（「ダビデの楯」の意）という

した。これに関して、ユダヤ代務機関議長ベングリオンは、独立宣言は国際連合の決議に基づいてのみすべきこととしたが、国境線を特定せよ、というローゼンブリュートおよびベフォール（ツィオニスト指導者）の意見に反対し、かつてアメリカは一七七六年に独立を宣言したとき、その境界線を明示していなかった、と指摘した。そして、ユダヤ人コミュニティーがアラブの攻撃を撃退できるのであれば、西ガリラヤ地方とイェルサレム回廊を確保することになり、この二地域はユダヤ人国家の一部になるとした。賛否五対四の僅《きん》差《さ》で、境界を明示しないことに決まった。次いで独立宣言については、五人委員会が設置され草案づくりを担当することになった。五月十三日、同委員会により独立宣言草案が提出され、第二回投票で出席者全員一致で承認された。同日、イギリス植民地省と同外務省は、パレスティナ委任統治は五月十五日午前零時を期して終了する、という公表を行なった。イギリス政府

は、一九四七年十一月八日、国際連合に対し、パレスティナ委任統治の終了を一九四八年五月十五日に繰り上げる旨通告していた。

イギリス委任統治政府軍のパレスティナ撤収は五月十五日に向けて予定通り進められた。これに伴い警察権は無力となり、郵便局はすでに万国郵便連合の構成員からはずされ機能を失っていた。

一九四八年五月十四日、ユダヤ人国家イスラエルの独立宣言後、イギリス高等弁務官アラン・カニンガム中将は、幕僚を伴い砲声の轟《とどろ》くイェルサレムを離れ、郊外のカランディア飛行場（現在のアタロット）から飛行機でハイファへ飛び、深夜ハイファ港からイギリス海軍艦艇に座乗して領海外に出た。

かくして、アレンビー将軍のイェルサレム入城以来三十年に及ぶイギリスのパレスティナ統治はここに正式に終わりを告げたのである。

イギリス委任統治政府軍のパレスティナ最終撤収の数日前、ユダヤ代務機関議長ベングリオンは、同機関の執行委員のゴルダ・マイエルゾン（のちのゴルダ・メイル夫人）をアラブの女性に扮装《ふんそう》させトランス・ヨルダン国王アブドゥッラー（フサインの次男）のもとに派遣した。アブドゥッラー国王との秘密会談でマイエルゾン女史は、侵攻を思いとどまるよう説得に努め、今後両者の間の協力の礎を築くべきであると主張したが、受け容れられなかった。かの女はテルアヴィヴに戻り、任務の失敗とアラブの侵攻が不可避であることを報告した。

独立宣言／新生イスラエル国誕生

これと並行して、イェルサレムはすでにアラブ軍の包囲下にあり、完全に孤立していた。

一九四八年五月十四日、金曜日、午後四時三十分、人民評議会が、テルアヴィヴのロスチャイルド通りを挟んで、のちに第二代首相に就任するモシェ・シャレット（在任・一九五四〜五五）の自宅と向かい合っていたテルアヴィヴ市立美術館大ホールで開催された。出席者は、ユダヤ代務機関、世界ツィオニスト機構、ヴァアド・レウミ（ユダヤ民族評議会）、世界ツィオニスト基金諸団体、政党の各代表、著名文化人、首席ラビ、テルアヴィヴ市議会代表、ハガナー参謀長とその幕僚、ユダヤ人開拓入植村のパイオニアたち。

議事進行は、ユダヤ代務機関議長ダヴィッド・ベングリオン（一八八六〜一九七三）が務め、冒頭「只今《ただいま》より、人民評議会の第一読会で承認を得た（イスラエルと命名されたパレスティナにおけるユダヤ人国家）イスラエル国の独立宣言を読み上げる」旨告げた。国際連合決議を根拠に「イスラエル国独立宣言」（ヘブライ語）を朗読、次いで全員起立してこれを承認。宣言自体は簡潔なものだった（後述）。首席ラビ・Y・L・ハコーヘン・フィッシュマンが立ち上がり、祝禱《しゅくとう》を吟唱。その後議長は、イギリス政府の「一九三九年白書」の無効宣言を読み上げ、全員一致でそれを承認。議長が独立宣言文の誌されていない巻物に署名。独立宣言を正式の証書として羊皮紙の巻物に書き誌す時間の余裕などまったくなかったからである。続いて官房長官のゼエブ・シャレフが、人民評議会委員の名前をヘブライ語のアルファベット順に読み上げ、各委員が順次壇上にあがって署名した。各界代表三十六名の名がヘブライ語で署名された。宣言の精神は、まさに民族の希望と信条とを代表するものだった。

署名が終わるとベングリオンによってイスラエル国樹立が宣せられ、出席者一同で永き苦難の道程《みちのり》をかえりみて「ハティクヴァ」（ヘブライ語で「希望」の意）が斉唱され、会議が終了した（「ハティクヴァ」は以後イスラエルの国歌となった）。

イスラエル国独立宣言

イスラエル国独立（建国）宣言には、つぎのように誌されている（独立宣言の全文〔滝川義人訳〕は、U・ラーナン他、第Ⅲ部第一章を参照されたい）。

エレツ・イスラエル（「イスラエルの地」の意）は、ユダヤ民族誕生の地であった。この地において、その精神と宗教の独自性と政治的主体性が形成された。かれらははじめてこの地に国を造り、普遍性を有する民族の文化的価値を創造し、永遠不朽の聖書を世界に送りだした。

……

それゆえに、イスラエルの地のユダヤ人とツィオニスト運動を代表する人民評議会のメンバーは、イギリスのパレスティナ委任統治が終了するこの日に参集し、ユダヤ人の生来の歴史的な権利および国際連合総会の決議にしたがって、イスラエル国と呼ばれるユダヤ人国家をイスラエルの地に樹立することを宣言する。

……

イスラエル国は、全住民の福祉と利益のために国土開発に努力する。イスラエルの預言者たちによって語られた自由と正義と平和とを基礎に置き、宗教・人権・性別に関わりなく、すべての住民に、社会および政治上の完全にして平等の権利を確保し、信仰・良心・言語・教育、および文化の自由を保障し、すべての宗教の聖所を保護し、国際連合憲章の諸原則を忠実に守る。

……

われわれは、すべての近隣諸国とその国民に、平和と善隣友好の手を差し延べ、かれらが民族の地に定着したユダヤの主権国家と協力し、相互扶助の固い絆を結ぶよう呼び掛ける。イスラエル国は、中東全域の進歩的発展を目的とする協同の努力に参劃《さんかく》し、その一端を担う用意がある。

……

全能の主《しゅ》を信じ、故国の地テルアヴィヴ市で開催の国家暫定評議会本会議において、われわれは本宣言に署名する。

ユダヤ教暦五七〇八年イヤール月第五日（一九四八年五月十四日）安息日《あんそくび》前夜

署名　ダヴィッド・ベングリオン　他三十五名

独立宣言をA・L・ザハルは主著『ユダヤ人の歴史』（一九六四年版。邦訳二〇〇三年・滝川義人訳）のなかで（第三十三章）つぎのように要約している。

「独立宣言は、エレツ・イスラエルに新しい自由の天地を築く歴史的闘争を概括し、無制限の移住を保障し、宗教、人種および性別のいかんを問わぬすべての住民に対する完全な社会的・政治的平等、信仰、良心、教育、および文化の自由を公約した。パレスティナの平和実現に対する国連との協力を公約し、すべてのアラブ国家とその住民に、友好善隣の手を差しのべた」

新生イスラエル国承認

近代ツィオニズム運動開始以来六十年余、建国当時のパレスティナ・ユダヤ人人口は六十万余となっていた（現在のイスラエルの総人口は七百万余）。

テルアヴィヴの住民は独立宣言の吉報を胸に街頭に繰り出して喜び踊りまくった。繁華街ディゼンゴルフ通りは独立を祝う住民であふれ踊りの輪が拡がった。それもほんの束の間だった。

一九四八年五月十五日、午前零時十一分（ワシントン時間五月十四日午後六時十一分）、アメリカのハリー・S・トルーマン大統領（民主党）は暫定政府を「新生国家イスラエルの事実上《デ・ファクト》の政府」として承認した（米議会は翌一九四九年一月三十一日付をもってイスラエル国を正式に承認）。

建国三日後の五月十七日、ソヴィエト連邦が新生国家イスラエルに正式に国際法上《デ・ジュレ》の承認を与えた（グァテマラも）。次いで多数の国家がこれに倣った。それは、ソ連がイギリスの委任統治終了後イスラエルを通して中東進出を図った深慮遠謀の結果であり、一方、当時、アラブ産油国に多大の石油利権をもち、ユダヤ人国家建国について慎重な態度をとっていたアメリカは、国内に約五百万のユダヤ人を抱えていたこともあって、新生イスラエル再建に踏み切ったからである。その後、一箇月の間に、さらに九箇国から承認された。共産圏五箇国、ラテンアメリカ三箇国と南アフリカである。

独立宣言から数時間後、十四日夜半から十五日未明にかけて、トランス・ヨルダンなど隣国アラブ五箇国（レバノン、シリア、イラク、エジプト、サウディアラビア。サウディアラビアはエジプトの指揮下で戦う一隊を送ったにすぎないと主張）の正規軍が攻撃を開始した。最初にエジプト機が来襲、テルアヴィヴ爆撃を開始し、第一次中東戦争（交戦国により呼称が異なる。終章参照）が勃発、イェルサレム東西分断へと向かった。

国際連合特別総会のパレスティナ分割決議採択以来くすぶっていた戦いの火蓋《ひぶた》が切られた。戦闘はますます激しくなったが、イスラエルは十五箇月に及ぶ戦闘に耐え抜き、応戦、停戦、戦闘を繰り返し、ユダヤ人人口の一％近い犠牲者をだしながら独立を守り通し、翌一九四九年七月、イスラエルの勝利をもって休戦を迎えた。

この第一次中東戦争で、イスラエルはイギリス委任統治領パレスティナの約七七%を支配下に収めた。一方、東イェルサレムを含むヨルダン川の西側（ヨルダン川西岸地区）はトランス・ヨルダンが占領、東地中海沿岸のガザを中心とした帯状の地域（ガザ回廊）はエジプトが占領した。さきの国連分割決議でアラブ領に割り当てられた地域の大部分はヨルダン、エジプトのアラブ二箇国が占領した。イスラエルは北方のリタニ川の線まで進攻中だったが、レバノン領からは完全に撤退した。イェルサレムは東西に分断されたままだった。

一九四九年、交戦国イスラエルとアラブ諸国は国際連合の仲介でそれぞれ個別に交渉を開始し、休戦協定（一月〜七月）を結んだ。ただし、イラクは交渉を拒否した。

この戦争で双方に難民が生まれ、イスラエル国内には約十六万のパレスティナ・アラブ人が残留、イスラエル国籍を取得した。イスラエル側の犠牲者は約六千人、負傷者はその三倍だった。こうしてイスラエルは民族存亡の激戦に耐え抜いたのである。

第一回総選挙

新生国家イスラエルの初代政府（臨時評議会）は、小さな臨時行政機関にすぎなかった。しかし、独立の当初から、アラブ諸国の重囲下にありながらも、民主的機関の整備が進められていた。

一九四八年十一月八日、全国の人口調査が施行された。全人口七十八万二千人。うち五十万六千人余が十八歳以上、その数が有権者となった。

砲声が散発的に轟くなか、民主的手続きによる国政運営に向けて、第一回総選挙が翌一九四九年一月二十五日に実施され、四十四万人が投票、百二十名の国会議員が選出された。選挙方式は比例代表制が採用され、投票率八七%。議会の定員数は、紀元前六世紀捕囚の地東方のバビロニアからイェルサレム帰還後に機能した大議会（ハクネセット・ハグドラー）のそれに倣ったものである。アラブ系住民ももちろん参政権を与えられ、男女同権によりムスリマ（女性イスラーム教徒）が史上はじめて投票に参加した。

ちなみに、婦人参政権は、十九世紀末から二十世紀初めにかけて欧米諸国において実現されたが、我が国では、一九四五年十二月の選挙法改正ではじめて認められ、参政権が行使されたのは翌一九四六年の四月十日の第二十二回総選挙においてであった。

第一回総選挙での得票はつぎの通り。一〇%以上の得票があったのは四つの政党だけだった。マパイ、マパム、ヘルート、宗教政党四党連合（ミズラヒー労働者党、ミズラヒー党、イスラエル同盟、イスラエル労働者同盟）。ベングリオンを党首とする穏健社会主義マパイ（創設一九三〇年。ミフレゲット・ポアレ・エレツ・イスラエルの頭文字をとったもの。イスラエル労働者党）が三七・三%／四十六議席。ソ連に近い社会主義左派のマパム（一九四八年。ミフレゲット・ハポアリム・ハメウヘデット。統一労働者党。当時は労働統一党を併合していた）が一四・七%／十九議席。宗教政党は四党が統一宗教戦線を組織して一二・二%／十六議席。イルグン・シュテルンの右派民族派はヘルート（一九四八年。自由党）を結成し一一・五％／十四議席を獲得した。予想もしなかったことは、中産階級を代表し自由主義経済を標榜《ひょうぼう》していたゼネラル・ツィオニストが僅か五・二％／七議席の得票に終わったことである。他は進歩党が四・一％／五議席、マキー（イスラエル共産党）が三・五％／四議席、アラブ諸党が三・〇％／二議席、その他が一〇・一％／七議席だった（A・L・ザハル、第三十三章）。

初の国会

一九四九年二月十四日、独立後初のイスラエル国会（ヘブライ語でハクネセット）がイェルサレムのユダヤ代務機関本部で開催された。議会は暫定基本法として移行法を採択、次いで建国に尽くした二人の指導者、ユダヤ代務機関の議長ダヴィッド・ベングリオンと世界ツィオニスト機構の議長ハイム・ヴァイツマン（在任・一九四九年二月～五二年十一月）をそれぞれ首相と大統領に選出した。政体は共和制。大統領は、国家元首で、任期五年、国会の投票で選出され、党派を越えた国家統合の象徴として、フランス第四共和政（一九四六～五八年）大統領と同様の限定された権限のみを有し、国会諸党派の指導者たちへの諮問に基づいて、首相を任命、閣僚は首相の意見に基づいて任命されることになった。

マパイの指導者ベングリオンは、マパム、宗教政党、および群小中道諸派とともに、連立政府をつくった。

イスラエル歴代大統領・首相

大統領	在任期間	就任時の所属政党
1　ハイム・ヴァイツマン	1949年2月17日－52年11月9日	
2　イツハク・ベンツヴィ	1952年12月8日－63年4月23日	マパイ
3　ザルマン・シャザール	1963年5月21日－73年5月24日	マパイ
4　エフライム・カツィール	1973年5月24日－78年4月19日	連合
5　イツハク・ナヴォン	1978年4月19日－83年5月5日	連合
6　ハイム・ヘルツォーグ	1983年5月5日－93年5月13日	連合
7　エーゼル・ヴァイツマン	1993年5月13日－00年7月13日	労働党
8　モシェ・カツァヴ	2000年8月1日－07年7月1日	リクード
9　シモン・ペレス	2007年7月15日－	カディマ

1948年5月14－17日はダヴィッド・ベングリオンが臨時代行。1952年11月9日－12月8日はイツハク・ベンツヴィが、1963年4月23日－5月21日はザルマン・シャザールが代行。

首　相	在任期間	政党
ダヴィッド・ベングリオン	1948年5月14日－53年12月7日	マパイ
モシェ・シャレット	1953年12月7日－55年11月2日	マパイ
ダヴィッド・ベングリオン（再）	1955年11月2日－63年6月21日	マパイ
レヴィ・エシュコル レヴィ・エシュコル	1963年6月21日－65年11月1日 1965年11月1日－69年2月26日	マパイ 連合
イーガル・アロン（代行）	1969年2月26日－69年3月17日	連合
ゴルダ・メイル	1969年3月17日－74年6月3日	連合
イツハク・ラビン	1974年6月3日－77年4月22日	連合
シモン・ペレス（代行）	1977年4月22日－77年6月21日	連合
メナヘム・ベギン	1977年6月21日－83年10月10日	リクード
イツハク・シャミール	1983年10月10日－84年9月14日	リクード
シモン・ペレス	1984年9月14日－86年10月20日	連合
イツハク・シャミール（再）	1986年10月20日－92年7月13日	リクード
イツハク・ラビン（再）	1992年7月13日－95年11月4日	労働党
シモン・ペレス（再）	1995年11月4日－96年6月18日	労働党
ベンヤミン・ネタニヤーフ	1996年6月18日－99年7月6日	リクード
エフード・バラク	1999年7月6日－01年3月7日	労働党
アリエル・シャロン アリエル・シャロン	2001年3月7日－05年11月21日 2005年11月21日－06年1月4日	リクード カディマ
エフード・オルメルト（代行）	2006年1月6日－06年4月14日	カディマ
エフード・オルメルト	2006年4月14日－	カディマ

同年五月十一日、イスラエルは国際社会の仲間入りを果たし、国際連合加盟（五十九番目）を認められた。翌六月には、一九四六年五月にイギリスから独立したトランス・ヨルダンが、国名をヨルダン・ハーシム王国と改称した。次いで一九五〇年四月二十四日、東イェルサレムを含むヨルダン川西岸を正式に併合した。併合を認めたのはイギリスとパキスタンのみで、アラブ連盟は承認しなかった。

一九四九年十二月には、イスラエル政府は首都をテルアヴィヴからイェルサレム新市街に移し、政府諸機関も可及的速やかにテルアヴィヴからイェルサレム新市街へ移転することを決した。新生国家イスラエルは、一九四七年十一月二十九日の国連総会の決議に基づいて建国されたことを重く受け止め、イェルサレムに首都を置くことをもって応じたのである。そして政府諸官庁のほとんどをイェルサレムへ移した。

イェルサレムは、さきの国際連合のパレスティナ分割決議で国際化されることになっていたが、イェルサレムの国際管理機構の準備を委託されていた国際連合信託統治理事会は、イェルサレムの国際化計画の実現は不可能と判断した。一九五〇年以降、国際連合総会は、どの提案も三分の二以上の多数票で採択することができず、計画は事実上却下されてしまった。

コラム　国造りの骨子

ベングリオンらの国造りの計画は、「すべてのひとは労働すること」「すべてのひとは農業に帰ること」を原則とした。これはイギリスのロバート・オーエン（一七七一～一八五八）やドイツのF・W・ライフアイゼン（一八一八～八八）らの協同組合主義思想を基礎としたものである。国造りの思想は、全世界のユダヤ人に門戸を開放し、国民の福祉のための国土開発を旨としている。このようにして長い間にわたる人類の歴史と知恵の結集として、世界ではじめてのいわゆる「協同組合的国家」がここに実現したのである。

建国以来、東地中海沿岸に次つぎに新しい町づくりが進められつつある。そのなかでも注目すべきもののひとつはテルアヴィヴ・ヤッフォとガザの中間に位置する人工都市アシュドドである。同地は、紀元前十二世紀には海洋民族の一支族ペリシテ人《びと》の沿岸五都市のひとつで、現在は南部のネゲヴ沙漠の鉱物資源の輸出のためにつくられた港湾都市で、人口十五万のイスラエルの主要都市のひとつになっている。アシュドドをはじめフィリスティア沿岸諸都市の発掘調査も進められ、アシュドドの鉄器時代第I期の街域は四十ヘクタールにも及ぶ大きな町であったこと、加えて古代の水路施設の全容が明らかにされつつある。

本章の歴史的背景の一端については、笹川正博著『パレスチナ』（朝日選書18・朝日新聞社・一九七四年）第五章以下を参照されたい。同書は、著者の中東特派員としての貴重な現地取材記録と、主にG・アントニウス（『アラブの目覚め――アラブ民族運動物語』一九三八年）、C・ヴァイツマン（自伝『試行錯誤』一九四九年）、J・デーヴィス（『ごまかしの平和』一九六八年）、

D・ベングリオン（『回顧録』一九七二年、『私の会ったアラブの指導者たち』一九七二年）等の著作に依拠した労作である。

終章　中東戦争

第１次中東戦争勃発前夜に破壊された軍用車　イェルサレムへの街道沿いに残る（J. Bacon, *The Illustrated Atlas of Jewish Civilization*, 1990, p.197.）

中東戦争の呼称

第一次世界大戦とともに始まった二十世紀の中東の歴史は、紛争の歴史ともいわれる。イスラエルは、二〇〇八年五月、独立六十周年を迎える。この六十年の歴史はアラブ諸国とイスラエルとの紛争の歴史でもある。中東紛争のひとつ、アラブ・イスラエル紛争はアラブのイスラエルへの侵攻をもって始まり、その根源は、アラブがイスラエルの生存権を容認しないところから出発している。

NHKは、一九九八年、イスラエル独立五十周年を機に、BBCとの共同で、英ブライアン・ラッピング・アソシエイツ社に「五十年戦争――イスラエルとアラブ」の番組製作を依頼、これを同年七月十七日から六週連続衛星第一放送で放映した。日本語版監修・解説は平山健太郎解説委員。

以下の中東戦争の項は、右の番組とハイム・ヘルツォーグの労作（滝川義人訳）『図解　中東戦争――イスラエル建国からレバノン侵攻まで』（原書房・一九八五年）に多くを負っている。後者の著者は、一九三九年英陸軍入隊以後数々の軍歴を経て、一九八三年にイスラエル国第六代大統領に就任（在任・一九八三〜九三。一九九〇年十一月来日）、氏の客観的かつ正確な中東軍事分析には定評がある。同書は、中東戦争研究者の必読書で、一九八三年に優れた戦史研究に与えられるイギリスのＨ・Ｈ・ウィンゲート賞を受賞している。戦闘当事国軍の組織、主力戦力、作戦等の全容については割愛した。

中東戦争は、一九四八年五月のイスラエルの建国を機に始まったアラブ諸国とイスラエルとの間の一連の戦争の総称である。大規模な戦闘を伴ったものとしては四次を数えるが、右のヘルツォーグの労作の副題にもある一九八二年六月のイスラエル軍のレバノン侵攻（「ガリラヤ平和作戦」と名付けられ、当初はレバノン南部におけるパレスティナ・ゲリラを掃討し、イスラエル北部のガリラヤ地方の平和を恢復することが目的とされていたが、実際の政治目的は異なっていた）も広い意味で中東戦争に含めることもある。このほかにも第三次中東戦争後のイスラエル・エジプト間の消耗戦争など、紛争はさまざまな形で連続している。

中東戦争の遠因のひとつは、十九世紀後半以降のツィオニズム運動と、これを第一次世界大戦後新たな中東支配の道具として利用しようとした西欧列強の政策に求められている（丸山直起）。

現在の中東和平問題は二つのレベルから成っている（立山良司）。ひとつはパレスティナという土地の領有をめぐるユダヤ人とパレスティナ人との民族的な対立であり、もうひとつはイスラエルと周辺アラブ諸国との国家間の対立である。中東和平プロセスは紆余曲折《うよきよくせつ》を経て、オスロ合意以後具体的な進展を見せていない。

中東戦争の呼称は交戦国によって異なっている。
第一次中東戦争――一九四八年五月十四日～四九年七月二十日、アラブ諸国側はパレスティナ戦争／イスラエル側は独立戦争。
第二次中東戦争――一九五六年十月二十九日～十一月六日、スエズ戦争（スエズ動乱とも）／シナイ作戦。
第三次中東戦争――一九六七年六月五日～十日、六月戦争／六日戦争。
第四次中東戦争――一九七三年十月六日～十一月十一日、ラマダーン戦争（断食月《だんじきづき》戦争）、十月戦争／ヨム・キップール戦争（大贖罪日《だいしょくざいび》戦争）。イスラエル側は第四次中東戦争を第五次中東戦争に数えている。

第一次中東戦争

パレスティナ・ユダヤ人コミュニティーは、一九四七年十一月二十九日の国連総会のパレスティナ分割決議（ヨルダン川以西の地域〔西パレスティナ〕を二つに分割し、ユダヤ国家〔全土の五五％〕とアラブ国家〔四五％〕として独立させ、イェルサレムとその周辺地区は切り離して同地を国際管理下に置くとする決議。当時のユダヤ人人口約五十万人に対してアラブ人人口は百二十万人。ちなみに、イェルサレムとその周辺地区を国際管理下に置くとした決議が実行に移される可能性は少ない）を受け容れ、イギリス委任統治政府軍のパレスティナからの撤収を待って、一九四八年五月十四日、テルアヴィヴで、イスラエルの独立を宣言した。独立宣言は新しい紛争の始まりとなった。

これに対し、右のパレスティナ分割決議を一切認めない周辺アラブ五箇国（第12章に既出）の正規軍が五月十四日夜半から十五日未明にかけて、国境を越え、イスラエルに進撃を開始した（パレスティナ戦争／独立戦争）。イスラエルの生存をかけたこの戦争は二回の停戦と戦闘再開を繰り返し、約九箇月続いた。十二月二十九日、国連安全保障理事会の休戦決議が発効した。翌一九四九年二月二十四日、イスラエルはギリシアに復帰したロドス島で交戦国エジプトと休戦協定を結んだ。続いて三月二十三日にレバノン、四月三日にトランス・ヨルダン、七月二十日にシリアと順次個別に休戦協定を結んだ。イラクはイスラエルとの交渉をかたくなに拒否した。この休戦協定はあくまで二国間の軍事協定で和平条約に引き継がれる保証はなかった。ちなみに、ガリラヤ湖とその湖岸は、イギリスの委任統治時代、パレスティナとシリアとの取り決めによって、パレスティナに帰属していたが、一九四九年七月の休戦協定締結の折に、イスラエルに引き継がれた。

この結果、休戦協定は戦闘停止時の状況を基点とし、イギリスの委任統治領パレスティナの約七七％がイスラエルの支配下に入った。東地中海沿岸平野部、北部のガリラヤ地方および南部のネゲヴ全域をイスラエル軍が確保した。ユダ・サマリア地方（ヨルダン川西岸）はトランス・ヨルダンが併合、東地中海沿岸に沿って南北に細長く続くガザ回廊はエジプトの支配下に入り、パレスティナの一部として国連の信託統治下に置かれた。イェルサレムは東西に分断され、聖域の折り重なった旧市街を含む東地区はトランス・ヨルダン領、西地区はイスラエル領となった。アラブ側はさきの国連分割決議によりアラブ領とされていた地域のほぼ半分を失った。

こうして西パレスティナは、新生イスラエル、トランス・ヨルダン、それにエジプトの三つの地域に分割された。その結果、パレスティナ・アラブ人は政治的独立の機会を失ってしまった。

休戦協定ライン（グリーン・ライン）の南北全長は五百三十キロ、イスラエル、トランス・ヨルダンとのそれは死海のほぼ真中を通り、西パレスティナの旧イギリス委任統治領の線沿いにアカバ湾へ至る。終着点はアカバ港の西四・八キロの地点となった。「イスラエルの国土は、右の四つの休戦協定で合意された国境ライン内に確立された。しかし、アラブの休戦協定調印諸国はこれを尊重せず、時はいたずらに過ぎていった。イスラエルはアラブ諸国に何度も和平への妥協案を提示したが、ことごとく拒否された。アラブによるイスラエルの生存権拒否こそが問題の核心だった」とC・ヘルツォーグは当時を回顧して述べている。

一九四九年八月、国連安全保障理事会は、国連休戦監視機構およびアラブ・イスラエル双方から構成される混合休戦委員会を設置し、同年十二月の国連総会で国連パレスティナ難民救済事業機関が設置された。同事業機関は国連機関として一九五〇年五月より活動を開始した。ア

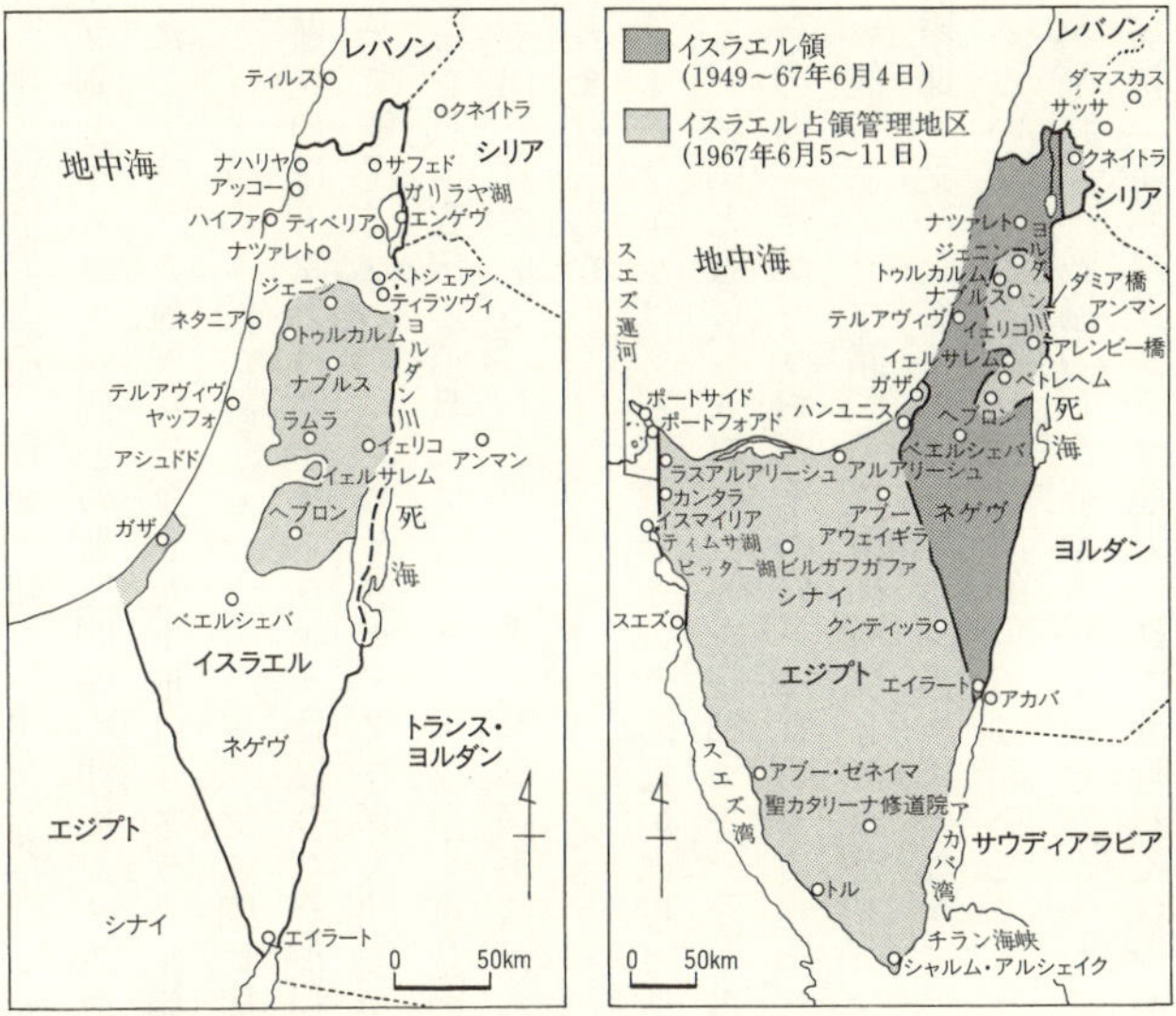

左・1949年休戦ライン
右・1967年６月第３次中東戦争後

ラブ諸国正規軍の敗北は、アラブ諸国の政治変革を促し、一九五二年七月の自由将校団によるエジプト革命、王制打倒に繋がった。

右の十五箇月に及んだ激しい戦闘の結果、二つの難民問題が生まれた。パレスティナ・アラブ人難民とアラブ諸国のユダヤ人難民で、いずれも八十万人規模と見られた（ヘルツォーグ前掲書、第一章）。一九四九年六月、国連機関は難民の数を七十一万一千人と発表した。難民の発生原因についても双方の主張は喰い違っていた（パレスティナ難民は国連によってつぎのように定義されている。「一九四八年の紛争以前少なくとも二年間パレスティナに住んでいた者」〔『ＵＮＲＷＡ／国連パレスティナ難民救済事業機関と日本』国連広報センター・一九八七年」）。かれら難民の受け容れには、アラブ側とイスラエル側との難民問題交渉に対する取り組みの違いにより温度差があった。ちなみに、アラブ人難民が放棄した土地はイスラエル側の遺棄財産保管事務所に管理された。

イスラエル国が誕生したとき、アラブ諸国に居住するユダヤ人は次つぎと追放され、かれら難民のほとんどは新生イスラエルに戻り社会復帰した。しかし、アラブ諸国は生まれ故郷を失って難民となったパレスティナ・アラブ人問題を解決せずそのまま先送りする道を選び、かれらを政治宣伝の道具に使ってきた。紛争当事諸国では武器の開発・取得には天文学的な金銭が支出されている。しかし、一番大きい損害はなんと言っても双方の人的犠牲であったことを忘れてはならない。

イスラエルは、独立戦争という熔鉱炉《ようこうろ》に投げ込まれ、六十万のユダヤ人が圧倒的に優勢なアラブ諸国と戦い、人口の一%を戦陣で失いながらも、おのれの生存を守り抜いた。六千人の人命を失ったが、うち四千人以上は戦闘要員だった。

他方、アラブ諸国正規軍に所属していたトランス・ヨルダン軍は、イギリス軍将校の特訓と指揮を受けたことでアラブ諸国正規軍のなかで一番優れた精鋭部隊だった。その数において、あるいはその置かれた地政的環境においてイスラエル軍を圧倒したが、アラブ側では指揮系統が乱れ、一致協力した連繫《れんけい》攻撃ができなかったことが敗因のひとつに数えられている。とくに当初「北部のガリラヤ地方を経て港町ハイファを目指すことによってパレスティナを南北に分断する任務を負っていたはずのトランス・ヨルダン軍が、アブドゥッラー国王の指示で、その主力をイェルサレム旧市街の確保に投入したことと、エジプト軍との連繋が不十分だったこと」が挙げられている（平山健太郎、二〇〇四年・第一部第二章）。

イスラエル側の勝利は民族の生存をかけた奮戦がもたらしたもので、その指導者がカリスマ性と優れた歴史感覚を備えたダヴィッド・ベングリオンだった。かれはチャーチル、ローズヴェルト、ド・ゴールらと同世代に属する政治家だった。

特筆すべきは、第一次中東戦争を機に、ユダヤ人自衛組織主流派のハガナーに支流のイルグンとレヒとが加わった非正規軍が、イスラエル国防正規軍ツァハル（ツェヴァー・ハガナー・レイスラエルの略）へ成長していったことである。パレスティナの町々やユダヤ人開拓入植村を防衛した自衛組織は本来市民軍であり、これが国防の基本となったのである。一九四八年五月の国防軍の編制に伴い国防の主力は予備役となった（ヘルツォーグ前掲書、第一章）。

有事の際に予備役が国家戦力の骨幹となるこの制度は、第一次中東戦争後の第二代参謀総長を務めたイェルサレム・ヘブライ大学の若き考古学者イガエル・ヤディン（一九一七〜八四）が考案したものとして知られている。同教授は、一九六三〜六四年／一九六四〜六五年の死海北西岸にヘロデ大王（在位・前四〇〜前四）が建造した要塞マッサダの発掘調査に当たって右の考案を応用して全世界から「志願兵《ボランティア》」を募集して成功を収めた。

イスラエルは、一九四九年の休戦協定ラインを出発点として、恒久的国境に関する合意を念頭に、国連パレスティナ調停委員会を通じて交渉を試みたが、アラブ側は休戦を一時的な停戦と考え、状況が改善すれば戦闘を再開するための準備段階と見て、二国間交渉を拒否した。

前章で言及したように、一九四六年五月にイギリスから独立したトランス・ヨルダン王国は、イスラエルとの休戦協定を結んだ二箇月後の一九四九年六月二日、国名をヨルダン・ハーシム王国と改め、ハーシム家の領土がヨルダン川東西両岸に及ぶことを宣言した。次いで翌一九五〇年四月二十四日、東イェルサレムを含むヨルダン川西岸を正式に併合した。

一九五〇年五月二十五日、中東の現状維持を求める米・英・仏は三国宣言を発表した。一方、イギリスの庇護下にイラク国王となったファイサル・イブン・フサインの側近として活躍し、併せて親英的な政治家としてイギリスと秘密裡に、親英路線によるイラクの安全保障、肥沃な三日月地帯の連邦構想の実現などを進めていたヌーリー・アッサイード（一八八八〜一九五八）は、この宣言をイスラエルの休戦協定ラインを大国が保証したものだと批判した（B・オレン／臼杵陽）。ヌーリーはナーセル大統領のスエズ運河国有化宣言後のスエズ戦争でもイギリスの立場を擁護、アラブ・ナショナリストの反感を買い、イラクの共和革命によって処刑された。

第二次中東戦争

第一次中東戦争でさまざまな試行錯誤を通して種々の戦術を学びとったイスラエルとアラブ諸国との間に休戦協定が結ばれたとはいえ、険悪な情勢が再燃した。ヨルダン川西岸やガザ回廊を発進基地とする対イスラエル・テロ集団（フェダイーン）の頻発がそれだった。さらにエジプトは、一九五一年九月一日の国連安全保障理事会決議を無視して、チラン海峡を封鎖して、イスラエル船およびイスラエル行き船舶の航行を阻止し、アカバ湾の出入口を制する地点に砲台を設けた。加えて、近隣アラブ諸国からのテロリストが越境攻撃を仕掛けた。一九五六年十月には、エジプト、シリア、ヨルダンが三国軍事同盟を締結した。これによって一挙に緊張が高まった。イスラエルはこれらを戦闘行為と受け止めた（滝川義人）。

こうして起こったのが、一九五六年十月二十九日に勃発した第二次中東戦争（アラブ側ではスエズ戦争〔スエズ動乱とも〕、イスラエル側ではシナイ作戦）である。イスラエル国防軍は、十個旅団を投入して、十一月五日までにエジプト軍を駆逐してスエズ運河の東十六キロの地点まで進出、ガザ回廊とシナイ半島全域を占領した。

このシナイ作戦は、我が国ではスエズ戦争と一緒にして語られることが多い。英・仏によるエジプト侵略作戦と同時に起こったからである。

エジプトのムハンマド・アリー朝のファールーク王（在位・一九三六～五二。五三年に王制廃止）を倒した秘密組織自由将校団のガマール・アブド・アッナーセルは大統領（在任・一九五六～七〇）に就任するやアラブ・ナショナリズムの盟主として振る舞い、主権の恢復を目指し、一九五六年七月二十六日、ファールーク国王がアレクサンドリアの離宮から追放されて四年目の記念日に、アレクサンドリアで、アスワン・ハイ・ダム建設資金捻出《ねんしゅつ》のため英・仏支配の万国スエズ運河会社の国有化を宣言した。

ちなみに、スエズ運河はフランスの技師フェルディナン・マリー・ド・レセップス（一八〇五～九四）の指導のもとに一八六九年に完成、開通して以来、地中海とインド洋とを結ぶ国際航路の要としての役割を果たしてきた。

アメリカ、イギリス、それに世界銀行は、すでに一九五五年末に、ダム建設資金融資に同意していたが、ナーセルがソ連接近の外交政策に傾いたため融資を撤回したことでナーセルを激怒させた。

国有化は、運河権益を奪われたイギリス、ナーセルのアルジェリア独立（一九六二年）支援に苛立《いらだ》つフランス両国が中東・アジアに有する権益に対する一方的な挑戦と受け止められた。スエズ運河の国有化を直接のきっかけに起こったスエズ戦争はイェルサレムには波及しなかった。

イギリス・フランス両軍は、一九五六年十月三十一日から爆撃を開始、十一月五日、空挺部《くうていぶ》隊《たい》がポートサイドなどに降下したが、イギリス政府（保守党）は国際政治、とりわけ米アイゼンハウアー政権（共和党）の圧力に屈し、翌十一月六日深夜、停戦を受諾、フランスもこれに応じた。

イスラエルとイギリス・フランスは作戦目的がまったく異なり、「英・仏両軍機の爆撃は、エジプト領内の航空基地に限定され、シナイ半島を進撃中のイスラエル部隊を支援したことは一度もなかった」（C・ヘルツォーグ）。つまり、戦場での三国協同戦闘はなかったのである。当時イスラエルの攻撃を受ける危険はヨルダンが高いと思われていたため、ナーセルはイスラエルがシナイ半島に進撃してこようとは夢想だにしていなかった。

シナイ作戦に戻ると、ソ連からの補給を受けていたシナイ半島駐留のエジプト軍に対するイスラエル軍の先制攻撃は英・仏の指嗾《しそう》に乗った攻撃といわれることもあるが、いずれにせよ、イスラエル・イギリス・フランスの攻撃に対し、米・ソはじめ国際社会が反撥し、十一月二日、国連緊急総会は即時停戦と速やかな無条件撤退を決議した。四日にはカナダ政府の提案で国連緊急軍の創設が決定、六日にはイギリス・フランス・イスラエルの三国は停戦・撤兵に同意した。ベングリオンは、エジプトが応じることを条件に停戦を受け容れ、「国連緊急軍の十分な展開を待って撤収する」旨回答した。

停戦とともに政治交渉が始まった。英・仏両軍は十二月下旬までにエジプトから撤退、イスラエル軍は、チラン海峡の航行保証と、国連がガザ回廊管理に参加するとの公約を得て段階的に撤退を開始した。ガザ回廊とシナイ半島南端のシャルム・アルシェイクはともに国連緊急軍の管理下に置かれることになった。

国連安全保障理事会採択（一九五六年十月十三日）の「スエズ問題解決の六原則」を踏まえ、イスラエル軍の段階的撤退（一九五六年十一月〜五七年三月）によって、イスラエルの船舶はチラン海峡を自由に通航できるようになり、アジアおよび東アフリカ諸国への海上ルートが開放され、ペルシア湾からの原油輸入も可能になった。

この戦争を機に、英・仏が後退し、政治的にはエジプトの勝利となった。この結果、英・仏が脇役《わきやく》に回り、米（アイゼンハウアー大統領）・ソ（フルシチョーフ首相）両大国が進出、翌一九五七年一月五日には、アイゼンハウアー大統領（在任・一九五三～六一）が特別教書で「アイゼンハウアー・ドクトリン」と呼ばれる政策（中東における共産主義の侵略に対してアメリカ軍を使用する許可を議会に要請）を発表、中東は米・ソ角逐の時代に入っていく。

シナイ作戦は多くの点で典型的な作戦だった。「緒戦の第一段階は戦史に残る迂回《うかい》戦の見事な応用だった」とされる（バシル・デル・ハート大佐の言）。

第一次中東戦争のとき、イスラエル軍には独自の交戦思想と行動様式が培われた。シナイ作戦はこれを証明した最初の機会だった。しかし、一番重要な点は、第一次中東戦争で築かれた伝統、つまり「戦場において上級将校が率先躬行《きゅうこう》突撃して下士官の手本となる行動をとる心構え」が、この作戦で遺憾なく発揮されたことである（ヘルツォーグ前掲書、第二章）。

シナイ作戦によって、平和維持を目的とした国連緊急軍が設立され、それから十年間、同緊急軍は平和に対する有意義な任務を遂行した。イスラエル・エジプト国境も比較的平穏な年月が続いた。

ちなみに、この間、ナーセルは、国内外の諸政策の断行に専念したが、一九六七年六月の第三次中東戦争での惨敗によって歴史的役割を終え、一九七〇年九月、ヨルダン内戦をめぐるヨルダンとパレスティナ解放機構（PLO）との関係恢復に活躍中、過労のため心臓発作で急死した。

イスラエルにとって、一九五八年から六八年までの時期は国家整備および対外強化の時代だった。一九四八年の独立当時六十万人（六十五万人とも）だったユダヤ人人口は、移民の増加に伴って、一九六〇年には百九十万人、一九六五年には二百三十万人を数えた。

米・トルーマン政権を継いだアイゼンハウアー政権は、中東に対し包括的な政策を試みた最初の政権だった。

第三次中東戦争

スエズ運河国有化とスエズ戦争／シナイ作戦で政治的勝利を手中にしたナーセル大統領はアラブの英雄となり、ナーセルの掲げるアラブ・ナショナリズムは、一九五八年二月に汎アラブ民族国家樹立への第一歩としてエジプト・シリアアラブ連合共和国を結成した。「アラブ統一」の夢が現実の姿となった。しかし、ナーセルがシリアにエジプトの統治方式を適用しようとしたため、シリアは一九六一年九月にアラブ連合共和国から離脱、これを機にナーセルの威信は翳《かげ》りはじめた。

一九六四年にパレスティナをツィオニストの手から解放することを目的に結成されたPLOは、同年五月に、東イェルサレムでその政治綱領、パレスティナ民族憲章を発表した。この民族憲章は、一九六八年七月に改訂され、抹殺対象をイスラエルだけでなくフサイン国王のヨルダンをも含める内容となった。

一九六七年五月、ナーセルのもとへイスラエル軍がシリア攻撃のため大兵力を集結しているとの誤報がソ連とシリアから届いた。ナーセルは、五月十四日に総動員令を発動し、五月二十二日、シナイ半島に展開していた国連監視軍の撤退を求めるとともに、紅海とアカバ湾とを結ぶチラン海峡封鎖を宣言した。五月三十日、さらにエジプトはヨルダンと軍事同盟を結び、イスラエル撃滅を発表した。一方、イスラエルは戦争を不可避と見てエジプト・シリアに対する大規模な先制攻撃の準備を開始、国内では、六月一日に挙国一致内閣が成立、国防相にシナイ作戦の英雄モシェ・ダヤンが就任した（ダヤンは後年外相・参謀総長を歴任。一九四一年六月、シリアのヴィシー軍部隊と交戦中、左眼を失った）。

一九六七年六月五日、早暁、ヨルダン軍の攻撃を機に、イスラエル空軍機はエジプト・ヨルダン・シリア三国の空軍基地を先制爆撃した。その背景にはＰＬＯ勢力による対イスラエル・ゲリラ攻撃の本格化、加えてヨルダン川の水源をめぐるシリアとイスラエルとの緊張の高まりなどがあった。

翌六月六日、国連安全保障理事会が停戦決議を採択、まずイスラエルが停戦を受諾、開戦から三日目の六月七日にはヨルダンが、八日にはエジプトが、十日にはシリアが停戦を受諾した。第三次中東戦争はイスラエルの圧倒的勝利で僅か六日間で終結した。エジプトおよび前線軍団の敗北は、複合的背景・要因によっていたが、そのひとつに国内経済の悪化とともにナーセル政権のイエメン内戦（一九六二〜七〇年）における消耗が挙げられている。

特筆大書すべき点は、モルデハイ・ホッド少将の指揮するイスラエル空軍の活躍だった。先制攻撃によって攻撃開始から三時間後には、イスラエル空軍がすべての正面で制空権を掌握した。地上部隊に勝利への道を開けてくれたのである。もうひとつはイスラエル兵、とりわけ空挺部隊と機甲部隊の活躍だった。

戦闘の結果、イスラエルの占領地域は僅か六日間で一挙四倍に拡大した。さらに三つあるヨルダン川源流のひとつも占領・管理下に入った。休戦協定ラインで分断されていた東西イェルサレムは併合された。アラブ側はイギリス委任統治領パレスティナで支配下に残っていた領土のすべてを失ってしまった。

この結果、さきの休戦協定ラインは新たな停戦協定ラインに代わった。シナイ半島、ガザ回廊、東イェルサレムを含むヨルダン川西岸、ゴラン高原がイスラエルの占領・管理下に入った。北部の農村はシリア軍の攻撃から解放され、加えて南部のチラン海峡の開放によりイスラエル船とイスラエル向けの船舶の航行が自由となった。十九年間分断されていた東西イェルサレムも再び統一された。イスラエルは占領地とその住民を抱え込むこととなった。以後、これによってアラブ・イスラエル紛争の構図が出来上がった。

第三次中東戦争を機に、東西イェルサレムを統一したイスラエル政府はユダヤ人ニュータウン群（入植地）の建設を開始した。さらに市域の外郭には衛星都市群とも呼ばるべき新興集合住宅群が建てられている。加えてグリーン・ラインに沿って二〇〇二年以来防禦フェンス（分離壁とも。高さ平均八メートルとも）の建設も進んでいる。

第三次中東戦争は、エジプトのナーセル大統領が招き寄せたものだったが、政治的に見ると、ソ連の直接介入もその原因のひとつだった。第三次中東戦争の責任は、「戦争もせずに勝利の果実のみを欲したソ連（A・N・コスイギン首相）とエジプト（ナーセル大統領）の誤算に帰せらるべきだ」といわれている（米ジョンソン大統領特別補佐官W・W・ロストウの言）。中東への直接的な政治的・軍事的関与を控えてきたアメリカ（民主党）は第三次中東戦争を機に対中東政策を大きく転換し、親イスラエル政策に傾いた。

一九六七年六月十九日、イスラエル内閣は、全会一致で占領地の返還を決定した。それは、平和と返還地の非武装化を条件として、シナイ半島全域をエジプトに返還し、ゴラン高原全域をもシリアに返還するというものだった。ヨルダン川西岸に関しては、ヨルダンのフサイン国王と交渉に入る動きも出ていた。しかし、すべてはソ連に妨害されたという。

ソ連の妨害行動と政策がアラブ首脳を勇気づけ、一九六七年九月一日、スーダンの首都ハルツームで開催されたアラブ首脳会議は、イスラエルと交渉せず、イスラエルと和平を結ばず、イスラエルを承認せずの「三つのノー」をもって、イスラエル側の提案を拒否した。これはアラブがイスラエルに屈服せず、再起を期することを意味した。ソ連の策謀とアラブの非妥協が、つぎの紛争・戦争への地均《じなら》し役を果たしたのだった（ヘルツォーグ前掲書、第三章）。

第三次中東戦争が終わって三週間後に、スエズ運河を挟んで戦闘が再燃した。消耗戦争（イスラエル側の呼称では第四次中東戦争とも）の始まりだった。ナーセルが意図したこの消耗戦争は一九六七年六月から、イスラエル・エジプト間に停戦が成立する一九七〇年八月まで続いた。イスラエルは三正面で戦った。ヨルダン、シリア、スエズ、同時にレバノン正面にも対処しなければならなかった。

前後したが、一九六七年六月二十七日、イスラエル政府は東西イェルサレムの再統一を宣言した。一方、国連安全保障理事会は、第三次中東戦争から半年後の十一月二十二日、和解への指針としてイスラエルの占領地からの撤退、中東のすべての国家の主権・領土保全、および政治的独立の尊重と承認などを柱とした「領土と平和との交換」原則理念を盛り込んだ決議第二四二号を採択し、イスラエルが返還すべき占領地の範囲を限定した。イスラエル側はこれを受諾。同決議は、アラブにも一歩譲ってイスラエルの主権を承認し、イスラエルと共存すべきことを求めており、アラブ・イスラエル紛争解決の指針を盛り込んだ決議だった。撤退すべき占領地の範囲などについては批判もあったが、同決議第二四二号が中東和平プロセスの基本大枠であるとの認識が、国際的に広く共有されている。この決議は、アメリカの意向を汲みイギリスがまとめた妥協案が採択されたもので、アラブ・イスラエル紛争解決の基本的な指針となっている。にもかかわらず双方の暴力の応酬は続いた。ところが、右のハルツームのアラブ首脳会議に参加したアラブ諸国のうち、エジプトとヨルダンは翌年この国連決議を受諾した。これと並行して、イスラエルでは全占領地の保持を主張する大イスラエル主義が、アラブ諸国ではイスラーム原理主義の気運が昂揚し現在に至っている。

第三次中東戦争を機に、アラブ側では戦争の大敗がイスラーム原理主義勃興のきっかけとなったが、イスラエルでは大勝がユダヤ教宗教ツィオニズムの擡頭《たいとう》、これに伴ってユダヤ教への回帰の流れが起こった（立山良司）。

附言すると、第三次中東戦争後の中東での注目すべき会議は、一九六九年九月、サウディアラビアとモロッコの呼び掛けで、モロッコの首都ラバトで開催された第一回イスラーム首脳会議である。同会議では、イスラーム諸国間の連帯の強化、および経済・文化協力などを目的としてイスラーム諸国会議機構（ＯＩＣ）の設立が採択され、一九七一年には同機構の憲章を制定、事務局が設置された。現在ＯＩＣ加盟国は五十七箇国。今日「イスラーム国」と呼ばれている国はＯＩＣの加盟国である。

余談だが、一九六七年にイェルサレム革新市長テディ・コレックの勧めで、六日戦争で戦死したアラブ人のための戦没者記念碑が建てられた。「一体ロンドンのどこに戦死したドイツ人のための記念碑があるというのだ」と反論があがった。コレックは答えて言った。「ロンドンはドイツ人の都市ではなかったが、イェルサレムはアラブ人の聖都でもある」と。

コラム　黄金のイェルサレム

米映画「シンドラーのリスト」（スティーヴン・スピルバーグ監督）の最後に、ドイツ軍が敗北し、解放されたユダヤ人たちが歩き出しみなで丘を越えていく場面に流れていた曲は「黄金のイェルサレム」（ヘブライ語）だった。この歌は、六日戦争（第三次中東戦争）勃発直前の一九六七年五月五日、イスラエルの第十九回独立記念日に併せて開かれた歌謡フェスティヴァルではじめて披露された。作詞作曲はナオミ・シェメル（一九三三〜。一九八九年来日）、歌い手は当時弱冠十九歳の女性兵士シュリー・ナタン。国営イスラエル放送とイェルサレム市長テディ・コレックの委嘱作品だった。

当初は歌詞は三番までだったが、六日戦争で、はからずもイェルサレムに対するこの歌の熱い祈りが現実となり、旧市街を占領、西壁の前を祈りの広場として解放した。これを受けて四番が追加された。その後、「イェルサレム市歌」に選ばれ、今や全世界のユダヤ人に愛唱され、イスラエルの国家儀礼のなかでも歌われる。

四、我らは井戸に、市場に、そして広場に戻った／角笛《つのぶえ》が神殿《やしろ》の丘に響きわたり／岩石《いわ》を穿った洞窟から太陽の光が燦々と輝き出る／我らはイェリコを通って塩の海へ戻るだろう
黄金《こがね》と銅《あかがね》と光の街、イェルサレムよ／汝《なれ》の歌すべてに、我は竪琴《たてごと》を奏でようではないか（リフレーン）

第四次中東戦争

大イスラエル主義の実現を目指す右派、ユダヤ教宗教政党勢力、左派活動家らがそれぞれ第三次中東戦争の勝利の余韻に浸っている間に、エジプトのサーダート大統領（在任・一九七〇～八一）は、シナイ半島を含めさきの一九六七年六月の第三次中東戦争で失った領土の奪回を目指して、長期戦略を煉《ね》り続けていた。

一九七三年十月六日、午後二時、ユダヤ人にとってユダヤ教新年祭のもっとも大切な日、ヨム・キップール（大贖罪日）を選んで、エジプト・シリア両軍が秘密裡に共同してスエズ・ゴランの二正面でイスラエルに対して同時奇襲攻撃を開始した。第四次中東戦争の勃発である。戦闘は三週間に及んだ。この奇襲攻撃はパレスティナのために闘われた戦争であったのか。我が国では、この戦争は突然の「石油危機」という形で受け止められ、アラブへの関心が一気に高まった。

緒戦でエジプト軍はスエズ運河渡河作戦を成功させてアラブの誇りを恢復、ゴラン高原ではシリア軍の機甲部隊が怒濤《どとう》のように押し寄せてきた。後半はイスラエルがアメリカの緊急武器援助を受けてシナイ半島・ゴラン高原両戦線でエジプト・シリア両軍を後退させた。この間、シリア軍のゴラン高原奪回の試みは失敗に帰した。

十月二十二日、国連安全保障理事会は米・ソ共同提案の停戦決議第三三八号を採択、イスラエルとエジプトはこれをすぐに受諾、シリアへの支援部隊を送っていたヨルダンがこれに続き、シリアも二日後に受諾を表明した。

右の決議第三三八号は、さきの決議第二四二号の即時履行を呼び掛ける内容だった。両決議はその後の中東和平プロセスの基礎となっている。

サーダート大統領は、軍事・政治上の行き詰まりを打開する目的で第四次中東戦争に踏み切り、所期の目的を果たした。この戦争がサーダート大統領の歴史的なイェルサレム訪問（一九七七年十一月十九日）に繋がり、エジプトはイスラエルに実質上の承認を与えた。サーダート大統領のイェルサレム訪問の仲介の労をとったのが、モロッコのハッサン二世国王とルーマニアのニコライ・チャウシェスク大統領だった。

サーダート大統領は、戦後、ナーセル前政権の親ソ政策から親米政策に転換、アメリカを仲介者にアラブの仇敵《きゅうてき》イスラエルとの和平を決意、イスラエルを電撃訪問、イスラエルの国会《クネセット》で演説を行ない、次いでアルアクサー・モスクで礼拝をささげた。かれは、イスラエルによる占領後、このモスクで礼拝をささげたただひとりのアラブの国家元首となった。かれは、一定の勝利を基礎に、まず第二次兵力分離協定（シナイ暫定協定とも。一九七五年九月）を結び、イェルサレム訪問の翌一九七八年九月に、カーター米大統領（民主党。在任・一九七七〜八一）の仲介でキャンプ・デーヴィッドの合意文書が調印され、それに基づいて究極的にはイスラエルとの最初の和平条約締結（一九七九年三月二十六日）へと結実した。リクード（リベラルと中道派の連合）党首のメナヘム・ベギンとサーダート大統領は中東紛争の平和的解決に先鞭《せんべん》をつけた政治家だった（一九七八年十二月、ともにノーベル平和賞受賞。受賞にはパートナーが必要だった）。イェルサレム問題については、キャンプ・デーヴィッドの合意文書には何も記載されず、返還を求めるサーダート、これを拒否するベギンそれぞれの書簡が交換されるにとどまった。

一九七八年と一九七九年の二つの条約は、エジプトによるイスラエルの公式な承認を意味していた。エジプトはイスラエルを正式に承認した最初のアラブの国となった。

つぎにイスラエルを正式に承認した国はヨルダンである。経緯はこうである。一九九一年十月のスペイン・マドリード中東和平全体会議に続いて、両国は三年にわたって話し合いを続け、それがフサイン国王とラビン首相との共同宣言（一九九四年七月）となって結実した。四十年に及ぶ戦争状態に終止符を打つとする内容だったが、それが発展して、両首脳は、一九九四年十月二十六日、ビル・クリントン米大統領（民主党。在任・一九九三〜二〇〇一）の立ち会いのもとに、エイラートとアカバの中間点、アラバの出入国地点で和平条約に調印した。

対イスラエル和平で、エジプトは第三次中東戦争で失った、イスラエルが開発した貴重なアブルディス油田および軍事基地を含むシナイ半島全域の返還（一九八二年四月まで）を受けて同地を完全に恢復した。

第12章で言及したゴルダ・メイル（一八九八〜一九七八。首相在任・一九六九〜七四。一九六二年一月に来日）はレヴィ・エシュコル首相の後を継いで第五代首相に就任、建国世代最後の政治家だったが、一九七三年十月の第四次中東戦争の緒戦での敗北の責任をとって辞任した。

第四次中東戦争は、軍事上・政治上中東に大きな衝撃を与えたため、大きな歴史的意義を有する戦争として位置づけられている。アラブ産油国が、開戦と同時に、イスラエルを支持する非友好国に対して石油供給削減を武器に使った最初の戦争だった。同時に石油輸出国機構は石油価格を四倍に引き上げた。日本経済は狂乱物価、インフレに見舞われた。これを機に日本政府はそれまでの消極的中立を軌道修正してアラブ産油国への接近を図った。第一次石油危機とも呼ばれる（ヘルツォーグ前掲書、第五章）。一方、一九七九年二月十一日に首都テヘランで発生したイラン革命と、翌一九八〇年に始まったイラン・イラク戦争（～八八年）によって惹き起こされたのが第二次石油危機である。

一九八一年十月六日（十月六日は第四次中東戦争の開戦日でもある）、敬虔なイスラーム教徒だったサーダート大統領はカイロで、スエズ渡河作戦八周年戦勝祝賀パレード観閲中に、自国のイスラーム過激原理主義組織のメンバー兵車兵（アルジハード団）の凶弾に斃れた。六十二歳だった（サーダートのほかに手榴弾《しゅりゅうだん》で七人が死亡、二十八人が負傷したと伝えられている）。反ユダヤ主義のアルジハード団にとって、エジプトの国益を優先させ、パレスティナ人の諸権利をイスラエルに売り渡したと見なしたサーダートの暗殺は当然の帰結だった。目標は、サーダート政権の打倒、イスラーム革命の達成だった。しかし、クー・デターによる政権獲得には失敗した。

附言すると、当時のアルジハード団指導部のひとり、アイマン・ザワヒリ（一九五一年生まれ）はいま国際的テロ組織アルカーイダのナンバー2で理論的指導者を務めているという（藤原和彦）。サーダート大統領の後継にムハンマド・フスニー・ムバーラク（在任・一九八一～）が就任、エジプト全土に非常事態を宣言した。一九八一年十二月十四日、イスラエルは、一九六七年以来同国の占領下に置いていたシリア領ゴラン高原を併合した。ついでながら、パレスティナ解放機構のヤーセル・アラファート議長が初来日、羽田空港に降り立ったのが一九八一年十月十二日だった。

コラム　殉教者記念堂

イェルサレムの南西に位置するヘルツェルの丘の西斜面に記念碑的な墓がある。殉教者記念堂、ヘブライ語でヤッド・ヴァシェム（「記念と記憶」の意。イザヤ書五六5に由来）兼公文書館が第二次世界大戦中にナチス・ドイツによって虐殺された六百万人のユダヤ人を記念して建っている。殉教者記念堂のなかには、ホロコーストに関する公文書、写真やフィルム、数々の遺品など、当時の悲惨な状況を生々しく伝えている。また記念堂の出口の「記憶（追悼）のホール」では強制収容所ガス室の悲劇を永遠に語り継ぐ青白い炎が燃え続けている。ヘブライ語と英語による銘文「忘却は流浪へ導き、記憶は贖いの秘訣《ひけつ》となる」は参観者の心を打つ。深い畏怖《いふ》の念を呼び起こす。サーダート大統領はイスラエル国会に次いでヤッド・ヴァシェムを訪ね、来客名簿にこう書き誌した。「神がわれわれを平和へ導かれんことを。人類のすべての苦しみをなくそうではないか」と。ここヤッド・ヴァシェムはユダヤ人にとって西壁、死海西岸のマッサダ要塞と並んで重要な拠《よ》り所《どころ》となっている。同時にユダヤ人国家イスラエル建設に注がれたエネルギーの負の極を象徴している。

中東戦争後

アラファート・PLO議長が国連安全保障理事会の決議第二四二号を受諾し、イスラエルの生存権を認め、テロ行為の放棄を表明したのは、一九八八年十二月のことだった。PLOの路線転換は四年後のイスラエルとの相互認知へと繋がっていく。

一九九〇年八月二日～九一年二月二十七日の湾岸危機（イラク、クウェートに軍事侵攻）、湾岸戦争（九一年一月十七日、多国籍軍、「沙漠の嵐」作戦でイラク全土へ空爆開始。総兵力百二十万人のイラク軍に対し、米・英中心の三十八箇国編成の多国籍軍は七十八万人）が起こった。ちなみに、湾岸戦争で、イスラエルはクウェート侵略をアラブ・イスラエル紛争に繋げようとしたイラクからミサイル三十九発の攻撃を受けた。死傷者二百二十一名、全壊を含む建物千三百二棟、公共施設二十三棟、アパート六千百四十二棟が被害、千六百四十四家族が疎開を余儀なくされ、大きな損害を蒙ったが、反撃しなかった。

一九九一年十月三十日から三日間にわたってマドリードで中東和平全体会議を開催（パレスティナ、ヨルダン、シリア、レバノン／イスラエルの二国間交渉）、一九九二年末から九三年夏にかけてノルウェー政府の仲介でオスロでイスラエル政府とPLOとの間で秘密和平交渉が積み重ねられた。その成果が、一九九三年九月一日には相互承認、暴力の拒絶、共存に向けた交渉の呼び掛けとなり、次いで九月十三日には、ワシントンのホワイトハウスで、クリントン大統領(民主党)立ち会いのもとに、イツハク・ラビン・イスラエル首相とヤーセル・アラファート・PLO議長はパレスティナ暫定自治取り決めに関する原則宣言(オスロ合意。オスロIとも。ヨルダン川西岸とガザ回廊のパレスティナ人住民に自治を認めるとする取り決め)署名調印となった。長期にわたって流血の抗争を続けてきた両者の歴史的和解を、メディアを通じて広く世界に印象づけた。

オスロ合意には双方が認めた五年間の暫定自治原則が含まれていた。合意の第一段階は、翌一九九四年五月に、ガザと西岸イェリコの先行自治で始まり、アラファート議長らPLO指導部も、同年七月、チュニスからガザ自治区入りをした。十二月には、ラビン首相、シモン・ペレス外相、アラファート議長がノーベル平和賞を受賞した。

一九九四年にはパレスティナ暫定自治政府が発足し、一九九六年一月二十日には、パレスティナ暫定自治政府選挙(同自治政府議長および評議会議員選挙)が行なわれ、ヤーセル・アラファート(一九二九~二〇〇四)が自治政府議長(自治政府長官を兼務)に選ばれ、暫定自治の第二段階がスタートした。

右のオスロ合意を機に、日本は主要な支援拠出国として中東和平達成のための積極的な貢献を目指した。一九九三年から二〇〇一年までの八年間に、日本はパレスティナのインフラ整備や技術協力などで合計六億ドルを超える対パレスティナ支援を行なった。併せてヨルダンやシリアなど関係国への支援も行なっている。また、一九九六年二月以降、ゴラン高原に展開している国連兵力引き離し監視部隊に自衛隊を派遣している。

オスロ合意（1993年9月13日）（提供・共同通信社）

一九九五年九月二十八日には、イェリコ以外の西岸に自治を拡大する、西岸・ガザ地区に関するパレスティナ暫定協定合意（自治拡大協定。オスロⅡとも）がワシントンで調印された。同年末までにジェニン、ナブルス、ベトレヘムなど西岸六都市が暫定自治区となった。アメリカは、湾岸危機・湾岸戦争を機に、みずからの直接的関与によって、中東の政治的安定を目指すようになった。

パレスティナ独立国家樹立に向けての最終地位交渉の最重要議題として、①領土問題、②パレスティナ人難民の帰還問題、③イェルサレムの主権問題、④水資源問題などがあがっていたが、交渉は延期された。

一九九六年五月に、パレスティナの最終地位交渉もスタートしたが、パレスティナの住民はオスロ・プロセスを介した独立国家樹立に希望を失い、二〇〇〇年九月二十八日、新たな対イスラエル蜂起、アルアクサー・インティファーダに蹶起《けっき》した。蜂起勃発以降、オスロ合意以来の中東和平プロセスは崩壊した。

中東和平プロセスとは、一九九一年十月末のマドリードでの中東和平全体会議開催から今日までの交渉プロセスの呼び名である。実質上交渉がスタートしたのは一九九二年六月のイスラエルのイツハク・ラビン労働党政権誕生からである。

東イェルサレムの帰属問題は、一九九三年九月のオスロ合意締結以降、とりわけ二〇〇〇年から二〇〇一年にかけて行なわれたパレスティナ・イスラエル間の和平交渉の重要議題となったが、二〇〇一年二月、エフード・バラク（労働党）を破って首相に就任したアリエル・シャロン（リクード。在任・二〇〇一〜二〇〇五）は、東イェルサレムの主権問題について一切の譲歩を拒む路線に戻った。解決の見通しはたっていない。イスラーム諸国やヴァティカンなどキリスト教世界も帰属の行方に大きな関心を寄せている。

二〇〇三年四月三十日に、アメリカ、ヨーロッパ連合、ロシア、国連の四者は、イスラエル・パレスティナ双方に対して、パレスティナ人が独立国家を樹立し、イスラエルと共存するという最終目標に向けた中東和平構想行程表（ロードマップ）を提示した。同構想の扱いは今後の最重要課題となっている。

ロードマップの内容はつぎの三段階になっている。第一段階（二〇〇三年四月〜五月）——テロと暴力の停止、パレスティナの市民生活の正常化、そしてパレスティナの制度構築。第二段階（二〇〇三年六月～十二月）――恒久的地位確立への通過点として、新憲法に基づき、暫定領土と主権国家としての性格を備えたパレスティナ独立国家創設。第三段階（二〇〇四～〇五年）――パレスティナの完全独立とイスラエル・パレスティナ紛争の終結を定めている。パレスティナとイスラエルはこれを包括的に承認したが、イスラエル側は十五の留保点をつけた。重要な点は、①テロ組織の解体、②パレスティナ人難民のイスラエルへの帰還権放棄、③国連安全保障理事会決議第二四二号、第三三八号、および第一三九七号以外の言及を排除、④アメリカによるロードマップ・プロセスの監視などである。ロードマップは当初二〇〇五年までに達成するものとしていたが、対立の応酬で、現在第一段階すらまだ実施されていない（オスロ合意およびロードマップの日本語訳は、平山健太郎編著『NHKスペシャル　ドキュメント・聖地エルサレム』日本放送出版協会・二〇〇四年、巻末の資料1・2を参照されたい。併せて、北村文夫「栄光から挫折への軌跡」『季刊アラブ』第一一二号、二〇〇七年九月も）。

穏健派マフムード・アッバース議長（大統領。二〇〇五年一月～）登場のなかで、和平交渉再開に期待したい。

狭い国土には、複数のそれぞれの正当な政治的主張が、民族の歴史が、法治国家の夢がある。パレスティナ・イスラエル二国間和平交渉再開には、難問山積ではあるが、まず二国間の相互信頼、共存の容認、テロと暴力の放棄、これまでの二国間の合意事項遵守意思の確認が前提条件となる。これらが、二〇〇六年に、小泉純一郎首相がパレスティナとイスラエルとの共存を目指して提案した「平和と繁栄の回廊」構想の具体化に繋がるのではないか。

コラム　ダヴィッド・ベングリオン（一八八六〜一九七三）

一九二〇年代にパレスティナに登場した政治指導者。ロシア領ポーランドのプロンスク生まれ。本名ダヴィッド・グリューン。東ヨーロッパ、ロシアでの反ユダヤ主義とポグロムに衝撃を受けたかれの関心事はツィオニスト国家建設だった。かれは多数のユダヤ人青年と同じように、「ユダヤ人問題」を資本主義社会の枠組みのなかで解決することはできないと固く信じていた。ユダヤ人自身がそのコミュニティーの故郷に戻るべきで、大多数のユダヤ人社会主義者は国際派マルキストの方向へ向かっていたので、それはやがて消滅していくべきものだと論じた。かれは種々の機会にみずからマルキストだと称したが、青年時代に受けた教育の結果、かれの命《いのち》の書は『（旧約）聖書』であって『資本論』ではなかった。かれにとって聖書は人生の案内書だった。かれはまた政治指導者としての資質に恵まれ、ツィオニスト社会主義運動にひかれ、その強烈な意思と情熱とエネルギーを政治活動に注いだ。弱冠十四歳でツィオニスト青年組織を運営し、十七歳でツィオニスト労働者党ポアレイ・ツィオンのメンバーとなり、一九〇六年、二十歳のときにエレッ・イスラエル（オスマン帝国統治下のパレスティナ）に移り住み、農業労働者として働きながら党中央委員となり、次いで最初に党綱領を起草したのはかれだった（一九〇六年十月）。一九一五年に最初のユダヤ人労働組合の結成に加わった。前後してヘブライ語名ベングリオン（「グリオンの息子」の意）を使い始めた。

その後、青年ベングリオンは国際舞台に出没した。サロニカ（テッサロニーキ）、イスタンブル、カイロなどのユダヤ人コミュニティーに身を寄せ、第一次世界大戦中はニューヨークに亡命（一九一五年）してパレスティナ移民を指導するヘハルーツ事務局を組織した。一九一七年結婚。一家は第一次世界大戦後イギリス委任統治領パレスティナに帰還。同時にかれ自身はイギリス・ユダヤ軍団に属して従軍した。

一九二〇年十二月には労働者総同盟ヒスタドルートに参劃、パレスティナ・ユダヤ人コミュニティーでの労働者の地位向上に努め、またユダヤ人自衛組織（主流派）ハガナーの結成にも関わった。一九二一年にヒスタドルートの書記長を務め（〜三三年）、一九三〇年にはヒスタドルートを基盤とした「マパイ（労働党）」を結成、一九三五年にユダヤ代務機関の委員長に任命された。イスラエル国初代首班・首相（一九四八〜五三年）、一九五三年いったん引退、南部のネゲブ沙漠のキブーツに入植、緑化事業に従事、次いで首相職に復帰（一九五五〜六三年）、国政の指導に当たった。政界引退後は、後進の指導に当たり、建国の象徴となった。

ダヴィッド・ベングリオン
（*Encyclopaedia Judaica*, Vol.4, p.514.）

法律《トーラー》の掟を信奉する反共産主義者だったかれのすべての行動には常に三つの原則があった。「第一はユダヤ人は郷土帰還を優先順位の第一にすべきである。第二は新しい共同体の構造は、社会主義の枠組みのなかで、この目標を達成するための手順を支援するよう計画されたものでなければならない。第三はツィオニスト社会を文化的に結合するものはヘブライ語でなければならない」(P・ジョンソン／石田友雄監修、第六部)。以上、これらの原則の実現を目指してかれが用いた政治機関の形態はいろいろと変化した。

あとがき

本書は、西欧中心史観とは異なる、アフロ・ユーラシアからの視点で、一日本人歴史家の複眼を通して、歴史・民族・宗教をキーワードに、一神教徒にとっての聖都イェルサレムを基点として、近年の考古学・歴史学双方の研究成果を踏まえて、古代から現代まで——父祖アブラハムから中東戦争まで——のイスラエル四千年の興亡史の枠組みを一般読者を対象に綴った歴史物語である。初学者の手引きにとどまらず、筆者の史観をもり込んだ内容となっている。

各章の当時の国際情勢については、紙幅の都合で簡潔最小限にとどめた。読者の関心に応じて、いずれの章からでも読めるように工夫してある。行間の背後にある歴史をも汲み取っていただければこの上ない幸せである。年表については、拙著『イェルサレム』(世界の都市の物語14・文藝春秋・一九九六年)巻末四三〇頁以下の「イェルサレム関係略年表」を活用願いたい。

地名・人名・神名などの固有名詞の表記は慣用に従ったが、必要に応じて原綴・現地読みを顧慮した表記を併用した。文字記号は慣用に倣った。イェルサレムは「エルサレム」「ゼルサレム」「ジェルサレム」などとも表記されるが、本書では高等学校地理歴史科用教科書『高校世界史』の表記に準拠した。

本書の多くは、獨協大学外国語学部、青山学院大学文学部史学科(一九八〇~二〇〇二年)、

国際仏教学大学院大学仏教学研究科博士課程（二〇〇一〜〇三年）、放送大学（特別講義、二〇〇四年）における講義ノートに負っている。拙い本書が、立場の相違を超えて「イスラエル史」の水先案内ともなれば望外の幸せである。

本書を先年傘寿の賀寿を迎えられた牟田口義郎先生に献げる。先生は永年にわたって中東現代史研究の道案内をしてくださった。小著をもってこれまでのご指導に対するささやかな感謝のしるしとさせていただきたい。

本書の執筆は牟田口義郎先生（財団法人中近東文化センター理事長）および酒井孝博氏（中央公論新社）の強いお勧めによる。牟田口先生からは終始懇切なご教示を賜わった。酒井氏からは編集者・読者の立場から貴重な助言の数々をいただき、多大のご配慮に与った。心から御礼申しあげたい。

本書の執筆に当たっては多くの方々のお世話になった。とくに左記の方々および機関（順不同）に感謝の意を表したい。

矢島文夫、井本英一、平山健太郎、藤原和彦、滝川義人、佐藤次高、伊藤定良、村治笙子、吉澤五郎、石黒健治（写真提供）、イェルサレム・ヘブライ大学のウリ・エッペシュタイン、同ベンアミー・シロニーの諸先生。獨協大学図書館、青山学院大学図書館、財団法人中近東文化センター附属三笠宮記念図書館、イェルサレム・ヘブライ大学図書館。
イスラエル国独立六十周年を迎える記念すべき年に本書を世に送り出すことができることは、筆者にとってこの上ない喜びである。

二〇〇七年（平成十九年）秋

浅間山麓にて

高橋 正男

J. B. Pritchard (ed.), *The Ancient Near East in Pictures, Relating to the Old Testament, 2nd ed. with suppl.*, Princeton, 1969.
Israel Ministry of Foreign Affairs, Jerusalem (ed.), *The Israeli-Palestinian Interim Agreement on the West Bank and the Gaza Strip, Washington, D. C., September 28, 1995*, Jerusalem (Israel Information Center), 1995.

S. Almog, J. Reinharz & A. Shapira (eds.), *Zionism and Religion*, Hanover, 1998.
D. Bahat, *The Illustrated Atlas of Jerusalem*, Jerusalem, 1990.
Y. Ben-Arieh & S. Sapir (eds.), *A Collection of Papers Complementary to the Course : Jerusalem through the Ages*, Jerusalem, 1990.
K. A. Brook, *The Jews of Khazaria*, Jerusalem, 2002.
S. M. Dubnow, *History of the Jews in Russia and Poland : From the Earliest Times until the Present Day*, 3 vols., Philadelphia, 1916-1920.
E. Friesel, *Atlas of Modern Jewish History, rev. from the Hebrew ed.*, Jerusalem, 1990.
M. Gilbert, *Israel : A History*, New York, 1998.
M. Gilbert, *The Routledge Atlas of the Arab-Israeli Conflict, 7th ed.*, London, 2002.
J. Gribetz et al., *The Timetables of Jewish History : A Chronology of the Most Important People and Events in Jewish History*, New York, 1993.
R. Jacoby (ed.), *Jerusalem from C.E. 70 to the 20th Century : History and Archaeology*, Jerusalem, 1985.
R. Jacoby (ed.), *Archaeology of Jerusalem during to First and Second Temple Periods*, Jerusalem, 1989.
R. Jacoby (ed.), *Companion to Archaeology of Jerusalem : Selected Plans and Illustrations*, Jerusalem, 1990.
G. Melrod (ed.), *Israel*, Singapore, 1990.
J. Monson et al. (eds.), *Student Map Manual : Historical Geography of the Bible Lands*, Jerusalem, 1979.
H. M. Sachar, *A History of Israel : From the Rise of Zionism to Our Time, 2nd ed., rev. and updated*, New York, 1996.
J. Y. Teshima, *Zen Buddhism and Hasidism : A Comparative Study*, Lanham, 1995.
Y. Yadin, *The Excavation of Masada 1963-1964 : Preliminary Report*, Jerusalem, 1965.
Y. Yadin et al., *Masada I-VI Yigael Yadin Excavations 1963-1965 Final Reports*, Jerusalem, 1989-1999.

J．ロジャーソン著，三笠宮崇仁監修，小野寺幸也訳『新聖書地図』朝倉書店，1988年.
J．ロジャーソン著，高橋正男監修，月森左知訳『旧約聖書の王歴代誌』創元社，2000年.
C．ロス著，長谷川真・安積鋭二訳『ユダヤ人の歴史』みすず書房，1966年.
S．ランシマン著，和田広訳『十字軍の歴史』河出書房新社，1989年.
S．サフライ，M. シュテルン編，長窪専三他訳『総説・ユダヤ人の歴史――キリスト教成立時代のユダヤ的生活の諸相』上・中・下，新地書房，1989-91年.
R．セントジョン著，島野信宏訳『不屈のユダヤ魂――ヘブライ語の父ベン・イェフダーの生涯』ミルトス，1988年.
A．J．トインビー著，長谷川松治訳『交遊録』オックスフォード大学出版局，1968年.
M. ウェーバー著，内田芳明訳『古代ユダヤ教』Ⅰ・Ⅱ，みすず書房，1962-64年／岩波文庫，上・中・下，1996年.
D．J．ワイズマン編，池田裕監訳『旧約聖書時代の諸民族』日本基督教団出版局，1995年.
Y．ヤディン著，田丸徳善訳『マサダ――ヘロデスの宮殿と熱心党最後の拠点』山本書店，1975年.
Y．ヤディン著，小川英雄訳『バル・コホバ――第二ユダヤ叛乱の伝説的英雄の発掘』山本書店，1979年.
A．L．ザハル著，滝川義人訳『ユダヤ人の歴史』（世界歴史叢書）明石書店，2003年.

B. Mazar et al. (eds.), *Encyclopaedia Biblica* (Hebrew), 8 vols., Jerusalem, 1950-1977.
C. Roth et. al. (eds.) *Encyclopaedia Judaica*, 16 vols., Jerusalem, 1971-72.
F. Skolnik et al. (eds.), *Encyclopaedia Judaica*, 2nd ed., 22 vols., Detroit, 2007.
S. Spector et al. (eds.), *The Encyclopedia of Jewish Life before and during the Holocaust*, 3 vols., New York, 2001.
E. Stern et al. (eds.), *The New Encyclopedia of Archaeological Excavations in the Holy Land*, 4 vols., Jerusalem, 1993.
G. Wigoder (ed.), *New Encyclopedia of Zionism and Israel*, 2 vols., Madison, 1994.
G. Wigoder et al. (eds.), *The New Encyclopedia of Judaism*, New York. 2002.
H. A. R. Gibb et al. (eds.), *The Encyclopaedia of Islam*, new edition, 12 vols. with suppl., Leiden, 1960-2004.

J. B. Pritchard (ed.), *Ancient Near Eastern Texts: Relating to the Old Testament, 3rd ed. with suppl.*, Princeton, 1969.

人々の歴史』Ｉ・Ⅱ（全訳世界の歴史教科書シリーズ27，28）帝国書院，1982年.
T．コレック，M．パールマン著，石田友雄訳『聖都エルサレム』学習研究社，1980年.
W．ラカー著，高坂誠訳『ユダヤ人問題とシオニズムの歴史』第三書館，1987年.
B．ルイス著，白須英子訳『イスラーム世界の二千年――文明の十字路中東全史』草思社，2001年.
G．レンツォウスキー著，木村申二・北澤義之訳『冷戦下・アメリカの対中東戦略――歴代の米大統領は中東危機にどう決断したか』（パレスチナ選書）第三書館，2002年.
M．レヴィン著，岳真也・武者圭子訳『イスラエル建国物語』ミルトス，1989年.
マーク・トウェイン著，浜田政二郎訳『赤毛布外遊記』上・中・下（岩波文庫）岩波書店，1951年.
A．マアルーフ著，牟田口義郎・新川雅子訳『アラブが見た十字軍』リブロポート，1986年／ちくま学芸文庫，2001年.
P．G．マックスウェル－スチュアート著，高橋正男監修，月森左知・菅沼裕乃訳『ローマ教皇歴代誌』創元社，1999年.
A．マザール著，杉本智俊・牧野久実訳『聖書の世界の考古学』リトン，2003年.
G．メイア著，林弘子訳『ゴルダ・メイア回想録――運命への挑戦』評論社，1980年.
P．ミケル著，渡辺一民訳『ドレーフュス事件』（文庫クセジュ）白水社，1960年.
C．モリソン著，橋口倫介訳『十字軍の研究』（文庫クセジュ）白水社，1971年.
S．ムーサ著，牟田口義郎・定森大治訳『アラブが見たアラビアのロレンス』リブロポート，1988年／中公文庫，2002年.
U．ナルキス著，滝川義人訳『エルサレムに朝日が昇る――「六日戦争」エルサレム解放の記録』ミルトス，1987年.
M．ノート著，樋口進訳『イスラエル史』日本基督教団出版局，1983年.
J．ピーターズ著，滝川義人訳『ユダヤ人は有史以来――パレスチナ紛争の根源』上・下，サイマル出版会，1988年.
S．A．プリェートニェヴァ著，城田俊訳『ハザール　謎の帝国』新潮社，1996年.
U．ラーナン他著，滝川義人訳『イスラエル現代史』（世界歴史叢書）明石書店，2004年.
R．ロバートソン著，田丸徳善監訳『宗教の社会学――文化と組織としての宗教理解』川島書店，1983年.
F．ロビンスン著，板垣雄三監訳『イスラム世界』（図説世界文化地理大百科）朝倉書店，1988年.

ら神殿破壊（後70年）まで』日本基督教団出版部，1962年.
D．アイゼンバーグ著，佐藤紀久夫訳『ザ・モサド――世界最強の秘密情報機関』時事通信社，1980年.
J．フィネガン著，三笠宮崇仁訳『聖書年代学――古代における時の計測法ならびに聖書に現われた年代の諸問題』岩波書店，1967年.
J．フィネガン著，三笠宮崇仁訳『考古学から見た古代オリエント史』岩波書店，1983年.
H．T．フランク著，秀村欣二・高橋正男訳『歴史地図と写真で実証する聖書の世界』東京書籍，1983年.
V．E．フランクル著，池田香代子訳『新版　夜と霧』みすず書房，2002年.
M．ギルバート著，白須英子訳『エルサレムの20世紀』草思社，1998年.
D．ギルモア著，北村文夫訳『パレスチナ人の歴史――奪われし民の告発』新評論，1986年.
C．H．ゴールドン著，柴山栄訳『聖書以前――ギリシャ・ヘブライ文明の背景』みすず書房，1967年.
C．H．ゴールドン，高橋正男訳『ウガリト文学と古代世界』日本基督教団出版局，1976年.
C．H．ゴールドン，高橋正男訳「ギリシア人とヘブライ人」『獨協大学教養諸学研究』第11巻（1976年）.
R．グルッセ著，橋口倫介訳『十字軍』（文庫クセジュ）白水社，1954年.
M．ハルエル，D．ニール著，池田裕訳『イスラエル――その国土と人々』（全訳世界の地理教科書シリーズ16）帝国書院，1979年.
M．ヘイカル著，佐藤紀久夫訳『サダト暗殺――孤独な「ファラオ」の悲劇』時事通信社，1983年.
Th．ヘルツル著，佐藤康彦訳『ユダヤ人国家――ユダヤ人問題の現代的解決の試み』（叢書・ウニベルシタス）法政大学出版局，1991年.
Ch．ヘルツォーグ著，滝川義人訳『図解　中東戦争――イスラエル建国からレバノン進攻まで』原書房，1985年.
E．ヒルシュ編『イスラエルという国』イスラエル・インフォメーション・センター，1999年.
イブン・バットゥータ著，イブン・ジュザイイ編，家島彦一訳注『大旅行記』全8巻（東洋文庫）平凡社，1996-2002年.
イブン・ジュバイル著，藤本勝次・池田修監訳『旅行記』（関西大学東西学術研究所訳注シリーズ6）関西大学東西学術研究所（発行関西大学出版部），1992年.
H．ヤーヘルスマ著，石田友雄監修，筑波古代オリエント史研究会訳『旧約聖書時代のイスラエル史』山川出版社，1988年.
P．ジョンソン著，石田友雄監修，阿川尚之他訳『ユダヤ人の歴史』全2巻，徳間書店，1999年／徳間文庫，全3巻，2006年.
F．ヨセフス著，新見宏・秦剛平・中村克孝訳『ヨセフス全集』全16巻，山本書店，1975-85年／ちくま学芸文庫，秦剛平訳，1999-2002年.
Y．カッツ，Z．バハラハ著，池田裕・辻田真理子訳『イスラエル――その以下，原著者名・編者名の原語姓名順に配列した．
A．B．アダン著，滝川義人・神谷寿浩訳『砂漠の戦車戦――第四次中東戦争』上・下，原書房，1984年．
Y．アハロニ，M．アヴィ＝ヨナ著，池田裕訳『マクミラン聖書歴史地図』原書房，1988年．
W．F．オルブライト著，和井田学訳『旧約聖書の時代――アブラハムからエズラまで』（新教新書）新教出版社，1965年．
W．F．オールブライト著，小野寺幸也訳『考古学とイスラエルの宗教』日本基督教団出版局，1973年．
S．アレイヘム著，南川貞治訳『屋根の上のバイオリン弾き』（ハヤカワNV文庫）早川書房，1973年．
G．アントニウス著，木村申二訳『アラブの目覚め――アラブ民族運動物語』（パレスチナ選書）第三書館，1989年．
D．バハト著，高橋正男訳『図説　イェルサレムの歴史』東京書籍，1993年．
S．D．ベイリー著，木村申二訳『中東和平と国際連合――第三次中東戦争と安保理決議242号の成立』（パレスチナ選書）第三書館，1992年．
M．ベギン著，滝川義人訳『反乱――反英レジスタンスの記録』ミルトス，1989年．
R．ベル著，医王秀行訳『コーラン入門』（ちくま学芸文庫）筑摩書房，2003年．
L．ベック著，有賀鉄太郎訳『ユダヤ教の本質』全国書房，1946年．
D．ベングリオン著，中谷和男・入沢邦雄訳『ユダヤ人はなぜ国を創ったか――イスラエル国家誕生の記録』サイマル出版会，1973年．
H．H．ベンサソン編，石田友雄・村岡崇光訳『ユダヤ民族史』全6巻，六興出版，1976-78年．
R．ブスタニ，P．ファルグ著，牟田口義郎・水口章監修『情報アトラス　アラブの世界』集英社，1991年．
J．ブライト著，新屋徳治訳『イスラエル史』上・下，聖文舎，1968年．
R．ブラウニング著，斎藤勇訳『サウル』（岩波文庫）岩波書店，1928年．
L．デーヴィス，ニアイースト・リポート編，滝川義人訳『イスラエルvs.アラブ――誤解と真実』ミルトス，1991年．
R．ドゥ・ヴォー著，西村俊昭訳『イスラエル古代史――起源からカナン定着まで』日本基督教団出版局，1977年．
R．ドゥ・ヴォー著，西村俊昭訳『続・イスラエル古代史』日本基督教団出版局，1989年．
N．R．M．デ・ランジュ著，板垣雄三監修，長沼宗昭訳『ジューイッシュ・ワールド』（図説世界文化地理大百科）朝倉書店，1996年．
M．I．ディモント著，藤本和子訳『ユダヤ人――神と歴史のはざまで』上・下（朝日選書）朝日新聞社，1984年．
S．H．ドレズナー著，高橋正男訳「（ユダヤ教の）安息日」『獨協大学教養諸学研究』第24巻（1989年）．
E．L．エールリッヒ著，馬場嘉市・馬場恵二訳『イスラエル史――原始か

参考文献抄

中村廣治郎著『イスラム教入門』(岩波新書) 岩波書店, 1998年.
奈良本英佑著『パレスチナの歴史』明石書店, 2005年.
橋口倫介著『十字軍――その非神話化』(岩波新書) 岩波書店, 1974年.
長谷川真著『ダビデの星――ユダヤ教』(世界の宗教 1) 淡交社, 1969年.
秦剛平著『ヨセフス』(ちくま学芸文庫) 筑摩書房, 2000年.
馬場嘉市著『聖書地理』教文館, 1962年.
平山健太郎著『エルサレムは誰のものか』日本放送出版協会, 1992年.
平山健太郎, NHK「エルサレム」プロジェクト編著『ドキュメント・聖地エルサレム』日本放送出版協会, 2004年.
広河隆一写真, 板垣雄三・佐藤次高・平山健太郎著『戦火の 4 都市――エルサレム・ベイルート・バグダード・クウェート』第三書館, 1992年.
藤原和彦著『イスラム過激原理主義――なぜテロに走るのか』(中公新書) 中央公論新社, 2001年.
牧野信也著『マホメット』(人類の知的遺産17) 講談社, 1979年.
牧野信也著『イスラームの原点――〈コーラン〉と〈ハディース〉』中央公論社, 1996年.
牧野信也著『イスラームの根源をさぐる――現実世界のより深い理解のために』中央公論新社, 2005年.
丸山直起著『太平洋戦争と上海のユダヤ難民』法政大学出版局, 2005年.
三笠宮崇仁著『文明のあけぼの――古代オリエントの世界』集英社, 2002年.
水野信男著『ユダヤ音楽の歴史と現代』アカデミア・ミュージック, 1997年
宮沢正典著『増補版　ユダヤ人論考――日本における論議の追跡』新泉社, 1982年.
牟田口義郎著『アラビアのロレンスを求めて――アラブ・イスラエル紛争前夜を行く』(中公新書) 中央公論新社, 1999年.
牟田口義郎著『物語 中東の歴史――オリエント五〇〇〇年の光芒』(中公新書) 中央公論新社, 2001年.
牟田口義郎著『地中海歴史回廊』(ちくま学芸文庫) 筑摩書房, 2004年.
森禮子著『イエス』(少年少女伝記文学館 1) 講談社, 1988年.
八木誠一著『増補　イエスと現代』(平凡社ライブラリー) 平凡社, 2005年.
矢島文夫編『アフロアジアの民族と文化』(民族の世界史11) 山川出版社, 1985年.
矢島文夫編『旧約聖書　ギルガメシュ叙事詩／中東の文学 1 』(週刊朝日百科　世界の文学117) 朝日新聞社, 2001年.
矢内原忠雄「シオン運動に就て」『経済学論集』第 2 巻第 2 号 (1923年12月) ／『矢内原忠雄全集』第 1 巻, 岩波書店, 1963年所収.
横山三四郎著『ロスチャイルド家――ユダヤ国際財閥の興亡』(講談社現代新書) 講談社, 1995年.
歴史群像編集部編『〔図説〕中東戦争全史』学習研究社, 2002年.
和辻哲郎著『風土――人間学的考察』岩波書店, 1935年／岩波文庫, 1979年.

教育振興会，2004年.
高橋和夫著『第三世界の政治――パレスチナ問題の展開』（改訂新版）財団法人放送大学教育振興会，2005年.
高橋正男著『預言者の世界――旧約聖書を読む』（オリエント選書8）東京新聞出版局，1981年.
高橋正男著『続・預言者の世界――旧約聖書を読む』（オリエント選書14）東京新聞出版局，1985年.
高橋正男著『旧約聖書の世界――アブラハムから死海文書まで』時事通信社，1990年／7刷，2003年.
高橋正男著『年表　古代オリエント史』時事通信社，1993年／5刷，2000年.
高橋正男著『イェルサレム』（世界の都市の物語14）文藝春秋，1996年.
高橋正男著『死海文書――甦る古代ユダヤ教』（講談社選書メチエ）講談社，1998年.
高橋正男，石黒健治著『図説　聖地イェルサレム』（ふくろうの本）河出書房新社，2003年.
高橋正男「ペトロ岐部（1587-1639）・德冨蘆花（1868-1927）巡礼行程覚え書き」『獨協大学教養諸学研究』第28巻第2号（1994年）.
高橋正男「ユダヤ人の食文化と禅食文化との比較」『財団法人アサヒビール生活文化研究振興財団研究紀要』第8巻（1995年）.
高橋正男「対ローマユダヤ第一叛乱――後66～74年」その1～その7『古代オリエント』第66号～第72号（2001-03年）.
高橋正男「クムラーン宗教集団の暦と日時計」『三笠宮殿下米寿記念論集』刀水書房，2004年.
高橋通敏著『中東戦争――歴史と教訓』（国際問題新書）日本国際問題研究所，1978年.
滝川義人著『ユダヤを知る事典』東京堂出版，1994年.
滝川義人著『ユダヤ解読のキーワード』（新潮選書）新潮社，1998年.
立山良司著『イスラエルとパレスチナ――和平への接点をさぐる』（中公新書）中央公論社，1989年.
立山良司著『エルサレム』（新潮選書）新潮社，1993年.
立山良司著『中東和平の行方――続・イスラエルとパレスチナ』（中公新書）中央公論社，1995年.
立山良司著『揺れるユダヤ人国家――ポスト・シオニズム』（文春新書）文藝春秋，2000年.
立山良司他著『中東』（国際情勢ベーシックシリーズ3）自由国民社，1993年／第3版，2002年.
地中海学会編『地中海の暦と祭り』（刀水歴史全書56）刀水書房，2002年.
手島佑郎著『ユダヤ教入門――安息日を通して知るその内面生活』（エルサレム文庫）エルサレム宗教文化研究所，1986年.
徳富健次郎（德冨蘆花）著『順礼紀行』警醒社，1906年／中公文庫，1989年.
永田雄三編『西アジアII（イラン・トルコ）』（新版世界各国史9）山川出版社，2002年.

（シリーズ民族を問う１）青木書店，2002年.
上田和夫著『ユダヤ人』（講談社現代新書）講談社，1986年.
臼杵陽著『見えざるユダヤ人――イスラエルの〈東洋〉』（平凡社選書）平凡社，1998年.
臼杵陽著『中東和平への道』（世界史リブレット52）山川出版社，1999年.
内村鑑三「エルサレム大学の設置　８月４日」『聖書之研究』第218号（1918年９月）／『内村鑑三全集』第24巻，岩波書店，1982年所収.
大岩川和正著『現代イスラエルの社会経済構造――パレスチナにおけるユダヤ人入植村の研究』東京大学出版会，1983年.
岡倉古志郎著『パレスチナ物語』（新文化叢書12）日本評論社，1950年／『岡倉古志郎国際政治論集』第５巻，勁草書房，1968年所収.
小川英雄，山本由美子著『オリエント世界の発展』（世界の歴史４）中央公論社，1997年.
菊地榮三，菊地伸二著『キリスト教史』教文館，2005年.
木村申二著『パレスチナ問題研究序説――国連の分割決議成立過程と紛争の激化－1945～51年』丸善プラネット，2000年／『パレスチナ分割――パレスチナ問題研究序説』（パレスチナ選書）第三書館，2002年.
小杉泰著『現代イスラーム世界論』名古屋大学出版会，2006年.
小杉泰著『イスラーム帝国のジハード』（興亡の世界史６）講談社，2006年.
小辻誠祐著『ユダヤ民族――その四千年の歩み』誠信書房，1965年.
小堀巖著『死海――地の塩の現実』（中公新書）中央公論社，1963年.
笹川正博著『パレスチナ』（朝日選書）朝日新聞社，1974年.
佐藤次高著『中世イスラム国家とアラブ社会――イクター制の研究』山川出版社，1986年.
佐藤次高著『マムルーク――異教の世界からきたイスラムの支配者たち』東京大学出版会，1991年.
佐藤次高著『イスラームの「英雄」サラディン――十字軍と戦った男』（講談社選書メチエ）講談社，1996年.
佐藤次高著『イスラーム世界の興隆』（世界の歴史８）中央公論社，1997年.
佐藤次高編『西アジア史１（アラブ）』（新版世界各国史８）山川出版社，2002年.
産経新聞取材班著『日露戦争――その百年目の真実』産経新聞ニュースサービス，扶桑社（発売），2004年.
嶋田襄平著『イスラム教史』（世界宗教史叢書５）山川出版社，1978年.
杉勇他訳『古代オリエント集』（筑摩世界文學大系１）筑摩書房，1978年.
杉田六一著『国際紛争の焦点イスラエル――その実情と歴史』教文館，1957年.
関根正雄著『古代イスラエルの思想――旧約の預言者たち』（講談社学術文庫）講談社，2004年.
高橋和夫著『アラブとイスラエル――パレスチナ問題の構図』（講談社現代新書）講談社，1992年.
高橋和夫著『国際政治――九月十一日後の世界』（改訂版）財団法人放送大学

参考文献抄

前田護郎編，中沢洽樹・前田護郎訳『聖書』（世界の名著12）中央公論社，1968年.
『聖書　新共同訳――旧約聖書続編つき』財団法人日本聖書協会，1987年.
塚本虎二訳『新約聖書　福音書』（岩波文庫）岩波書店，1963年.
秦剛平訳『七十人訳ギリシア語聖書』全5巻，河出書房新社，2002-03年.
石田友雄，市川裕総括編修『タルムード』既刊13巻／全63巻，三貴，1994-2007年.

＊旧約聖書および旧約聖書外典（続編）の翻訳については，拙著『預言者の世界』東京新聞出版局，1981年，267-268頁，『続・預言者の世界』同，1985年，238-239頁を参照されたい.

井筒俊彦訳『コーラン』（改版）全3巻（岩波文庫），岩波書店，1964年.
藤本勝次編，伴康哉・池田修訳『コーラン』（世界の名著15）中央公論社，1970年.
日本ムスリム協会『日亜対訳・注解　聖クルアーン』（改訂版）日本ムスリム協会，1983年.
アル・ブハーリー編，牧野信也訳『ハディース――イスラーム伝承集成』全3巻，中央公論社，1993-94年／中公文庫，全6巻，2001年.
馬場嘉市編『新聖書大辞典』キリスト新聞社，1971年.
L．ロスト，B．ライケ編，旧約新約聖書大事典編集委員会編集『旧約新約聖書大事典』教文館，1989年.
日本オリエント学会編『古代オリエント事典』岩波書店，2004年.
日本イスラム協会他監修『新イスラム事典』平凡社，2002年.
大塚和夫他編『岩波　イスラーム辞典』岩波書店，2002年.
F．B．ギブニー編『ブリタニカ国際大百科事典』全30巻，ティビーエス・ブリタニカ，1972-75年.
青山吉信他編『世界史大年表』山川出版社，1992年.
岡田芳朗・高橋正男他編著『暦の大事典』朝倉書店，2014年.

池田明史編『現代イスラエル政治――イシューと展開』（研究双書372）アジア経済研究所，1988年.
池田明史編『中東和平と西岸・ガザ――占領地問題の行方』（研究双書389）アジア経済研究所，1990年.
池田明史編『イスラエル国家の諸問題』（研究双書441）アジア経済研究所，1994年.
池田裕他監修『新版　総説　旧約聖書』日本キリスト教団出版局，2007年.
石田友雄著『ユダヤ教史』（世界宗教史叢書4）山川出版社，1980年.
市川裕著『ユダヤ教の精神構造』東京大学出版会，2004年.
井筒俊彦著『イスラーム文化――その根柢にあるもの』岩波書店，1981年／岩波文庫，1991年.
伊藤定良著『ドイツの長い一九世紀――ドイツ人・ポーランド人・ユダヤ人』

高橋正男（たかはし・まさお）

1933年，福島県会津若松市に生まれる．1958年，中央大学経済学部卒業．1964～65年，イェルサレム・ヘブライ大学に留学（イスラエル政府給費生）．1966年，中央大学大学院文学研究科博士課程修了，同年，獨協大学専任講師（教養部）．同大学助教授，教授（外国語学部）をへて，2004年，獨協大学名誉教授．1976～88年，社団法人日本オリエント学会理事．専攻・イェルサレム史．

主な著書・訳書『ウガリト文学と古代世界』（C. H. ゴールドン著，日本基督教団出版局，1976），『預言者の世界』（東京新聞出版局，1981），『歴史地図と写真で実証する聖書の世界』（H. T. フランク著，秀村欣二と共訳，東京書籍，1983），『続・預言者の世界』（東京新聞出版局，1985），『旧約聖書の世界――アブラハムから死海文書まで』（時事通信社，1990／7刷2003），『年表　古代オリエント史』（時事通信社，1993／5刷2000），『図説　イェルサレムの歴史』（D. バハト著，東京書籍，1993），『イェルサレム』（世界の都市の物語14，文藝春秋，1996），『死海文書――甦る古代ユダヤ教』（講談社，1998），『地中海の暦と祭り』（共編著，刀水書房，2002），『秀村欣二選集』全5巻（共編，キリスト教図書出版社，2002～08），『図説　聖地イェルサレム』（石黒健治と共著，河出書房新社，2003），『暦の大事典』（岡田芳朗他共編・著，朝倉書店，2014）

物語《ものがたり》 イスラエルの歴史《れきし》
中公新書 *1931*

2008年1月25日初版
2024年1月25日9版

著　者　高橋正男
発行者　安部順一

本文印刷　三晃印刷
カバー印刷　大熊整美堂
製　　本　小泉製本

発行所　中央公論新社
〒100-8152
東京都千代田区大手町 1-7-1
電話　販売 03-5299-1730
　　　編集 03-5299-1830
URL https://www.chuko.co.jp/

Published by CHUOKORON-SHINSHA, INC.
Printed in Japan　ISBN978-4-12-101931-8 C1222